पखावज की उत्पत्ति, विकास
एवं
वादन शैलियाँ

पखावज की उत्पत्ति, विकास एवं वादन शैलियाँ

डॉ० अजय कुमार

कनिष्क पब्लिशर्स, डिस्ट्रीब्यूटर्स
नई दिल्ली-110 002

कनिष्क पब्लिशर्स, डिस्ट्रीब्यूटर्स
4697/5-21 ए, अंसारी रोड, दरियागंज
नई दिल्ली-110 002
फोन: 2327 0497, 2328 8285
फैक्स: 011-2328 8285
E-mail : kanishka_publishing@yahoo.co.in
kanishkabooks@gmail.com

पखावज की उत्पत्ति, विकास एवं वादन शैलियाँ

प्रथम संस्करण: 2010
संस्करण: 2022

ISBN: 978-81-8457-206-3

भारत में मुद्रित

कनिष्क पब्लिशर्स, डिस्ट्रीब्यूटर्स, 4697/5-21 ए, अंसारी रोड, दरियागंज, नई दिल्ली-110 002 से मदन सचदेवा द्वारा प्रकाशित; क्वालिटी प्रिंटर्स, दिल्ली द्वारा शब्द-संयोजन तथा नाइस प्रिंटिंग प्रेस, दिल्ली द्वारा मुद्रित।

समर्पण

विद्वान तबला मनीषी श्रेष्ठगुरु पं० छोटे लाल मिश्र जी को मेरी श्रद्धा एवं निष्ठा समर्पित है जिनके दिव्य आशीर्वाद के फलस्वरूप यह दुर्लभ कार्य सम्पन्न हो सका।

शुभांक्षा

भारतीय संगीत में वाद्यों का इतिहास अपना महत्वपूर्ण स्थान रखता है। भारतीय संगीत का स्थान प्राचीनतम प्रणालियों में से अन्यतम है। इसमें उपलब्ध सामग्री न केवल प्राचीनता के कारण अमूल्य है, अपितु इतिहास निर्माण के लिये भी उपादेय है। संगीत की अत्यन्त समृद्ध क्रियात्मक परम्परा सूक्ष्म तथा पूर्ण सैद्धान्तिक रूप में प्राचीन काल से ही विकसित रही है। संगीत उतना ही अनादि एवं प्राचीन है जितनी की मानव जाति। जिस प्रकार हमारी प्राचीन सभ्यता विकसित होती गई, संगीत भी उसके अनुकूल विकास करता गया।

प्रस्तुत ग्रंथ पखावज के संदर्भ में लिखी गई विस्तृत एवं प्रामाणिक ग्रंथ है। इस ग्रंथ में पखावज की उत्पत्ति, विकास, वादन शैलियाँ, पखावज एवं मृदंग में अंतर, पखावज के विभिन्न ताल, प्रमुख पखावज वादकों की जीवनियाँ आदि समस्त पक्षों का सम्यक् विवेचन उपलब्ध है। डॉ० अजय ने वर्षों के अथक परिश्रम एवं लगन के साथ इस शोध कार्य को सम्पन्न किया है जिसके लिये इन्हें मैं अपना आशीष देती हूँ।

मुझे यह विश्वास है प्रस्तुत ग्रंथ संगीत के सभी शोधार्थियों, विद्यार्थियों, संगीतज्ञों एवं शिक्षकों के लिये उपयोगी सिद्ध होगी।

प्रो० नजमा परवीन अहमद
भूतपूर्व संकाय प्रमुख
संगीत एवं ललित कला संकाय
दिल्ली विश्वविद्यालय दिल्ली-110 007

आशीर्वचन

संगीत अनादि काल से हृदयगत भावों को अभिव्यक्त करने का सशक्त माध्यम रहा है। यह हृदयकारी कला है जो कि सभी जीवों में व्याप्त होता है। सृष्टि के उदय के साथ ही संगीत का भी उदय हुआ। संगीत कला मानव द्वारा सेया एवं संचित किया गया है जो कि अविकसित रूप अवस्था को त्यागते हुये आज हमारे समक्ष उच्यस्तरीय स्तर पर अपनी खुशबू को फैला रहा है।

डॉ० अजय विगत कई वर्षों से Delhi University में शिक्षारत रहे हैं। इन्होंने बनारस में रहकर मुझसे कई वर्षों तक तबला वादन की विधिवत शिक्षा प्राप्त की है। मेरे देखरेख में इन्होंने B.H.U. से M.Mus किया। क्रियात्मक पक्ष के साथ ही शास्त्रपक्ष पर भी इनकी अच्छी पकड़ है, जिसके फलस्वरूप इन्होंने पखावज जैसे विषय को लेकर ग्रंथ का रूप दिया है।

वर्तमान सांगीतिक परिवेश में अवनद्ध वाद्यों के विषय में बहुत ही अंशमात्र ग्रंथ लिखे गये हैं संगीत के ग्रंथों का अध्ययन परिशीलन करने वालों के लिये पखावज एवं मृदंग संबंधित सामग्री दुरूह रहे है। प्रस्तुत ग्रंथ में पखावज से संबंधित तथ्यों को अक्षुण्ण भाव से रखा गया है। डॉ० अजय द्वारा लिखा गया यह ग्रंथ बहुत हद तक इस कमी की पूर्ति करता है।

मुझे आशा है प्रस्तुत ग्रंथ संगीतकारों, संगीतशास्त्र के विद्वानों और भारतीय संगीत में रूचि रखने वाले जिज्ञासुओं के लिये महत्वपूर्ण एवं उपयोगी सिद्ध होगी। दीर्घकालीन एवं श्रमसाध्य इस शोधपरक अध्ययन को ग्रंथ के रूप में प्रस्तुति के लिये डॉ० अजय निःसंदेह बधाई के पात्र है। इन्हें अपने इस प्रयास में सफलता एवं इस ग्रंथ को संगीतज्ञों के समुचित मूल्यांकन के पश्चात् यथेष्ट ख्याति प्राप्त हो इनके लिये यही मेरा आशीर्वाद है।

छोटे लाल मिश्र

पं० छोटे लाल मिश्र

(वरिष्ठ गुरु)

(अवकाश प्राप्त)

संगीत एवं मंच कला संकाय

बनारस हिन्दू यूनिवर्सिटी

बनारस 221 005

विषय-सूची

समर्पण *v*

शुभांक्षा *vii*

आशीर्वचन *ix*

आभार *xv*

प्राक्कथन *xvii*

1. **अवनद्ध वाद्यों की ऐतिहासिक पृष्ठभूमि** 1
   - भूमिका
   - भारतीय संगीत में वाद्य
   - अवनद्ध का अर्थ
   - अवनद्ध संबंधी विद्वानों के मत
   - विभिन्न युगों में अवनद्ध वाद्यों की ऐतिहासिकता
   - अवनद्ध वाद्यों की व्याख्या
   - प्राचीन प्रस्तर शिल्पों में अवनद्ध वाद्य
   - नाट्यशास्त्र में वर्णित अवनद्ध वाद्य

2. **पखावज की उत्पत्ति एवं विकास** 59
   - वाद्य शब्द की व्याख्या
   - पखावज शब्द की उत्पत्ति पर विभिन्न विद्वानों के विचार
   - विभिन्न ग्रंथों में मृदंग निर्माण संबंधी व्याख्या
   - पखावज का उद्‌भव
   - पखावज का विकास

3. **पखावज पर बजने वाले वर्णों का अध्ययन** 77
   - पखावज के प्रचलित आधुनिक वर्ण
   - संगीत ग्रंथों में प्राचीन वर्ण
   - पखावज के वर्णों का सचित्र वर्णन

4. **पखावज के प्रचलित तालों का अध्ययन** 96
- ताल शब्द की व्याख्या
- पखावज के प्रमुख ताल

5. **पखावज के वादन शैलियों का अध्ययन** 126
- वादन शब्द का अर्थ
- विभिन्न घरानों की वादन शैलियाँ
- पखावज के पारिभाषिक शब्द
- पखावज एवं उसके अंग
- पखावज मिलाने की विधि

6. **पखावज के प्रचलित घरानों का अध्ययन** 140
- घराना शब्द की व्याख्या
- जावली घराना
- पंजाब घराना
- कुदऊ सिंह घराना
- नाना पानसे घराना
- नाथद्वारा घराना
- अवधी घराना

7. **प्रमुख पखावज वादकों की जीवनी** 160
- कुदऊ सिंह / 160
- बाबू जोधसिंह / 168
- नाना साहब पानसे / 170
- पं० मन्नू जी मृदंगाचार्य / 172
- पं० सखाराम मृदंगाचार्य / 173
- पं० घनश्याम पखावजी / 175
- पं० आयोध्या प्रसाद / 176
- पं० तोता राम शर्मा / 176
- पं० पर्वत सिंह / 178
- पं० राममोहिनीशरण मृदंगाचार्य / 180
- राजा छत्रपति सिंह / 182
- पं० अमरनाथ मिश्र / 184

■ पं० पुरूषोतम दास / 187
■ पं० रामशंकर दास 'पागल दास' / 190
■ पं० रामजी उपाध्याय / 193
■ पं० रामाशीष पाठक / 195
■ पं० शंकर राव बापू शिंदे आपेगाँवकर / 197
■ पं० अम्बादास पंत आगले / 198
■ पं० रमाकांत पाठक / 199
■ पं० डालचंद शर्मा / 202
■ पं० बालकृष्ण शर्मा / 205
■ पं० पन्ना लाल उपाध्याय / 207
■ पं० भवानी शंकर 'कत्थक' / 208
■ पं० माणिक राव मुंडे / 210
■ पं० रामजी लाल शर्मा / 211
■ डॉ० राजखुशी राम मृदंगाचार्य / 212
■ पं० श्रीकांत मिश्र / 215
■ चित्रांगना पंत आगले / 217

8. वर्तमान समय में पखावज की स्थिति **220**

उपसंहार **227**
सन्दर्भ ग्रंथ-सूची **232**

गए

आभार

भगवान श्री गणेश जी की कृपा, माँ सरस्वती के आशीर्वाद के फलस्वरूप ही मेरा यह शोध कार्य सफल हो पाया है। इस अवसर पर मैं अपने इष्टदेव एवं अपने सभी गुरुजनों को साष्टाङ्ग प्रणाम करता हूँ।

प्रस्तुत शोध प्रबन्ध के बीजारोपन से लेकर बट रूप ग्रहण करने तक संगीत क्षेत्र की विदुषी प्रो० नजमा परवीन अहमद (भूतपूर्व अध्यक्ष एवं संकाय प्रमुख, संगीत एवं ललित कला संकाय, दिल्ली विश्वविद्यालय) ने विषय को परखने की मेरी स्वतंत्र दृष्टि को जो विवेकपूर्ण शक्ति प्रदान की, तथा क्षमता से अधिक काम करवा लेने की अपनी अपूर्व क्षमता से जो आत्म प्रकाश दिया, यही नहीं अपना अमूल्य समय देकर मुझे सांगीतिक मार्ग दर्शन दिया है। इसके साथ ही मातृ-तुल्य जो परिवारिक स्नेह का परिचय मिला, उसे आजीवन भुलाया नहीं जा सकता। अतः मेरा अन्तःकरण शतशः नमन करते हुये गुरुस्वरूपा शक्ति का अभिवादन करता है। संत कबीर के शब्दों में–

'सदगुरु की महिमा अनत, अनत किया उपकार।
लोचन अनत उधारिया, अनत दिखावन हार।'

मैं अपने पूज्य गुरुजी महर्षिकल्प ताल विधा के सम्राट पं० छोटे लाल मिश्र जी का आभारी हूँ, जिन्होंने मुझे इस योग्य बनाया कि मैं इस शोध कार्य को करने में सफल हो सका तथा जिन्होंने हर क्षण उत्पन्न होने वाले मेरे संशय और जिज्ञासा का सामाधान अपने गहन, चिन्तन एवं सांगीतिक अनुभवों से सहज किया, मैं उनको कोटिशः नमन् करता हूँ। इसके साथ ही मैं अपनी पूज्नीया गुरु माँ श्रीमती ममता मिश्र जी का विशेषरूप से आभारी हूँ, जिनका अनवरत मार्गदर्शन एवं सांगीतिक आशीर्वाद मुझे मिलता रहा है, अस्तु मैं उनका आजीवन कृतज्ञ रहूँगा।

मैं भूतपूर्व संकाय प्रमुख प्रो० गीता पैन्तल एवं वर्तमान संकाय प्रमुख प्रो० अंजलि मित्तल जी का हृदय से आभारी हूँ, जिनका समय-समय पर मुझे उचित मार्गदर्शन प्राप्त होता रहा, तथा इनके कार्यकाल में मेरा यह शोध प्रबन्ध सम्पन्न हुआ।

पखावज के सन्दर्भ में बहुत सी प्रमाणिक जानकारियाँ एवं देश के विभिन्न पखावज वादकों के साक्षात्कार हेतु, मुझे देश के प्रसिद्ध पखावज वादक पं० डालचंद शर्मा जी का सम्पूर्ण सहयोग मिला, मेरे शोध कार्य के लिए इन्होंने खुले ह्रदय से तथा अपना बहुमूल्य समय निकाल कर, विभिन्न तालों में पखावज वादन की जो विशेष सामग्रियाँ लिखायी हैं, वह मूल्यवान है। इस कार्य के लिये मैं उनका विशेष रूप से आभारी हूँ।

इस नश्वररूपी शरीर को प्रदान करने वाले माता-पिता के ऋण से आज तक कोई भी मनुष्य उऋण नहीं हो पाया है, अस्तु मैं भी इस उक्ति का अपवाद नहीं हूँ। विरासत में पूज्य पिता जी श्री गौतम पाठक द्वारा मिली सांगीतिक संस्कार एवं पूज्नीया माता जी श्रीमती गायत्री देवी द्वारा प्रदत श्रेष्ठ विचारों वाला संस्कार और आध्यात्मिक वातावरण मेरे सांगीतिक प्रेरणा का मूलभूत आधार बना। साथ ही मैं अपने बड़े भाई श्री विजय कुमार पाठक एवं बहन सुश्री अरुणा कुमारी के प्रति भी कृतज्ञ हूँ, जिन्होंने शोध संबंधी अनेक जानकारियाँ उपलब्ध करने में मेरी मदद की। इसके अनन्तर श्री सुबोध रंजन प्रसाद जी का कृतज्ञ हूँ जिन्होंने मुझे तबले की प्रारम्भिक शिक्षा दी।

डॉ० हरीश तिवारी एवं डॉ० प्रेम नारायण सिंह का विशेष रूप से धन्यवाद देना चाहता हूँ, अगर इनका सहयोग न मिला होता तो शायद यह कार्य सम्भव नहीं था।

पं० बालकिशन शर्मा, संगीत संकाय के मोहम्मद हारून, श्री कुलदीप सिंह जी, श्री महासिंह जी, Ms. Anju Bisht, धनराज, चन्द्रपाल जी, इन सभी का समय-समय पर मुझे सहयोग मिलता रहा, जिसके लिए मैं इन सभी का आभारी हूँ। विशेषरूप से मैं Mrs. Chitra Santhangopal जी का आभारी हूँ। जिन्होंने Computer Typing एवं Photographs संबंधी विशेष तकनीकी जानकारियाँ प्रदान की। इसके साथ ही संगीत नाटक अकादमी के (Photo Section) का विशेष रूप से आभारी हूँ।

पखावज के सन्दर्भ में देश के विभिन्न कलाकारों के साक्षात्कार द्वारा जो अमूल्य जानकारियाँ प्राप्त हुई, उन सभी कलाकारों का मैं अत्यन्त आभारी हूँ।

मैंने अपने शोध प्रबन्ध को साकार रूप देने में विद्वानों, पुस्तकों, लेखों, शोध प्रबन्धों, पत्र-पत्रिकाओं में प्रकाशित लेखों से सहायता ली तथा शोध कार्य के अन्तर्गत जितनी भी जानकारियाँ मुझसे उपलब्ध हो सकी, मैंने उन सभी को यथासंभव स्थान देने का प्रयास किया है। फिर भी अगर मुझसे कुछ महत्वपूर्ण सूचनाएँ रह गई हो, तो उसके लिए क्षमाप्रार्थी हूँ।

अजय कुमार

प्राक्कथन

भारतीय समाज और संस्कृति धर्म प्रधान है। हम भारतीय संस्कृति के किसी भी पक्ष का अध्ययन करे, तो उसे धर्म से ओत-प्रोत पायेंगे। हमारा भारतीय संगीत भी इस भारतीय विचारधारा से पूर्णतः प्रभावित है। भारत के देवी-देवता विविध प्रकार के वाद्य या तो धारण किये हुये हैं या उन्हें बजाते हुए अंकित किये गये हैं, जहाँ वीणा मुख्यतः सरस्वती के हाथ में दिखालाई पड़ती है, वहीं डमरू शिव का प्रिय वाद्य रहा है। भगवान कृष्ण मुरली के कारण ही मुरलीधर कहलायें। इस प्रकार और भी कई प्रमाण मिलते हैं, जिससे ऐसा प्रतीत होता है कि वाद्यों की उत्पत्ति के मूल में इन देवी-देवताओं का अमूल्य योगदान रहा है।

वाद्यों का विकास जैसे-जैसे होता गया, वैसे-वैसे उनका धार्मिक, सामाजिक, युद्ध आदि अवसरों पर सप्रयोजन बढ़ता गया। यदि वाद्यों की उत्पत्ति पर विचार किया जाये, तो ऐसा प्रतीत होता है कि कुछ वाद्य तो कौतूहलवश अथवा मनुष्य ने अपनी बुद्धि से उनमें परिवर्तन कर, परिवर्धन के उद्देश्य से निर्मित किये हैं और अनेक वाद्य काल विशेष की आवश्यकता को ध्यान में रखते हुए बनाये गये हैं।

प्राचीन काल के वाद्य चाहे कितने ही अविकसित, अपरिष्कृत क्यों न रहें हो, किन्तु सैनिकों में उत्साह बढ़ाने तथा उन्हें युद्ध के लिए प्रेरित करने में सक्षम थे। वाद्यों का प्रयोग केवल वीर भावना की जागृति के लिए युद्ध में किया जाता हो ऐसी बात नहीं हैं। वाद्यों के द्वारा जिस प्रकार युद्ध क्षेत्र में कायरों के हृदय में भी वीर भावना जागृत हो उठती थी, उसी प्रकार वाद्य विशेष मानव की सुकोमल भावनाओं को जाग्रत करने तथा उसके पोषण में भी सफल होते हैं।

उपमा, उपमेय के रूप में वाद्यों का अन्य कई स्थलों पर अत्यन्त मनोरम प्रयोग देखने को मिलता है। वाद्य का आधार लेकर कबीर ने विरह वर्णन किया है, यहाँ जिस विरह का वर्णन किया है, वह विरह साईं से वियोग करानेवाली नहीं। यहाँ तो साईं का अहर्निश संयोग प्राप्त हो चुका है, जहाँ आत्मा और परमात्मा के मध्य और कोई वस्तु आ ही नहीं सकती, वह कहते हैं—

"सब रग तंत रवाब तन बिरह बजावे नित्त।
और न कोई सुणि सके के साईं के चित्त।।"

जब मैं बनारस हिन्दु विश्वविद्यालय के संगीत एवं मंच कला संकाय से M.Mus. कर रहा था, उसी समय अध्ययन के दौरान अवनद्ध वाद्यों की उत्पत्ति एवं विकास संबंधी अनेक मत पढ़ने को मिला, उत्पत्ति के सन्दर्भ में इतनी भ्रामक स्थिति थी, कि छात्र आखिर किस मत को माने समझ में नहीं आता, तथा साथ-ही-साथ हमारे संगीतज्ञों के बीच में भी इस विषय को लेकर काफी भ्रामक स्थिति बनी हुई प्रतीत होती है। मेरे मन में यह विचार आया कि अगर मुझ शोध कार्य करना हुआ, तो मैं अवनद्ध वाद्यों से संबंधी विषय को लेकर ही शोध कार्य करूँगा और मैंने अपने शोध का विषय पखावज जैसे वाद्य को चुना।

प्रथम अध्याय अवनद्ध वाद्यों के ऐतिहासिक पृष्ठभूमि पर आधारित है, इसके अन्तर्गत अवनद्ध वाद्य का अर्थ, विभिन्न काल खंडों में अवनद्ध वाद्यों की ऐतिहासिकता, विभिन्न ग्रंथों में अवनद्ध वाद्यों की उपयोगिता के विषय पर चर्चा की गई है।

इसके पश्चात् द्वितीय अध्याय के अन्तर्गत पखावज की उत्पत्ति एवं विकास विषय के ऊपर चर्चा की गई है। पखावज की उत्पत्ति के अन्तर्गत वाद्य शब्द का विश्लेषणात्मक अध्ययन, पखावज शब्द की विस्तृत व्याख्या, मृदंग एवं पखावज के उत्पत्ति संबंधी विद्वानों के विभिन्न मत को रखा गया है। पखावज के विकास के संबंध में विकास के विभिन्न चरणों की चर्चा, कालक्रम के आधार पर तथा विभिन्न ग्रंथों के आधार पर, करने का प्रयास किया गया है।

तृतीय अध्याय पखावज के प्रमुख वर्णों पर आधारित है। प्राचीन समय में पखावज तथा अन्य अवनद्ध वाद्यों पर बजने वाले वर्णों का अध्ययन प्रमुख ग्रंथों के आधार पर किया गया है।

चतुर्थ अध्याय के अन्तर्गत पखावज के प्रमुख तालों का अध्ययन किया गया है। विभिन्न तालों में पखावज वादन की सामग्री ताल लिपि के अनुसार लिखी गई है।

पंचम अध्याय में पखावज वादन की विभिन्न शैलियों का अध्ययन किया गया है। इसमें वादन शैली की व्याख्या करते हुये, विभिन्न घरानों की वादन विशेषता को बताया गया है। इसके पश्चात् पखावज के पारिभाषिक शब्द, पखावज एवं उसके अंग तथा पखावज मिलाने की विस्तृत चर्चा की गई है।

षष्ठ अध्याय में पखावज़ के विभिन्न घरानों की चर्चा की गई है, जिसके अन्तर्गत जावली घराना, पंजाब घराना, कुदऊ सिंह घराना, नाना पानसे घराना, नाथद्वारा घराना, अवधि घराना के अन्तर्गत इनकी वंश परम्परा, घराने के संस्थापक एवं वादन विशेषता पर चर्चा की गई है।

सप्तम अध्याय के रूप में प्राचीन तथा अधुनाकालीन प्रमुख पखावज वादकों की जीवनी के ऊपर विस्तृत चर्चा की गई है।

अष्ठ अध्याय इस अध्याय में वर्तमान समय में पखावज वादन की स्थिति पर चर्चा, संगीत कलाकारों, संगीत चिंतक, समीक्षक, गुणीजनों के साक्षात्कार के आधार पर किया गया है।

उपसंहार के रूप में प्रस्तुत पुस्तक का समापन किया गया है।

–लेखक

1

अवनद्ध वाद्यों की ऐतिहासिक पृष्ठभूमि

भूमिका

नाद ब्रह्म से संगीत की उत्पत्ति होने के कारण सम्पूर्ण सृष्टि ही अदृश्य रूप से संगीतमय है तथा सम्पूर्ण वायुमंडल संगीत की स्वर लहरियों से तरंगित है। संगीत की अविरल धारा प्रकृति तथा चराचर जगत् में सदियों से वर्तमान तक समाहित और प्रवाहित है। सभ्यता के सभी चरणों में संगीत की स्वर लहरी किसी न किसी रूप में विद्यमान रही हैं, जिससे इसकी प्राचीनता स्पष्ट हो जाती है। संगीत कला के सूर्य का उदय इस वसुन्धरा पर सृष्टि के प्रारम्भ से ही हो चुका था। अत: संगीत का इतिहास उतना ही पुराना है, जितना मानव मनोभावों का है। मानव प्रयत्नों द्वारा ही संगीत कला विभिन्न युगों में उतरोत्तर विकसित होती गई है।[1]

प्राचीन काल से ही संगीत हृदयगत भावों को व्यक्त करने का एक सशक्त माध्यम रहा हैं भिन्न-भिन्न भावाभिव्यक्ति करने वाली विभिन्न ध्वनियाँ ही संगीत उत्पत्ति के मूल में रही हैं। ऐसा प्रतीत होता है कि इन विभिन्न ध्वनियों से ही विभिन्न वाद्य यंत्रों का जन्म हुआ होगा।

आदिम सभ्यता के समय मानव के द्वारा प्रारम्भ में प्रयुक्त वाद्य भी अविकसित अवस्था में था। वाद्य की स्वतंत्र पहचान के लिए वादकों ने लगभग डेढ़ शताब्दी पूर्व बड़ा परिश्रम किया, फलत: स्वतंत्र वाद्य शैली का जन्म हुआ। मंच पर सर्वप्रथम वीणा का स्वतंत्र वादन प्रारम्भ हुआ, इसके पश्चात् अन्य सभी वाद्यों की भी अपनी स्वतंत्र पहचान बनती चली गई।[2]

भारतीय संगीत में प्रत्येक स्थल पर प्राय: कण्ठ को ही प्रधानता दी जाती है तथापि संगीत के शास्त्रीय ग्रंथों का अध्ययन करने पर यह स्पष्ट होता है कि सांगीतिक व्यवस्था और उसकी सुरक्षा तथा उसके विकास में वाद्यों का अत्यन्त

महत्वपूर्ण योगदान रहा है। इन ग्रंथों में वाद्यों की चर्चा कही विस्तार से, कहीं संक्षेप में हो ही जाती है।

संगीत शास्त्र में 'वाद्य' शब्द का विश्लेषण तीन प्रकार से बताया गया है– 1. वाद्य शरीर 2. अर्थ अर्थात् वाद्य पर बजने वाले वर्ण 3. वाद्य प्रविधि (Technique) अर्थात् वादन क्रिया में हस्त संचालन का प्रयोग। वाद्य ही मानव की सृजन शक्ति को उन्मुक्त गगन प्रदान करते हैं तथा उसकी कल्पना को नवीन परिवेशों में विचरण का अवसर प्रदान करते हैं। चित्र की सजीव चित्रात्मकता तथा नाट्यशास्त्र का मनोरम गेय पक्ष रेखाओं का चाक्षु स्वरूप वाद्यों को परिभाषित करता है। गणित के बिन्दु को शब्द शास्त्र में विसर्ग और अनुस्वार की स्थिति प्राप्त हो जाती है। यह अनुस्वार और विसर्ग ही समस्त वाद्यों में मुखर होता है। शब्द का समस्त विस्तार भी इन बिन्दुओं का ही विस्तार है। 'कोण' और 'वलय' गति की प्रकृति है। संगीत में सृष्टि के विस्तार का यह क्रम चित्रित भी है और गतिबध भी है। प्रकृति स्वयं गतिशील है। संगीत में ये (गति और यति) प्रत्यक्ष रूप से प्रकृति ये संबंधित है।[3]

वाद्यों में मानवीय कल्पना और प्रज्ञा ने भी नवीन-नवीन प्रयोग विभिन्न मिश्रणों से किये हैं। जगत में उप्लभ्यमान धातुओं का प्रयोग वाद्य निर्माण में किया गया। वाद्य की ध्वनि में विशेष गुणों का आधान करने के लिये विभिन्न धातुओं के संयोग का परीक्षण करके उपयोग भी किया गया। जैसे–मूंज, तांत की तन्त्री के स्थान पर तांबा, लोहा, पीतल की तन्त्रियों का उपयोग होने लगा तथा वाद्यों की प्रकृति एवं आकृति दोनों को ही परिष्कृत किया गया। वंशी केवल बाँस अथवा अस्थि का न होकर अब लोहे, कांसे, रजत, ताम्र आदि के भी बनने लगे हैं। अवनद्ध वाद्य अब केवल मिट्टी अथवा काष्ठ का न होकर धातुओं से भी बनने लगे हैं। अवनद्ध वाद्यों में त्वचा से मढ़ी जानी वाली चर्म की विधा में भी अधिक सतर्कता और सुघड़ता का प्रयोग होने लगा। इन वाद्यों में तांत के स्थान पर रस्सी या चर्म की बद्धी का प्रयोग होने लगा। कम्पित पदार्थ के परिष्कार हेतु स्याही का लेप किया जाने लगा। निष्कर्ष यह है कि वाद्यों ने मानव कल्पना को प्रेरित किया और उसने भी वाद्यों को परिष्कृत किया। वस्तुतः जो शरीर में होता है, उसे वाद्यों की सहायता से बताया गया है। अभिव्यक्ति के लिये शरीर अर्थात् वाद्य की आवश्यकता है, साथ ही ये भी आवश्यक है कि वाद्य में प्रयुक्त तंत्रियाँ अथवा त्वचा झंकार या गूँज उत्पन्न कर सके।[4]

स्वर प्रधान वाद्यों के अनन्तर ताल प्रधान वाद्यों में से अवनद्ध वाद्य को प्रमुख माना गया है, क्योंकि वह गीत का उपरंजक है। अवनद्ध वाद्यों का वर्गीकरण

'अण्डज' देह योनियों के तुल्य ही प्रतीत होता है, ये वाद्य अण्डज की भाँति प्राणियों की त्वचा और प्राकृतिक उपकरणों मृत्तिका लकड़ी धातु से मिलकर बनते हैं। वे जीवजों के समान अपने में पूर्ण नहीं हैं। अण्डज देह योगियों के प्राणी तो बाहर प्रकृति की गोद में उन प्राणियों से सेये जाने पर पलतें है। इस योनि में त्वचा का विशेष महत्व होता है। उसी तरह अवनद्ध वाद्यों में ही त्वचा (खाल) का विशेष महत्व माना जाता है क्योंकि इस वाद्य कोटि में त्वचा कम्पित पदार्थ है। उसके न रहने पर वाद्य का सम्पूर्ण शरीर अस्तित्व में होने पर भी उसमें नादोत्पत्ति की क्षमता नहीं होती।

अण्डज पक्षियों में भी मध्यभाग धड़ की प्रमुखता होती है, क्योंकि वे मनुष्य की भाँति उनमें प्रज्ञा प्रधान नहीं होतें। वे केवल मनोवेगों पर अवलम्बित रहते हैं। मानव जीवन के साथ ही इन अण्डजों का पालन पोषण अनादि काल से चला आ रहा है। पक्षियों की ध्वनियों का अनुकरण वर्णों में सहज ही हो जाता है, उसी प्रकार अवनद्ध वाद्यों में वर्णों की विविधता प्राप्त ही है। तत् या वितत् की भांति नाद की विविधता विचित्रता पाँच स्वर अन्तरालों से भी बोलते हैं। अभिप्राय यह है कि अवनद्ध वाद्य में वर्णात्मक ध्वनि की गुंजाईश अधिक और नादात्मक ध्वनि की चर्चा विचित्रता न्यून है। अवनद्ध वाद्यों के पाटाक्षरों में भी वर्णों की प्रधानता और विविधता है। अन्य प्राणियों की अपेक्षा अण्डज प्राणी स्वभावत: अधिक बोलता रहता है। जरायुजादि प्राणी अकारण नहीं बोला करते।[5]

ज्ञान विज्ञान की इस भूमि पर सत्यद्रष्टा ऋषियों और आत्म साक्षात्कार करने वाले योगियों की अनुभूतियों को उनके चिन्तन अनुभव और प्रयोग ने शाश्वत सत्य में परिवर्तित कर दिया है, जो आज हमें शास्त्र के द्वारा उपलब्ध हो रहा है। प्रत्येक व्यक्ति अपने अनुभूति को अपने-अपने देशीय माध्यमों से ही अभिव्यक्त किया करता है, क्योंकि वह उनसे ही परिचित होता है। साधक योगियों को आत्मोन्नति कि विभिन्न अवस्थाओं में जो ध्वनि सुनाई दी और उसे जिस काल और व्यक्ति के सन्दर्भ में रखा गया, उसी कि कल्पना के लिए उस ध्वनि को देशज प्रतीकों के रूप में कहा गया है।[6]

कला के विकास की प्रारम्भिक रूपरेखा सुदुर अतीत के धुँध में छिपी है। कला के ढ़ँके इस स्वरूप का प्रथम अवगुंठन गुहा मानव द्वारा तब हुआ, जब उसने प्रथम बार जाने-अनजाने गुहा भित्तियों पर प्रतीकों के रूप में आड़े-टेढ़े आकार खींचे, इसके साथ ही मृद्भांड, प्रस्तर भांड व गजदंत को रेखाओं के माध्यम से अंकित किया, कला के विकास का यह प्रथम सोपान था। इसका द्वितीय सोपान ईसा से लगभग 4000 वर्ष पूर्व प्रारम्भ हुआ था, जब उत्तर या

नवप्रस्तरयुगीन मानव ने पाषाणास्त्रों का कालमान लांघ कांस्य युग में पदार्पण किया। कला की इस दूसरी मंजिल से प्रारम्भ होकर मनुष्य की कलात्मक प्रगति का प्रभाव निरन्तर जारी रहा, जिससे तुलिका, छेनी और करनी के अनन्त, अद्भुत मुर्तन उभरते और अमर होते चले गये।[7]

वाद्यों का जो रूप आज दृष्टिगोचर होता है, वहाँ तक पहुँचने में वाद्यों का एक श्रृंखलाबद्ध इतिहास है। प्राचीन, मध्यकालीन तथा आधुनिक काल के वाद्यों का यदि विश्लेषणात्मक अध्ययन करें तो ज्ञात होता है कि प्राचीन युग के वाद्य पहले बहुत साधारण थे। धीरे-धीरे उनमें क्लिष्टता तथा बजाने में कुशलता आती गई और क्रमशः संगीत का विकास होता गया। प्रारम्भ में वाद्यों के स्वरूप में सौन्दर्यात्मकता का अभाव था। उनकी महत्वपूर्ण ध्वनियाँ तेज नादयुक्त एवं तीखी थी। उनके बाह्य रूप गोलाकार एवं नुकीले थे। परन्तु धीरे-धीरे मानव ने अपनी बुद्धि के विकास के साथ वाद्यों की सामग्री बनाने के ढंग व बजाने के प्रयोग में बदलाव लाया। प्रारम्भ में मानव के भाव भी अपरिपक्व थे। धीरे-धीरे उनमें परिष्कार हुआ और अभिव्यक्ति के प्रयोग में भी भिन्नता आने लगी। संगीतशास्त्र में वाद्यों को जो उच्च स्थान प्राप्त हुआ है, वह कई वर्षों के परिश्रम एवं संशोधन का फल है।

भारतीय संगीत में वाद्य

भारतीय संगीत में वाद्यों का इतिहास अपनी निजी विशेषता रखता है। भारतीय संगीत का स्थान प्राचीनतम प्रणालियों में से अन्यतम है। इसमें उपलब्ध सामग्री न केवल प्राचीनता के कारण अमूल्य है, अपितु इतिहास निर्माण के लिये भी उपादेय है। संगीत की अत्यन्त समृद्ध क्रियात्मक परम्परा सूक्ष्म तथा पूर्ण सैद्धान्तिक रूप में प्राचीन काल से ही विकसित रही है। संगीत उतना ही अनादि एवं प्राचीन है जितनी की मानव जाति। जैसे-जैसे सभ्यता का विकास होता गया संगीत भी उसके अनुकूल विकसित होता गया। प्रागैतिहासिक काल के संगीत को अनदेखा नहीं किया जा सकता, क्योंकि उस सभ्यता का संगीत इतिहास क्रमागत समय के अध्ययन के लिये विशिष्ट सामग्री प्रदान कराता है, जिनके आधार पर हम विभिन्न कालों का तुलनात्मक अध्ययन कर सकते हैं।

मानव के सांस्कृतिक इतिहास में मनुष्य की कला चेतना के प्रभाव का प्रथम परिचय हमें प्रागैतिहासिक शिलाचित्रों से प्राप्त होता है। ये शिलाचित्र ही प्रागैतिहासिक कला के अध्ययन का एक मात्र स्रोत हैं क्योंकि मूर्तिकला या अन्य कला विषयक कोई तत्कालीन सामग्री अभी तक उपलब्ध नहीं है। यह अवश्य है कि उपलब्ध शैलाश्रयों तथा शिलाचित्रों को काल क्रम की दृष्टि से

प्रागैतिहासिक माना गया है। यह विशिष्ट चित्र शैली प्रागैतिहासिक युग से लेकर ऐतिहासिक युग तक निरंतर प्रवाहित रही, जिसके प्रणेता आदिम संस्कृति के मानव थे, जिनकी जीवन शैली प्रागैतिहासिक थी। वस्तुत: प्रागैतिहासिकता मानव जीवन की एक दशा है, जिसे काल की दृष्टि से बाँधा नहीं जा सकता।

यह सत्य है कि भारतीय प्रागैतिहासिक शिलाचित्रों में अनेक कर्मकाण्डीय, धार्मिकी, शिकार तथा युद्ध संबंधी दृश्यों का अंकन है, जो प्रागैतिहासिक मानव के उपयोगतावादी दृष्टिकोण का परिचय देता है किन्तु यह विचारणीय है कि मात्र उपयोगिता ही मानव को सृजन की कलात्मक अथवा अकलात्मक प्रेरणा नहीं देती। सौन्दर्य के प्रति मानव मात्र में सहज, स्वाभाविक, जन्मजात, आकर्षण उसके सांस्कृतिक विकास की प्रत्येक ज्ञात अवस्था में विराजमान रहा है। अत: यह मान्यता सही नहीं है, कि आदिम मनुष्य में सौन्दर्यपरक प्रवृति का आस्तित्व ही नहीं था, बल्कि यह कहा जा सकता है कि वह उनके प्रति सजग नहीं था। मनुष्य की सृजन शक्ति कितनी पुरातन और गहराई तक व्याप्त है, ये शिलाचित्र इसके ज्वलन्त साक्ष्य हैं, ये शिलाचित्र हमें अनेक शैलाश्रयों से प्राप्त हुये हैं, जो पुरातत्त्ववेताओं द्वारा निर्विवाद रूप से प्रमाणित प्रागैतिहासिक मानव का निवास स्थल होने के साथ-साथ उसकी रचनात्मक अभिव्यक्ति के सृजन स्थल भी माने गये हैं।[8]

प्रागैतिहासिक काल में भी संगीत का प्रचलन रहा है। प्रागैतिहासिक मानव उस समय असंस्कृत तथा असभ्य था परन्तु उसे नृत्य तथा संगीत से प्रेम था। अपरिष्कृत संगीतात्मक वाद्य लकड़ी मिट्टी के चर्म वाद्य के समान बाँस की अथवा हड्डी की बनी बाँसुरी का प्रयोग संगीत के साथ करता था। नृत्य करते समय उसमें उछल-कूद का भाव ज्यादा होता था तथा तालियों द्वारा वह लय को दर्शाता था। प्रागैतिहासिक मानव वीणा वाद्य में तंत्री के लिए ताड़ की पत्तियों के रेशे, घास तथा जानवरों की आंत का प्रयोग करते थे। आदिमानव के नृत्य तथा गीत स्वत: उसकी आन्तिरिक भावनाओं के व्यक्त करने के माध्यम थे।

अविकसित अवस्था के रूप में आदिमानव के वाद्यों को तीन श्रेणियों में बाँटा जा सकता है—चमड़े से मढ़े वाद्य, सुषिर वाद्य एवं तत् वाद्य। पुराने चित्रों में एक प्रकार का ढोल जैसा वाद्य गले में लटकता प्रतीत होता है। दो छाप आकृतियों से यह प्रतीत होता है कि उसका स्वरूप आज के मृदंग के समान था, तथा उसके दोनों छोर चमक रहे है। कुछ चित्रलेख भी तत् वाद्य की अविकसित अवस्था का प्रतिनिधित्व करते मिलते हैं, जो कि आधुनिक वीणा की पूर्व अवस्था के द्योतक हैं।[9]

ऐसा प्रतीत होता है कि आदिम मानव अपने खाली समय में शैलाश्यों की भित्ति पर गेरू, खड़िया, मिट्टी इत्यादि वस्तुओं से चित्र बनाया करता था। मध्यप्रदेश के कतिपय स्थानों से ऐसे अनेक चित्रित शिलाश्रय मिले हैं, जो पाषाणयुग से लेकर ऐतिहासिक काल तक के हैं। कुछ शैलाश्रयों में चित्रों की कई परतें ऐतिहासिक काल (छठी शती ईसा पूर्व से सातवीं शती ईस्वी तक) की प्राप्त होती है। मानव विकास के सन्दर्भ में जानकारी प्राप्त करने के लिये ये सभी तथ्य सहायक सिद्ध होते हैं। कतिपय विद्वानों का यह मत विचारणीय है, कि प्रथम प्रयोग आदिम मानव द्वारा केवल जादुई प्रभावों की उत्पत्ति तक सीमित था। प्रकृति में ऐसे अनेक उपकरण उपस्थित हैं, जिनमें से स्वयमेव ध्वनि उत्पन्न होती है। वस्तुतः मानव निर्मित प्रारम्भिक वाद्य प्रकृति के अधिक निकट थे। उनसे उत्पन्न अद्‌भूत ध्वनि जादुई प्रभावों की उत्पत्ति के साथ-साथ समान रूप से आनन्द प्राप्ति के साधन भी होते थे। प्रारम्भिक काल के नृत्य, युद्ध व शिकार विषयक दृश्यों में वाद्यों के चित्रांकनों से यह सिद्ध होता है कि, न केवल नृत्य में अपितु, युद्ध व शिकार में भी वाद्यों का प्रयोग होता था। सभ्यता के विकास की प्रारम्भिक अवस्था में ही आदिम मानव ने वाद्यों को बनाना व दक्षतापूर्वक बजाना सीख लिया था। भले ही उनके सौन्दर्य के प्रति वह उदासीन तथा उनके परवर्ती उच्य संगीतात्मक महत्व के प्रति जागरूक न रहा हो। यही कारण है कि प्रारम्भिक वाद्यों की ध्वनि जोरदार व तीखी तथा उनका बाह्य स्वरूप उनमें प्रयुक्त मूल वस्तु के नैसर्गिक रूप के अत्यन्त निकट गोलाकार अथवा नुकीला रहा।

इस काल की कोई भी सूत्रबद्ध सामग्री उपलब्ध नहीं होती है। इसमें सन्देह नहीं कि ऐसी ही विशाल प्रागैतिहासिक सभ्यता का निदर्शन सिन्धु तथा हड़प्पा जैसे स्थान में उपलब्ध है। मोहनजोदड़ो तथा हड़प्पा में जो संगीत वाद्य मिले हैं, उनका हिन्दू सभ्यता से लेकर इतिहास की रचना तक का सम्बन्ध हैं।[10]

सिन्धु सभ्यता पुरातत्त्व विभाग की एक महत्वपूर्ण देन है। पहले सैन्धव सभ्यता के विषय में कोई ज्ञान नही था और भारतीय सभ्यता का इतिहास वैदिक काल से आरम्भ किया जाता था परन्तु सिन्धु घाटी से प्राप्त अवशेषों और उपकरणों से यह सिद्ध हो गया है कि, आर्यों की सभ्यता से पूर्व भी भारत में उन्नत तथा नागरिक सभ्यता विद्यमान थी। जो न केवल मेसोपोटामिया की प्राचीन सभ्यताओं की समकालीन ही थी बल्कि कई बातों में उनसे श्रेष्ठ भी थी। ऋग्वैदिक सभ्यता से शताब्दियों पूर्व की पल्लवित यह सभ्यता पश्चिम की एलम, मेसोपोटामिया, सुमेर, यूनान, रोम आदि की प्राचीन सभ्यताओं से अधिक उन्नत थी।

इस प्रकार से वैदिक काल से पूर्व सिन्धु घाटी सभ्यता के काल में भारतीय संगीत का उद्‌भव हो चुका था, भले ही वह अविकसित रहा हो। अनेक प्रकार के वाद्य जो मोहनजोदड़ो, चानूदारों, हड़प्पा आदि के पहाड़ों की खोज में मिले हैं, उनसे ज्ञात हुआ कि यह सभ्यता बहुत प्राचीन तथा विकसित थी तथा सिन्धु सभ्यता के लोगों में कला के प्रति प्रेम था। *डॉ० लक्ष्मण स्वरूप के अनुसार* एक आकृति में नृत्य शैली दिखाई गई है, जिसमें एक व्यक्ति ढोल जैसा वाद्य बजा रहा है तथा अन्य उस पर नृत्य कर रहें हैं। इस उल्लेख से यह प्रमाणित होता है कि संगीत में तत् वाद्यों के साथ ताल तथा मंजीरों का भी प्रयोग था। साथ ही आकृति में किसी समारोह की और भी संकेत मिलता है। डॉ० स्वरूप के अनुसार दुसरी आकृति जो हड़प्पा में मिली है, उसमें एक आदमी चीते के आगे ताल वाद्य बजा रहा है। इसके अतिरिक्त वीणा चर्मवाद्य तथा मंजीरे के भी चित्र मिलते हैं।

सिन्धु सभ्यता में एक तांबे की मूर्ति मिली है, जिसमें नृत्य करती हुई स्त्री प्रतीत होती है। उसने एक हाथ में बहुत सी चुड़ियाँ पहन रखी हैं। ऐसा माना जा सकता है कि नृत्य शैली की यह पूर्ण मुद्रा रही होगी। *सर जॉन मार्शल मैके* तथा अन्य पुरातत्त्वविज्ञों के अनुसार यह नृत्य करती हुई स्त्री आदिम जाति की थी, जैसा कि उसके रूप एवं शारीरिक बनावट से प्रतीत होता है।

झांझ तथा करताल के संबंध में *डॉ० परांजपे* की धारणा रही है कि सम्भवत: वह नृत्य की लय को सूचित करने के लिये किया जाता रहा हो। मोहनजोदड़ो काल में गोल बर्तनों के आकार में पकी हुई मिट्टी के अंदर कंकड़ को डाल कर बजाने का प्रयोग किया जाता था। सिन्धु सभ्यता के समय विभिन्न करताल पाए गये। इससे यह निष्कर्ष निकलता है कि ये अतिरिक्त वाद्य के रूप में गीत तथा नृत्य के साथ उत्सवों में प्रयुक्त किये जाते थे। करताल मिट्टी वाले बर्तन से बनाये जाते थे तथा उसमें आकार बनाकर मिट्टी लगा दी जाती थी तथा अन्दर छोटे-छोटे कंकड़ डाल दिये जाते थे। ये करताल हाथ से बने हुये तथा बनावट में साफ एवं सुथरे हुआ करते थे तथा इनमें कोई छिद्र नहीं होता था, जिसमें किसी प्रकार का वायु निकल सके। करताल की सतह पतली होती थी, जिससे ध्वनि की स्पष्टता साफ सुनाई पड़ती थी।

मोहनजोदड़ो में सुषिर वर्ग के वाद्य मुख्यतया सीटी के रूप में मिलते हैं। ये सीटी मिट्टी के बर्तन आदि के आकृति के समान मिलते हैं। चिड़ियाँ के आकार की सीटी अन्दर से पोली होती थी तथा पूँछ की तरफ छेद होता था, जिसे बजाने पर तीव्र ध्वनि उत्पन्न होती थी। *डॉ० परांजपे* ने भी पक्षी की आकृति के रूप में सीटी का उल्लेख किया है। पाश्चात्य विचारक *मैके.* ने भी पक्षी के

आकृति के रूप में सीटी का विवरण दिया है। यद्यपि इससे किसी वाद्य का संकेत नहीं मिलता तथापि प्रकृति के अनुकरण से वाद्यों के निर्माण की प्रकृति इससे स्पष्ट परिलक्षित होती है।

पत्थर एवं हड्डी की बनी हुई वीणा रूपर की खुदाई से प्राप्त होती है। जिसमें एक स्त्री वीणा बजाते हुए प्रतीत होती है, जिसमें वीणा के चार तार दिखाए देते हैं। इससे यह स्पष्ट है कि चार स्वरों का प्रयोग इतिहास के पूर्व के समय में वर्णित था। समुद्रगुप्त काल के कुछ सिक्के मिले हैं, जो कि शुंग तथा कुषाण शैली में चित्रित हैं। *एस० आर० राव* (सुपरिटेन्डेन्ट पुरातत्त्व विभाग, नागपुर) को लोथल की खुदाई में एक शंख मिला है, जिसमें जगह-जगह पर मोड़ हैं, ऐसा अनुमान लगाया जा सकता है कि इसका प्रयोग प्रायः एक प्रकार के वाद्य में ब्रिज के रूप में किया जाता रहा होगा। एस० आर० राव के अनुसार एक शंख में दो तारों का प्रयोग किया होगा तथा यह पूर्णशंख है। इस शंख में दो तरफ खाँचे हैं अतः यह एक प्रकार के ब्रिज की तरफ सम्भवतः हार्प के आकार के वायलिन में प्रयुक्त किया जाता रहा होगा। यह हड़प्पा के मध्यकाल का रहा है। मोहनजोदड़ो और हड़प्पा के खुदाई में मिलने वाले संगीत वाद्य सिन्धु सभ्यता से प्राचीन इतिहास के बीच में एक कलात्मक परम्परा को दर्शाते हैं। हालांकि हिन्दु सभ्यता तथा प्राचीन संगीत के बीच में पर्याप्त परिवर्तन हुये हैं, परन्तु फिर भी संगीत एवं नृत्य के निरन्तर विकास के साथ एक रेखांकित सूत्र में ये काल आपस में सम्बद्ध हैं।[11]

अवनद्ध का अर्थ

अवनद्ध और आनद्ध इन दोनों की व्युत्पत्ति के मूल में नद्ध शब्द है, जो कि संस्कृत के नह् धातु में 'क्त प्रत्यय' के लगने से बना है। नह् का अर्थ बाँधना, लपेटना, ढँकना, पहनना या धारण करना होता है। अतः नद्ध शब्द का अर्थ चारों और बँधा लपेटा या पहनाया हुआ होता है। इसी नद्ध शब्द के पहले विस्तार या फैलाव के अर्थ वाले 'अव' उपसर्ग के योग से अवनद्ध और समीप सामने तथा चारों ओर से आदि अर्थों वाले 'आ' उपसर्ग के योग से आनद्ध शब्द की व्युत्पत्ति हुई है। अवनद्ध या आनद्ध का सामान्य अर्थ बँधा और ढंका हुआ होने से भारतीय संगीत में ये दोनों शब्द चर्म से बँधे, ढँके हुये मुँह वाले, वाद्यों के अर्थ में रूढ़ हो गए।[12]

वे वाद्य जो भीतर से पोले तथा चमड़े से मढ़े होते हैं और हाथ या किसी अन्य वस्तु के प्रहार से बजाये जाते हैं, जिससे कि विभिन्न स्वर तथा वर्ण निकलते हैं, वे आनद्ध या अवनद्ध कहलाते हैं। प्रारम्भ में जमीन में गड्ढे पर

आघात करने से जो ध्वनि निकली उसी से अवनद्ध वाद्यों की निर्माण की मूल प्रेरणा हुई। प्रारम्भिक दौर में इसे पेड़ों की छाल से ढँका जाता था। बाद में छाल के स्थान पर जानवरों के खाल का प्रयोग होने लगा।

अवनद्ध वाद्य संबंधी विभिन्न विद्धानों के मत

पी० साम्बमूर्ति ने अवनद्ध वाद्यों के उत्पत्ति के सन्दर्भ में बताया है कि मानव ने सर्वप्रथम खोखली वृक्षों की शाखाओं से उत्पन्न ध्वनि को अनुभव किया। मजबूत चोंच एवं पंजों वाले पक्षी जब वृक्ष के खोखले तनों पर बैठते थे और अपनी चोंच से उन पर रगड़ के ध्वनि उत्पन्न करते थे, तब उनसे एक विशेष प्रकार की ध्वनि उत्पन्न होती थी। इस प्रकार खोखला तना जिसमें की वायु रहती थी, वह ध्वनि में एक गुँज पैदा करती थी। इस तथ्य को जानकर मानव को चर्म वाद्य बनाने की प्रेरणा प्राप्त हुई।[13]

'मुराजास्तु मते जैने जातः शखांन्महानिधे'

जैन आचार्य सुधाकलश द्वारा रचित ग्रंथ संगीतोपनिषद्सारोद्धार में शंख निधि द्वारा 'मूरज' नामक वाद्य के आविष्कार का वर्णन बताया गया है। इसी ग्रंथ में वर्णित एक अन्य कथा में मुरज वाद्य के आविष्कार का श्रेय भगवान शंकर को भी दिया गया है, जिसकी कथा का सार कुछ इस प्रकार से है–

एक बार ध्यानस्थ शिव की तपस्या में मुरज नामक असुर ने विघ्न उत्पन्न किया तो भगवान शंकर ने उसका वध कर डाला। सिर तथा हाथ पैर रहित उसके शव को बहुत से गिद्ध लेकर जब आकाश मार्ग से जा रहे थे, तब वह मृत भारी शरीर उनके पंजो से छूटकर नीचे गिरा और वृक्षों पर अटक गया। कुछ समय पश्चात् मुरासुर के शरीर के माँस आदि सूख गए। एक दिन तीव्र वायु वेग से उस वृक्ष की टहनियाँ जब मुरज के मृत शरीर एवं शरीर के सुखे हुये चमड़े आदि से टकराने लगीं, तो एक विचित्र लेकिन आकर्षक ध्वनि उत्पन्न होने लगी। उस समय भ्रमणरत भगवान शंकर ने जब उस आकर्षक ध्वनि को सुना तो इसके कारण को जानना चाहा। जब उन्होंने मुरज के मृत शरीर को देखा तब उन्हें पुरी घटना का स्मरण हो आया। भगवान शंकर ने जब उस पर बायें हाथ से प्रहार किया तब *'तो'* शब्द उत्पन्न हुआ। फिर उन्होंने जब दाहिनें हाथ से बजाया तथा *'घी'* की आवाज आयी। उन्होंने जब फिर एक बार दोनों हाथ से प्रहार किया तब क्रमशः *थों और द्रें* वर्णों का जन्म हुआ। इसके बाद भगवान शंकर वापस चले गए। कुछ दिनों के बाद एक समय भगवान शंकर पार्वती के साथ वर्णकुटी में बैठे थे कि वर्षा होने लगी। वर्णकुटी में सूखे पत्तों पर गिरती जल की बूंदों

ने जिस ध्वनि को जन्म दिया वह अत्यन्त आह्लादकारी प्रतीत हुई। अत: पार्वती ने भगवान शंकर से ऐसे उपकरण के निर्माण का अनुरोध किया, जिससे उस प्रकार की ध्वनि उत्पन्न की जा सके। पार्वती के अनुरोध पर भगवान शंकर को पुन: मुरज की स्मृति हो आयी तब उन्होंने सारा वृतांत पार्वती को सुनाया एवं मुरज के शरीर के दोनों छोरों से उत्पन्न होने वाले वर्णों *तक्कड़, दगड़,* आदि का वर्णन किया।[14]

विभिन्न युगों में अवनद्ध वाद्यों की ऐतिहासिकता

सिन्धु सभ्यता के अवनद्ध वाद्य

सिन्धु सभ्यता आर्य थी या अनार्य वैदिक थी या अवैदिक इस विषय को लेकर विद्वानों में मतभेद हैं, किन्तु इस विषय में कोई विवाद नहीं कि यह भारतीय थी। मोहनजोदड़ों की खुदाई में बाँसुरी, तंत्रीयुक्त वीणा, चमड़े के कई प्रकार के वाद्य, दो नर्तकियों के कांसे की मूर्तियों एवं एक नर्तक की पत्थर की भग्न मूर्ति तथा संगीत संबंधी सामग्री मिली है। इन सामग्रियों से पता चलता है कि ईसा से 5000 वर्ष पूर्व भारतीय संगीत में पर्याप्त उन्नति हो चुकि थी, तथा विभिन्न प्रकार के ताल वाद्यों का निर्माण हो चुका था।[15]

सिन्धु सभ्यता में उपलब्ध लिंगादि आकृतियों तथा मूर्तियों से स्पष्ट है कि उनकी धर्म साधना में मूर्ति पूजा एवं वृक्षादि वनस्पति की अराधना अन्तर्भूत थी। विद्वानों ने अनुसार शिवलिंग से साम्य रखने वाली आकृतियों से स्पष्ट है कि भारत में प्रचलित शैव परम्परा का प्रवर्तन इसी काल में हुआ। हड़प्पा के उत्खन्न में नृत्यरत पुरुष की खंडित मूर्ति उपलब्ध हुई है। मूर्ति सुघड़ एवं कलात्मकता में अनुपम है। नर्तक का दक्षिण पाद भूमि पर स्थित है एवं वाम पाद नृत्य क्रिया में उपर उठाया गया है। नृत्य कला के मर्मज्ञ इसे नटराज शिव का रूप मानते हैं। मूर्ति के खंडित अवस्था के कारण उसमें अंकित अभिनय का यथार्थ परिचय नहीं हो पाता है तथापि तत्कालीन नृत्य के परिचायक होने के नाते उसका अपार महत्व है, ऐसी मूर्तियों का निर्माण संगीतप्रिय सभ्यता के अन्तर्गत ही हो सकता है। मोहनजोदड़ों में उपलब्ध एक कांसे की मूर्ति इस तथ्य को प्रमाणित करती है। इन कलात्मक आकृतियों से यह प्रमाणित होता है कि तत्कालीन जीवन में संगीत का पर्याप्त प्रचलन था तथा धार्मिक एवं लौकिक समारोह में गीत, वाद्य, नृत्य द्वारा लोगों का मनोरंजन किया जाता था। अवनद्ध वाद्य के रूप में ढोल तथा दुन्दुभि का वादन, गीत तथा नृत्य के साथ संगत के रूप में किया जाता था। हड़प्पा में उपलब्ध एक चित्र में एक पुरूष को व्याध्र के समक्ष ढोल बजाते हुये

अंकित किया गया है। अथर्ववेद में दुन्दुभि का वादन मांगल्यजनक माना गया है। सिन्धु सभ्यता में भी दुन्दुभि वादन के सन्दर्भ में यही मान्यता रही हो, तो आश्चर्य नहीं। आज भी आदिवासियों में व्याघ्रादि हिंसक पशुओं के प्रवेश पर गाँव के चारों ओर ढोल के द्वारा भयंकर गर्जना करने की प्रणाली विद्यमान है। इस काल के अन्य दो मुद्राओं पर दीर्घाकार ढोलक अंकित है, जिनके दोनों मुख चर्म से आच्छादित हैं। एक अन्य स्थान पर ढोलक की आकृति का वाद्य एक मृण्मयी मूर्ति की गीवा से लटकता हुआ दिखाया गया हैं। इस युग में झांझ तथा करताल के समान वाद्य उपलब्ध होते हैं। ऐसे वाद्यों का प्रयोग सम्भवत: नृत्य की लय को दर्शाने के लिय किया जाता रहा हो, यद्यपि इससे संगीत के किसी वाद्य का कथमपि संकेत नहीं मिलता तथापि प्रकृति के अनुकरण से वाद्यों के निर्माण की प्रवृति इससे स्पष्ट परिलक्षित होती हैं।[16] इस युग के प्रमुख वाद्य दुन्दुभि एवं विभिन्न प्रकार के ढोल रहे हैं।

वैदिककालीन अवनद्ध वाद्य

वैदिक काल भारत के सांस्कृतिक इतिहास में प्राचीनतम युग माना जाता है। वेदों को विश्व का आदि वाङ्मय मानते हैं। वैदिक युग से तात्पर्य उस सुदीर्घ काल खंड से हैं, जिसमें चारों वेदों तथा उसके विविध अंगों का विस्तार हुआ है। वैदिक साहित्य में ऋग्वेद, यजुर्वेद, सामवेद तथा अथर्ववेद के अलावा इनके व्याख्या करने वाले 'ब्राह्मण' 'अरण्यक' 'उपनिष्रद्' आदि ग्रन्थ तथा तत्कालीन रीति रिवाजों पर प्रकाश डालने वाले सूत्र ग्रंथों का समावेश होता है।

भारतीय संगीत का उद्गम भी वेदों में परिलक्षित होता है। सामवेद का संगीत की दृष्टि से विशिष्ट स्थान है। इसमें भारतीय संगीत का नाद प्रथम बार अभिव्यंजित हुआ है। वैदिक संगीत पर दृष्टिपात करने से ज्ञात होता है कि उसमें गायन की ही प्रधानता रही है। फिर भी वाद्य संबंधी जो सामग्री प्राप्त होती है, उससे हम उस काल के वाद्यों की स्थिति का ज्ञान भली भाँति कर सकते हैं। गायन के साथ वाद्यों का भी प्रयोग होता रहा है। डॉ० कीथ का वैदिक संगीत के सन्दर्भ में विचार था कि विभिन्न प्रकार के वाद्यों के अन्तर्गत ताल वाद्य तथा वीणा का प्रयोग ऋचाओं को सुन्दर बनाने के लिये किया जाता था। वैदिक समय में संगीत का प्रयोग विभिन्न धार्मिक कार्यों में दृष्टिगोचर होता है। डॉ० परांजपे के अनुसार ऋग्वेद में निम्न वाद्यों का उल्लेख मिलता है दुन्दुभि, वाण, नाली, कर्करि, गोधा, पिंग और अगाटी इसमें दुन्दुभि के अतिरिक्त अन्य वाद्यों का स्वरूप वर्तमान समय में संदिग्ध है।[17]

ऋग्वैदिक युगीन अवनद्ध वाद्य

ऋग्वेद में निम्नलिखित अवनद्ध वाद्यों का उल्लेख हुआ है–

दुन्दुभि

शत्रुओं को परास्त करने के लिये दुन्दुभि का उल्लेख पाया जाता है। दुन्दुभि की गर्जना वीरों के हृदय में उत्साह का संचार करती है तथा शत्रुओं के हृदय में भय का। दुन्दुभि का घोष समस्त दिशाओं में परिव्याप्त होने की बात अथर्ववेद में उल्लेखित है। रथों की प्रतियोगिता के साथ दुन्दुभि की तुमुल ध्वनि का उल्लेख है। इस वाद्य की चर्चा ऋग्वेद के 1/28/5 मंत्र में आया है, जो इस प्रकार से है–

यच्चिद्धि त्वं गृहेगृह उलूखलक युज्यसे।
इह द्युमत्तमं वद जयतामिव दुन्दुभिः।।

हे उलूखल कूटने की मूसल यदि तू प्रत्येक घर में विद्यमान है, तो वैदिक कर्म में उसी प्रकार का प्रभूत ध्वनियुक्त शब्द कर, जिस प्रकार विजयी की दुन्दुभि गर्जन करती है। दुन्दुभि शब्द ध्वन्यनुकारी जान पड़ता है। श्री भानुजी दीक्षित ने अमरकोष की व्याख्या सुधा में इसकी व्युत्पत्ति इस प्रकार बताई है–

'दुन्दु' इति शब्देन भाति इति दुन्दभिः'

अर्थात् दुन्दु ध्वनि से जो प्रकट हो वह दुन्दुभि है। एक दुसरी व्युत्पत्ति भी बताई गई है *'द्यामुभति शब्देन उभूपरणे'*। जो आकाश को शब्द से भर दे वह दुन्दुभि है। प्रथम उत्पत्ति अधिक सार्थक प्रतीत होती है। अतः इसमें कोई संदेह नहीं कि यह अवनद्ध वाद्य ही था। साहित्य में भी इस शब्द का बहुत प्रयोग हुआ है। यह वाद्य प्राचीन काल से प्रचलित है।

ऋग्वेद के छठे मण्डल में लगातार तीन ऐसे मंत्र आये हैं, जिनमें दुन्दुभि का उल्लेख आया है–

उप श्वासय पृथिवीमुत द्यां पुरूत्रा ते मनुतां विष्ठितं जगत्।
स दुन्दुभे सजूरिन्द्रेण देवैर्दूराद्यवीयो अप सेध शत्रून्।।

6/47/29

इसका अर्थ है–हे दुन्दुभि पृथ्वी और आकाश दोनों को तू अपनी ध्वनि से भर दे, जिससे स्थावर और जंगम दोनों तेरे घोष को जान जायें। तु जो इन्द्र और देवों का सहचर है, हमारे शत्रुओं को दूर भगा दे।

आ क्रन्दय बलमोजो न आ धा निः ष्टनिहि दुरिता बाधमानः।
अप प्रोथ दुन्दुभे दुच्छुना इत इन्द्रस्य मुष्टिरसि
वीलयस्व।

6/47/30

अर्थात् हे दुन्दुभि तू हमारे शत्रुओं के विरुद्ध घोष कर। हमें बल दे। दुष्टों को भयभीत करते हुये शब्द कर। जिन्हें हमें दुख पहुँचाने में ही सुख मिलता है, उन्हें भगा दे। तू इन्द्र की मुष्टि है। हमें दृढ़ कर।[18]

भूपृष्ट पर बनाई गई दुन्दुभि के लिये भूमि दुन्दुभि संज्ञा का प्रयोग किया जाता था। भाष्यकार भट्टभाष्कर के शब्दों में *'चर्मणा आच्छादितं मुखं भूगर्भम्'* सामान्य दुन्दुभि का निर्माण काष्ठ, कुहर पर चर्माच्छादन करने से होता है। भूमि दुन्दुभि के लिये काष्ठ का उपयोग नहीं होता, केवल भूमि पर गर्त खोदकर उसी को चर्म से आच्छादित किया जाता है तथा 'अहनन' नामक वादन दंड से इसका वादन किया जाता है। इसका वर्णन सामसूत्र में आया है। सम्भवतः ऐसा प्रतीत होता है कि सामगान के साथ इसका वादन होता रहा होगा।

'वैदिक इंडेक्स' में भूमि दुन्दुभि इस प्रकार से वर्णित है–दुन्दुभि जो प्रत्यक्षतः ध्वन्यनुकरणात्मक शब्द है, युद्ध और शांति दोनों ही समयों में प्रयुक्त ढोल जैसे वाद्य का अर्थ है। ऋग्वेद तथा उसके बाद के समय से इनका उल्लेख मिलता है। एक विशेष प्रकार के ढोल को 'पृथ्वी ढोल' कहते थे, जिसे भूमि में खोदे हुए एक गड्ढे के उपर चर्म से ढक्कर बनाया जाता था। मकरसंक्रांति के समय किये जाने वाले महाव्रर्त संस्कार में सूर्य के लौटने अर्थात् उत्तरायण में होने पर बाधक प्रभावों को बहिष्कृत करने के लिये इस प्रकार के ढोल का व्यवहार होता था। ढोल बजाने वाले को पुरुषमेघ के बलि प्राणियों की तालिका में सम्मिलित किया गया है।

वाण एवं दुन्दुभि को देखकर ऐसा लगता है, कि वैदिक काल में वाद्यों के निर्माण काल का ज्ञान हो चुका था। अवनद्ध वाद्य के लिये चर्म को किस प्रकार रखा जाये, इस बात का पूर्ण ध्यान वैदिक काल में रखा गया है। यजुर्वेद सूत्र वाङ्मय में इसकी निर्माण विधि का विस्तृत विवरण मिलता है। अग्नीध्रीय मण्डप के पश्चिम में एक गड्ढा खोदा जाता था तथा उस क्षेत्र को बैल के नवीन चर्म से आच्छादित किया जाता था। उस चर्म को चारों और से खूँटियों के द्वारा भूमि में पक्का कर दिया जाता था। इस प्रकार की दुन्दुभि को बजाने के लिये, उसी बैल की पूँछ को वादन दंड के रूप में काम में लाया जाता था।

यहाँ विचारणीय है कि वादन दंड के रूप में काष्ठ खंड का प्रयोग नहीं किया गया है। बैल की पूँछ तथा काष्ठ द्वारा आघात करने पर नाद की विभिन्नता अवश्यम्भावी है। सम्भव है कि युद्ध आदि अवसरों पर दुन्दुभि द्वारा उत्पन्न नाद को अधिक दूर तक व्याप्त करने में पूँछ द्वारा आघात अधिक प्रभावशाली रहा होगा।

अथर्वकालीन दुन्दुभि काष्ठ से बनाई जाती थी तथा उसका मुख चर्म से आनद्ध होता था।

'वानस्पत्यः सम्भृत उस्त्रियामि'

इसकी बद्धियों को मृसण रखने के लिये तेल का उपयोग किया जाता था।

'प्रत्रासममित्रेभ्यो वादज्येनाभिधारितः'[19]

दुन्दुभि के बनावट में विशेष अन्तर नहीं आया है, वह कभी मिट्टी, कभी तांबे, कभी कांसे, की बनी होती थी तथा वह सदा चमड़े से मढ़ी होती थी तथा हिरण की सींग लकड़ी या बैल की पूँछ से बजाई जाती थी। वेदों में जो इसका उल्लेख आया है, उससे पता चलता है कि इसका वादन मांगलिक उत्सवों में, संग्राम तथा जयघोष के समय में होता था। आगे चलकर यह मंदिरों एवं राजमहल के सामने भी बजाई जाने लगी। इसे बोल चाल की भाषा में 'नगाड़ा' या 'नक्काड़ा' कहते हैं।

गर्गर

वैदिक ग्रंर्थो में गर्गर का उल्लेख मिलता है। उस समय इसकी संरचना कैसी थी अथवा किस श्रेणि के अन्तर्गत यह आता था, इसका स्पष्ट संकेत नहीं मिलता है। भाष्यकार सायण के अनुसार गर्गर ऐसा वाद्य था, जिससे गर्गर अर्थात् गर्जन की ध्वनि उत्पन्न होती थी। यद्यपि इससे वाद्य के स्वरूप का बोध नहीं होता तथापि कल्पना की जा सकती है कि यह उस समय चर्म वाद्य रहा होगा।[20] ऋग्वेद में गर्गर नामक अवनद्ध वाद्य का उल्लेख इस प्रकार से आया है–

अव स्वराति गर्गरो गोधा परि सनिष्वणत्।
पिङ्गा परि चनिष्कददिन्द्राय ब्रह्मोद्यतम्।। 8/69/9

गर्गर पर सायण भाष्य इस प्रकार है–'गर्गरध्वनियुक्तो वाद्य विशेषः' अव स्वराति का अर्थ सायण ने इस प्रकार दिया है–भयं शब्दयति। अर्थात् गर्गर का अर्थ है, गर्गर ध्वनि करने वाला वाद्य विशेष। यह स्पष्ट है कि गर्गर ध्वन्यनुकारी शब्द है। यह एक प्रकार के चमड़े का वाद्य था जिससे 'गर'-'गर' ध्वनि गूँजती थी और शत्रुओं के हृदय में भय उत्पन्न करती थी। उपर्युक्त मंत्र का अर्थ इस

प्रकार है–गर्गर वाद्य भयंकर ध्वनि उत्पन्न करता था, गोधा एक चमड़े की चीज जो बायें हाथ में धनुष की प्रत्यंचा के आघात से बजाने के लिय बँधी होती थी, जो ध्वनित होता था। पिंगवर्णा प्रत्यंचा स्पन्दन करती थी। इन्द्र के लिये यह मंत्र घोषित हो।[21]

आडम्बर

यह एक प्रकार का ढोल था। वाजसनेयी संहिता की पुरुषमेघ के बलि प्राणियों की तालिका में ढोल बजाने वाले आडम्बरघात का उल्लेख है। चैतन्य देसाई के मतानुसार आडम्बर शब्द वेद में वीणा के लिये प्रयुक्त हुआ है। श्री देसाई ने नान्यभूपाल द्वारा उल्लिखित 'औदुम्बरी' को आडम्बर शब्द के सदृश माना है।

इस प्रकार हम देखते हैं कि वैदिक युग में घन वाद्यों के अतिरिक्त अन्य वर्गों के वाद्यों का विकास हो चुका था। गान के साथ वाद्यों की संगत की जाती थी। उस समय एकांकी वादन प्रचलित नहीं हुआ था। दुन्दुभि और वाण के उल्लेख से यह स्पष्ट दृष्टिगोचर होता है कि उस समय वाद्य निर्माण की कला से मानव भलिभांति परिचित हो चुका था। दुन्दुभि में चर्म विशेष का प्रयोग, बद्धियों को तेल से मृसण करना, उसके ज्ञान की और स्पष्ट संकेत करते हैं।[22]

यजुर्वेदकालीन अवनद्ध वाद्य

यजुर्वेद काल यज्ञ संस्था का उत्कर्ष काल है, जिसमें आर्यों के यज्ञयादि क्रियाकलापों का वैदग्ध तथा विस्तार दोनों दृष्टियों से उत्कर्ष पाया जाता है। एक दिन से लेकर अनेक वर्षों तक प्रवर्तित होने वाले यज्ञों का विवरण यजु संहिता में उपलब्ध है। इन यज्ञों में सामगान का अनिवार्य स्थान होता था, इसके बिना यज्ञों की कल्पना तक नहीं की जा सकती थी।

यजुर्वेद संहिता में भी दुन्दुभि, भूमि दुन्दुभि, तूणव आदि अवनद्ध वाद्यों का उल्लेख आया है। अश्वमेघ आदि यज्ञों में मनोरंजन के निमित गाथा गान तथा वीणादि वाद्यों का वादन किया जाता था। वाजपेय यज्ञ में महावेदि के चारों कोनों पर 17 दुन्दुभि स्थापित किये जाते थे और रथों की प्रतियोगिता के साथ इनकी तुमुल ध्वनि प्रोत्साहन के रूप में प्रचलित रहती थी। माहेन्द्र स्रोत के द्वारा सूचना किये जाने पर वीणाओं के साथ दुन्दुभियों का वादन किया जाता था। वीणा, तूणव तथा दुन्दुभि के संबंध में तैत्तरीय संहिता में मनोरंजक आख्यायिका पाई जाती है–

'वाग्वै देवेभ्योऽपाक्रामद्यज्ञायातिष्ठमाना सा वनस्पतीन् प्राविशत्
सैषा वागवनस्पतिषु वदति या दुन्दुभौ या तूणवे या वीणायाम्।।'[23]

तात्पर्य यह है कि वाक् देवी देवताओं से किसी कारण अप्रसन्न होकर वनस्पतियों में प्रविष्ट हुई। यही वाणी दुन्दुभि, तूणव, वीणादि काष्ठ निर्मित वाद्यों से ध्वनित होती है। यजुर्वेद में दुन्दुभि तथा भूमि दुन्दुभि वाद्यों का गौरवपूर्ण उल्लेख हुआ। शुक्ल यजुर्वेद में दुन्दुभि की वन्दना निम्नलिखित शब्दों में की गई है–

नमो दुन्दुभ्याय चाहनन्याय चेति। 2/17/5[24]

अर्थात् भूपृष्ट पर बनाई गई दुन्दुभि के लिये भूमि दुन्दुभि संज्ञा है। तत्कालीन महिलाओं में संगीत कला कौशल प्रचुर मात्रा में उपलब्ध होता है। अभिजात कुल की महिलाओं को गान तथा वाद्य की शिक्षा दी जाती थी, जिससे कि वह सामगायकों के साथ संगति सहज रूप से कर लेती थी। उस समय के तत्कालीन वाद्यों में शंख, वीणा, वंश, दुन्दुभि तथा वीणा के विभिन्न प्रकारों का उल्लेख मिलता है। *यजुर्वेदयुग के प्रमुख अवनद्ध वाद्य*–दुन्दुभि, भूमि दुन्दुभि तथा तूणव थे।

अथर्वेदकालीन अवनद्ध वाद्य

वेद चतुष्टयी में अथर्ववेद का अपना विशिष्ट स्थान है। इसके लिये *अंगिरो वेद अथपर्वांगिरस वेद* तथा ब्रह्मवेद आदि अन्य अभिधान भी प्राप्त हैं। पाश्चात्य मनीषियों के अनुसार इस वेद का अथर्वांगिरस नाम यथार्थ है। अर्थवन् संज्ञा उन मंत्रों के लिये है, जो सुखमूलक एवं मांगल्यप्रद हैं। आंगिरस मंत्र का संबंध उन अभिचार मंत्रों से है, जिनका प्रयोग जरण, मरण आदि कार्यों के लिये किया जाता है। विष्णु पुराण के अनुसार शांति तथा पौष्टिक दोनों कार्यों का संपादन अथर्ववेद के द्वारा किया जाता रहा है।[25]

अथर्ववेद में गन्धर्व तथा अप्सराओं का दैवीकरण विशद् रूप में पाया जाता है। इनके अनुसार अप्सरागण गन्धर्वों की पत्नियाँ हैं तथा सदैव नृत्यशील एवं तेजस्विनी होती हुई सर्वत्र प्रमोद का प्रचार करती हैं। शत्रुओं को परास्त करने वाले साधनों में दुन्दुभि का विशेष विवरण अथर्ववेद में पाया जाता है। दुन्दुभि की गर्जना वीरों के हृदय में पौरूष तथा शत्रुओं के हृदय में आतंक का संचार एक साथ ही करती हैं। दुन्दुभि का आकन्द संग्रामों का नित्य सहायक है। उसकी ध्वनि कृत्या की ध्वनि के समान भयानक बतलाई गई है–

'दुन्दुभौ कृत्यां यां चकुः
पुनः प्रति हरामि ताम'। 5/31/7

संग्राम का बल अन्य उपादानों के साथ विशाल दुन्दुभि में निहित बताया गया है। अथर्वकालीन दुन्दुभि काष्ठ की बनाई जाती थी तथा उसका मुख चर्म से आच्छादित होता था।[26] अथर्वकालीन मुख्य अवनद्ध वाद्य दुन्दुभि थे।

सामवेदकालीन अवनद्ध वाद्य

जिस वेद के मंत्रों को गा-गा कर यज्ञ के समय देवताओं को एक विशिष्ट पद्धति द्वारा प्रसन्न किया जाता था, उसे 'सामवेद' कहते हैं। ऋग्वेद की गेय ऋचाओं और मंत्रों को एक स्थान पर संकलन करके इस संकलित ग्रंथ का नाम सामवेद रखा गया। इसका संबंध संगीत से है। इस वेद में संगीत के लक्षण स्पष्ट हैं। विद्वानों का ऐसा मानना है कि समस्त संगीत की सृष्टि का श्रेय सामवेद को है। इस युग में इस वेद के कारण ही संगीत का स्थान महत्वपूर्ण हो गया था। वैदिक युग में ही संगीत कला की अप्रत्याशित उन्नति हुई तथा सामवेद की ऋचाओं में गान कला का चरम विकास हुआ।[27]

सामवेद का प्राचीन संगीत की दृष्टि से एक विशिष्ट स्थान है। यह वह ग्रंथ है जिसमें भारतीय संगीत सरिता के अनादि स्रोत का दृश्य स्वरूप हमारे सामने प्रथम बार अभिव्यंजित हुआ। शौनक की वृहद् देवता के अनुसार साम का यथार्थ आकलन अन्य वेदों की यथार्थ ज्ञान की कुंजी है–

'सामानि यो वेत्ति स वेत्ति तत्वम्'

श्रीमद्भागवद्गीता में सामवेद को ईश्वर का अंश माना गया है। इसके अनुसार समस्त सामगीतों में बृहत्साम का महत्वपूर्ण स्थान है तथा छन्दों में गायत्री परमात्मा स्वरूप है–

'बृहत्साम तथा साम्नां गायत्री छन्दसामहम्'

गायत्र साम का स्थान सामवेद के सप्त प्रकृति गानों में आदिम माना गया है। सामवेद से सम्बद्ध छान्दयोग्य उपनिषद् के अनुसार सम्पूर्ण सामवेद का सार उद्रीथ में निहित है–

'साम्न उद्गीथो रस:'

यही उद्रीथ सामगान का सर्वाधिक महत्वपूर्ण अंग है और इसी के सम्यक् गान के कारण गायक का नाम उद्गाता रहा है। साम साहित्य में उद्गीथ का संबंध उच्च स्वर में गाये जाने वाले ओंकार अथवा प्रणव से बताया गया है।

साम के आरम्भ मध्य तथा अंत में सम्यक्तया गाया जाने वाला मूलभूत स्वर उद्रीथ का स्वरूप है। इसी स्वर की निर्दोषिता पर सामगान का साफल्य निर्भर रहा है।[28]

इस युग में विभिन्न ऋचाओं तथा मंत्रों के साथ विभिन्न प्रकार के वाद्यों का वादन किया जाता था। यज्ञादि के समय उद्घोषित मंत्रों के साथ दुन्दुभि तुणव तथा वीणा की संगति की जाती थी। *सामवेदयुग के प्रमुख अवनद्ध वाद्य*–भूमि दुन्दुभि, दुन्दुभि तथा पणव थे।

रामायणकालीन अवनद्ध वाद्य

रामायण भारत का प्राचीन महाकाव्य है। भारत की प्राचीन सांस्कृतिक परम्परा तथा ज्ञान का यह महत्वपूर्ण स्रोत है। प्राचीन वाङ्मय के अन्तर्गत महाकाव्यों की परम्परा में सर्वप्रथम उल्लेखनीय 'रामायण' एवं उसके बाद 'महाभारत' महाकाव्य है। दोनों ही उत्तर वैदिक युगीन ग्रंथ है। भारत की प्राचीन ऐतिहासिकता तथा सांस्कृतिक परम्पराओं का सम्पूर्ण रूप से ज्ञान प्राप्त करने की दृष्टि से वाल्मीकि रचित ग्रंथ रामायण का महत्वपूर्ण स्थान है। इस महाकाव्य में तदयुगीन सामाजिक है। आदिकवि बाल्मीकि के अनुसार रामायण का निर्माण 'गेय काव्य' के रूप में हुआ है। रामायण कालीन समाज में संगीत सर्वत्र दिखाई देता है। रामायण में गायन, वादन तथा नृत्य इन शब्दों का प्रयोग ही अधिक किया गया है।[29]

रामायण में जिन संगीत विषयों का उल्लेख आया है, उससे यह पता चलता है, कि उस काल में हमारे संगीत कि क्या स्थिति थी? यदि हम युरोपीय विद्वानों द्वारा निर्धारित ईसा से 300-400 वर्ष पूर्व ही रामायण काल मान लें, तब भी रामायण में जिन संगीत विषयों की चर्चा हुई है, उनसे यह पता चलता है कि आज से लगभग 2400 वर्ष पूर्व हमारे संगीत ने अच्छी उन्नति कर ली थी। किष्किन्धा काण्ड के 28 वें सर्ग के 36 वें श्लोक में वाद्य संबंधी चर्चा इन शब्दों के माध्यम से 'वाद्य' को व्यक्त किया गया है।[30]

'तन्त्रीमधुराभिधानं और मेद्यमृदंगनदै:'

आयोध्या आदि सुसंस्कृत नगरों में गीत, वाद्य, नृत्य का प्रचार था। गीत, वाद्य तथा नृत्य का सामुदायिक रूप से उत्सवों में प्रदर्शन होता था ऐसे उत्सवों की पारिभाषिक संज्ञा 'समाज' थी। वैसे तो समाज शब्द का शब्दिक अर्थ मनुष्यों के समुदाय से है किन्तु विशेष अर्थ में गीत, वाद्य तथा नृत्य के उत्सव के लिये

जो समुदाय एकत्र होता था, उसे ही रामायण में समाज कहा गया है। आयोध्या काण्ड के 51 वें सर्ग के 23 वें श्लोक में समाज शब्द इसी शब्द में प्रयुक्त हुआ है।

अवनद्ध वाद्यों के कई प्रकारों का उल्लेख रामायण में आया है। दुन्दुभि एक बहुत ही प्राचीन वाद्य था, जिसका वर्णन प्रायः सभी कालों में देखने को मिलता है। इसी प्रकार के वाद्य प्राचीन युग के अन्य देशों में भी प्रचलित थे। संगीतरत्नाकर में इस वाद्य के सन्दर्भ में स्पष्ट लिखा गया है–

'मंगले विजये चैव वाद्यते देवतालये'

अर्थात् यह मंगल, विजय और देवताओं के बीच बजाया जाने वाला वाद्य है। इसके दो नग होते हैं, एक छोटा दुसरा बड़ा। छोटा धातु का बना हुआ, चमड़े से मढ़ा हुआ तथा चमड़े की डोरियों से कसा होता है। बड़ा भाग स्थुल चमड़े से मढ़ा हुआ होता है। संगीतरत्नाकर के अनुसार इसे आम की लकड़ी से बनाना चाहिए तथा आम के डंडे या चर्म के डंडे से बजाना चाहिए।

युद्ध काण्ड के 44वें सर्ग के 12वें श्लोक में भेरी मृदंग और पणव तीनों एक साथ प्रयुक्त हुये हैं–

ततो भेरीमृदङ्गनां पणवानां च निःस्वनः।
शङ्खनेमिस्वनोन्मिश्रः संबभूवाद्रभुतोपमः।।

भेरी मृदंग और पणव वाद्यों का भी दुन्दुभि के समान रण में योद्धाओं के उत्साहवर्धन के लिए प्रयोग होता था। मृदंग और पणव का वादन गान के साथ भी होता था।[31]

पणव

युद्ध काण्ड के अतिरिक्त सुन्दर काण्ड के 10वें सर्ग के 43वें श्लोक में पणव का उल्लेख आया है। इसका वादन देवपूजा तथा युद्ध के समय होता था। शब्दकल्पद्रुम में पणव की उत्पत्ति इस प्रकार बताई है–

'पणं स्तुतिं वाति गच्छतीति' ।

पण और वा धातु से यह शब्द बना है। पण का अर्थ है स्तुति और वा का अर्थ है बजाना अर्थात् जो स्तुति के समय बजाया जाता है, वह पणव है। भरत मुनि ने इसकी बनावट की चर्चा करत्ते हुये बताया है कि पणव में एक मुख से दूसरे मुख तक उसके पेट पर तीन अलग-अलग तार फैले होने चाहिए। उसके बीच में एक छिद्र होना चाहिए, जिसके द्वारा तारों का स्वर बाहर स्पष्ट रूप से गुंजारित होता हो। पणव के दोनों मुख को हाथ से बजाया जाता था। मृदंग और पणव को

साथ बजाने पर रंजक एवं उत्साहवर्धक स्वरघोष होता था। नाट्यशास्त्र में भरतमुनि ने पणव को मृदंग के साथ गिनाया है। यह भी मृदंग जाति का वाद्य था। पणव में दो मुख होते थे, जो कि चमड़े से मढ़े रहते थे। आजकल पणव प्रचार में नहीं है।

भेरी

संगीतरत्नाकर में लिखा है कि उत्तम भेरी कांसे की, मध्यम तांबे की और अधम लोहे की बनी होती है। यह तीन बालिश्त लम्बी होती है। कोई-कोई दो तीन हाथ तक लम्बी होती है। भरतमुनि के अनुसार भेरी और पणव दोनों ही वाद्य युद्ध के समय बजाये जाते थे।

पटह

यह भी प्राचीन वाद्य है। इसका उल्लेख सुन्दर काण्ड के 10वें सर्ग के 39वें श्लोक में हुआ है–

पटहं चारूसर्वाङ्गीन्यस्य शेते शुभस्तानी।
चिरस्य रमणं लब्ध्वा परिष्वज्येव कामिनी।।

अर्थात् सर्वांग सुन्दरी शुभस्तानी एक महिला 'पटह' को लेकर इस प्रकार सोई थी, मानों बहुत समय बीत जाने पर मिले हुये पति का आलिंग्न कर कोई कामिनी सो रही हो। यह ढोल से मिलता जुलता वाद्य है। पटह की व्युत्पत्ति भानुजी दीक्षित ने अपनी अमरकोष की टीका में दो प्रकार से बताई है–'पटेन हन्यते इति पटहः' अर्थात् जिसका पट से हनन किया जाये, पट से बजाया जाए, वह पटह है। दुसरी व्युत्पत्ति के अनुसार–

'पट इति शब्दं जहाति इति पटह'

अर्थात् जो पट-पट करे वह पटह है। यही व्युत्पत्ति अधिक सार्थक प्रतीत होती है।

डिण्डिम

सुन्दर काण्ड के 10वें सर्ग के 44वें श्लोक में इसका उल्लेख हुआ है–

डिण्डमं परिगृह्यान्या तथैवासक्तडिण्डिमा।
प्रसुप्ता तरूणं वत्समुपगुह्येव भामिनी।।

अर्थात् डिण्डिम वाद्य से प्रेम रखने वाली कोई स्त्री उसको लेकर इस प्रकार सोई हुई थी, जैसे कि कोई स्त्री अपने जवान पुत्र को लेकर सोई हुई हो। डिण्डिम वाद्य डमरू से आकार में छोटा होता था।

आडम्बर

सुन्दर काण्ड के 10वें सर्ग के 44वें श्लोक में इसका उल्लेख हुआ है, जो इस प्रकार से है–

काचिदाडम्बरं नारी भुजसंभोगपीडितम्।
कृत्वा कमलपत्राक्षी प्रसुप्ता मदमोहिता।।

अर्थात् कोई स्त्री आडम्बर को दोनों भुजाओं से दबाकर सोई थी। जो कि वह कमल पत्र जैसी आँख वाली मदिरा के नशे में चूर प्रतीत हो रही थी।

यह एक प्राचीन अवनद्ध वाद्य था, इसका उल्लेख ऋग्वेद में भी आया है। अमरकोष में इसकी गणना पटह के साथ की गई है।

'पटाहाडम्बरौ समौ'

भानुजी दीक्षित ने इसकी व्युत्पत्ति इस प्रकार से बताई है–*'डम्बं राति' आ'* (समन्तात्) अर्थात् जिस वाद्य से चारों ओर डम-डम की ध्वनि गुँजायमान हो, वह आडम्बर है।

मड्डुक

सुन्दर काण्ड के 10 वें सर्ग के 38 वें श्लोक में एक मड्डुक नामक वाद्य का उल्लेख आया है, जिसकी व्याख्या इस प्रकार से की गई है–

अन्या कक्षगतेनैव मड्डुकेनासितेक्षणा।
प्रसुप्ता भामिनी भाति बालपुत्रेव वत्सला।।

अर्थात् कोई काली आँख वाली स्त्री अपने बगल में मड्डुक को लेकर सो गई थी। ऐसा जान पड़ता था कि कोई बच्चे से प्यार करने वाली माता अपने नन्हें से पुत्र को लेकर सो गई हो। रामायण को छोड़कर मड्डुक का किसी ग्रंथ में उल्लेख नहीं मिलता है। संगीत दामोदर में मडडु नामक एक वाद्य की चर्चा अवनद्ध वाद्यों के रूप में हुई है। ऐसा प्रतीत होता है कि मडडु तथा मड्डुक एक ही वाद्य थे तथा सम्भवतः यह छोटे प्रकार का हुडुक्क था।

मुरज, मृदंग, चेलिका सुन्दर काण्ड के 11वें सर्ग के 6वें श्लोक में तीन अवनद्ध वाद्यों का एक साथ उल्लेख हुआ है।

मुरजेषु मृदंङ्गेषु चेलिकासु च संस्थिताः।
तथाऽऽस्तरणमुख्येषु संविष्टाश्चापराः स्त्रियः।।

अर्थात् कुछ स्त्रियाँ मुरज, मृदंग और चेलिका पर ही पड़ गयी थीं और कुछ विशिष्ट बिछौनों पर सोई हुई थी। मुरज, मृदंग तथा मर्दल एक ही जाति के अवनद्ध वाद्य है। आचार्य शुभंकर संगीत दामोदर में लिखते हैं कि मर्दल और मुरज में केवल इतना ही भेद है कि मर्दल का दाहिना मुख 12 अँगुल का एवं बाँया मुख 13 अंगुल का होता है, जबकि मुरज का दाहिना मुख 17 अँगुल का तथा बाँया मुख 18 अँगुल का होता है।

संगीतरत्नाकर में मृदंग, मर्दल तथा मुरज को एक ही वाद्यों की श्रेणी में रखा गया है। मृदंग का रामायण में कई स्थानों पर उल्लेख हुआ है। यह वाद्य आज भी प्रचार में है।[32]

रामायण युग के प्रमुख अवनद्ध वाद्य

अवनद्ध वाद्य	*काण्ड*	*सर्ग*	*श्लोक*
दुन्दुभि	युद्ध काण्ड	42	39
भेरी	युद्ध काण्ड	44	39
पटह	सुन्दर काण्ड	10	29
मृदंग	सुन्दर काण्ड	10	42
डिण्डिम	सुन्दर काण्ड	10	44
पणव	सुन्दर काण्ड	10	43
मुरज	सुन्दर काण्ड	11	6
मण्ड्डुक	सुन्दर काण्ड	10	38
आडम्बर	सुन्दर काण्ड	10	45
चेलिका	सुन्दर काण्ड	11	6

महाभारतकालीन अवनद्ध वाद्य

भारतीय साहित्य में महाभारत का एक विशिष्ट स्थान है। इस महाकाव्य की रचना काल ईसा 1000 से 1500 वर्ष पूर्व का समय माना जाता है। इस काल में कहीं भी संगीत शब्द का प्रयोग नहीं हुआ है। संगीत विद्या के लिये। 'गान्धर्व' शब्द ही प्रयोग में लाया गया है तथा इसमें साम के अतिरिक्त गायन, वादन एवं नृत्य का अन्तर भाव माना जाता था। महाभारत में वैदिक तथा लौकिक संगीत के दोनों प्रणालियों का प्रचलन था। लौकिक संगीत का विकास मंथर गति से होता जा रहा था। इन लौकिक संगीत के साथ विभिन्न प्रकार के अवनद्ध वाद्य बजाये जाते

थे। वैदिक गान के अतिरिक्त 'गान्धर्व' गान भी अपने चरम पर था। राज स्त्रियों तथा महिलाओं को संगीत शिक्षा देने के लिए गुणियों एवं वृद्ध व्यक्तियों की योजना की जाती थी। इस काल में हमें गीत, वाद्य, नृत्य एवं नाटक का विशेष प्रयोग उत्सवों में देखने को मिलता है।[33]

रामायण युग की अपेक्षा इस युग में राजनीति एवं अर्थ नीति का अधिक विकास हो चुका था, जिसके कारण समाज में संघर्ष की स्थिति व्याप्त होती जा रही थी। संघर्ष काल में स्वभावतः कला शिल्प आदि की गति अवरूद्ध हो जाती है। संभवतः कहा जा सकता है कि इसी कारण रामायण काल की अपेक्षा महाभारत काल में संगीत की गति कुछ अवरूद्ध हो गयी हो, परन्तु फिर भी महाभारत काल में भी हमारा संगीत पर्याप्त रूप से उन्नत दशा में था।

सभापर्व के 7वें अध्याय में भी अप्सराओं और गन्धर्वों का उल्लेख 24वें श्लोक में आया है तथा इनके विषय में बताया गया है कि ये गीत, वाद्य एवं नृत्य के प्रदर्शन में दक्ष होते थे। समाज में संगीत को सम्मान की दृष्टि से देखा जाता था तथा यह सुशिक्षित एवं सुसंस्कृत व्यक्ति के लक्षण माने जाते थे। आदिपर्व के 70वें अध्याय में कच और देवयानी की कथा आती है, उसमें कच के विषय में कहा गया है–

'गायन्नृत्यन्वादयंश्च देवयानीमलोषयत्'

अर्थात् कच ने गाकर, नाचकर, बजाकर देवयानी को संतुष्ट किया।[34] मृदंग, पणव, वीण, वेणु आदि वाद्यों की मधुर ध्वनि का उल्लेख यत्र-तत्र पाया जाता है। भेरी, मृदंग, दुन्दुभि, शंख आदि वाद्यों का निर्घोष उल्लास की अभिव्यक्ति में तथा उत्साह संचार के हेतु किया जाता था। राज्याभिषेक जैसे मंगल अवसरों पर शंख, भेरी तथा पुष्कर जैसे वाद्यों का समवेत निनाद किया जाता था। युद्ध के समय वाद्यों का निनाद किया जाता था, जिसके अन्तर्गत शंख, भेरी, पटह, पणव, मुरज, आनक आदि वाद्यों को मुख्य रूप से सम्मिलित किया जाता था। भेरी, मृदंग एवं मुरज जैसे अवनद्ध वाद्यों के लिये भैंस के चर्म का उपयोग किया जाता था।

गायन, वादन तथा नृत्य की संगीत में मृदंगादि वाद्यों के साथ ही हाथ से मात्रा गिननेवाले 'तालज्ञ' को नियोजित किया जाता था। जो कि ताल विशारद के नाम से जाने जाते थे। गीत, वाद्य, नृत्य के साथ भी ताल देने की प्रणाली थी ताल के अन्तर्गत पाणि, ताल, शम्या, सम आदि विभिन्न अंगों का उल्लेख पाया जाता है।[35]

महाभारत युग के प्रमुख अवनद्ध वाद्य–मृदंग, पणव, पटह, मुरज, भेरी, पुष्कर, गोमुख, आडम्बर तथा डिण्डिम थे।

पुराणयुगीन अवनद्ध वाद्य

पुराण शब्द का अर्थ है प्राचीन। हिन्दी का पुराना शब्द इसी से निष्पन्न हुआ है। भानुजी दीक्षित ने अपने अमरकोश की टीका में इसकी व्युत्पत्ति तीन प्रकार से बताई है। '*पुराभवम्*' अर्थात् पूर्णकाल में होनेवाले को पुराण कहते है। '*परा नवम्' इति पुराणम्* अर्थात् प्राचीन काल में भी नया होने वाला पुराण हैं।

'पुरा-अतीतानागतौ अर्थौ अणति इति पुराणम्'

पुरा शब्द का अर्थ है अतीत और अनागत। अर्थात् जो पुरानी बातों को बताये वह पुराण है।[36]

अवनद्ध वाद्यों का वर्णन विष्णुधर्मोत्तर पुराण में विस्तृत रूप से आया है। इस पुराण में मुख्यतः पुष्कर को ही अवनद्ध वाद्य की श्रेणि में रखा गया है। मृदंग, पणव और दर्दुर ये तीनों पुष्कर वाद्य कहलाते थे। भरत मुनि के समय में ये तीनों वाद्य प्रयोग में थे, किन्तु शारंगदेव के समय में केवल मृदंग का प्रयोग ही शेष रह गया। इसलिए शारंगदेव कहते है–

'अत्यन्ताव्यवहार्यत्वान्निः शंको न तनोति ततै'

अर्थात् इन वाद्यों का बहुत कम प्रयोग हो जाने के कारण इनका विस्तृत विवरण नहीं दिया जा रहा है। विष्णुधर्मोत्तर पुराण काल में पुष्कर पूर्ण रूप से संगीत समाज में प्रचलित था। इससे यह सिद्ध होता है कि पुराणयुगीन संगीत-रत्नाकर से बहुत पहले का है। पुराण में अवनद्ध वाद्यों के '*करणों*' का उल्लेख किया गया है। यहाँ करणों से तात्पर्य, वाद्यों के वादन की प्रक्रिया एवं भिन्न-भिन्न प्रकार की लय रचनाएँ से है। इनके अनुसार क, ख, ग, घ, ट, ठ, ड, ढ, त, थ, द, ध, य, र, ल, ह ये सोलह अक्षर अवनद्ध वाद्यों के वर्ण (बोल) हैं। इसमें यह भी बताया गया है कि कौन-कौन से बोल पुष्कर के दाहिनें मुख से तथा कौन-कौन से बोल बायें मुख से उत्पन्न होते हैं। किन्तु प्रत्येक मुख पर बजने वाले सभी बोल नहीं दिये गये हैं, कुछ बोल देकर इत्यादि लिख दिया गया है। इन वाद्यों को बजाने में अँगुलियों और हाथ के निपात का भी एक संक्षिप्त निर्देश है। विष्णुधर्मोत्तर पुराण के अनुसार जो बोल करण मार्ग इत्यादि मृदंग में आते है, वही दर्दुर और पणव में भी प्रयुक्त होते हैं। इसके अनन्तर इस पुराण में रंग-मंच पर अवनद्ध वाद्यों का कुतप विन्यास और गायकों

का कुतप विन्यास बताया है, जो कि भरत के नाट्यशास्त्र में दिये गये वर्णन से मिलता है।[37] *इस युग के प्रचलित अवनद्ध वाद्य*–मृदंग, पणव, दर्दुर, तथा दुन्दुभि थे।

बौद्धकालीन अवनद्ध वाद्य

भारत की सांस्कृतिक गतिविधि के परिज्ञान के लिये बौद्ध साहित्य का परिशीलन नितांत आवश्यक हैं। बौद्ध वाङ्मय में ईसवी पूर्व से लेकर ईसवी के अनन्तर काल तक का सांस्कृतिक मानचित्र अविच्छिन्न रूप से, इस साहित्य में उपलब्ध होता है। महत्व की बात यह है कि इस साहित्य में उपलब्ध संगीत विषयक सामग्री का व्यक्तिकरण भारत की प्राचीन शिल्प एवं चित्रकला में उपलब्ध है, जो तत्कालीन वाद्य एवं नृत्य के स्वरूपोद्घाटन के लिये नितांत सहायक है। बौद्ध परम्परा से प्रभावित इन चित्रों में बौद्ध विहार में प्रवर्तमान वाद्यवृन्द तथा नृत्य के विशद चित्र उपलब्ध होते हैं।

तत्कालीन सम्पन्न परिवारों में संगीत का सम्यक अध्ययन किया जाता था। बोधिसत्व, संगीत तथा नाट्य के अच्छे ज्ञाता होते थे, तथा उनके परिवार की सभी महिलाएँ संगीत में कुशल होती थी। उस काल में मृदंग, पणव, तूर्य, वीणा तथा वेणु का वादन गायन के मनोरंजनार्थ किया जाता था। जातक ग्रंथों में तत्कालीन व्यवसायों की सूचि उपलब्ध है, जिसमें नट, नर्तक, गायक, भेरी वादक एवं नाटककार आदि वर्गों का समावेश है।

बौद्ध ग्रंथों से पता चलता है कि मधुर स्वर में गाथाएँ वीणा, वेणु और मृदंग के साथ बौद्ध भिक्षु गाते थे। कई जातकों में संगीत की चर्चा हुई है। जातक पाली भाषा में लिखा गया ग्रंथ है। नृत्य जातक में नृत्य का वर्णन है। इसके दृश्य सांची और भरहुत के स्तुपों पर उद्धृत हैं। भेरी वादकों के विषय में जातक कथा में लिखा गया है–एक बार बोधिसत्व ने भेरीवादक के कुल में जन्म लिया था। वाराणसी में वह किसी उत्सव में अपने पुत्र के साथ बजाने गये। भेरी बजाने से उन्हें जो कुछ भी धन प्राप्त हुआ। उसे लेकर अपने पुत्र के साथ गाँव की ओर चले। रास्ते में उन्हें डाकुओं ने घेरा, डाकुओं को देखकर उनके पुत्र ने भेरी बाजना प्रारम्भ किया। बोधिसत्व ने अपने पुत्र से कहा भेरी धीरे-धीरे बजाओ निरन्तर मत बजाओ। बीच-बीच में बजाने से वे समझेंगे की यह किसी ऐश्वर्यशाली की भेरी है, फिर वह पास नहीं आयेंगे। यदि निरन्तर बजाते रहोगे, तो वे समझेंगे कि कोई व्यवसायिक वादक बजा रहा है, फिर ये डाकु हम पर टुट पड़ेंगे। पुत्र ने इनकी बात न मानी। जो कुछ भी उत्सव से धन कमा कर लाये थे, वह सब छिन गया। इस पर बोधिसत्व ने एक गाथा कही जो इस प्रकार से है–

धमेधमे नातिधमे अतिघन्तं हि पापकं।
धन्तेन सतं लद्धं अतिधन्तेन नासितं।।

अर्थात् भेरी बजायें किन्तु बहुत न बजायें। लगातार बजाना बुरा है। भेरी बजाने से जो 100 मुद्राएँ मिली थी, बहुत बजाने से वह नष्ट हो गई। इस कथा से तीन तथ्य सामने आते हैं–

1. प्राचीन समय में भेरी एक प्रचलित अवनद्ध वाद्य था।
2. उस समय व्यवसायिक भेरी वादक थे जो कि इससे धन उपार्जन करते थे।
3. बीच-बीच में भेरी वादन ऐश्वर्य का द्योतक समझा जाता था।[38]

इस युग के प्रमुख अवनद्ध वाद्य–भेरी, मृदंग, पणव, पटह, मुरज, पुष्कर, गोमुख, आडम्बर, डिण्डिम आदि थे।

जैनयुगीन अवनद्ध वाद्य

प्राचीन भारतीय कला परम्परा को जानने के लिए संस्कृत के अतिरिक्त पाली तथा अपभ्रंश साहित्य में जहाँ कि भारतीय संस्कृति का विपुल स्रोत सन्निहित है, अध्ययन आवश्यक है। परम्परागत तथ्यों को प्रकट करने के अतिरिक्त ईसवी पूर्व की लोक संस्कृति के ज्ञान के लिये इस साहित्य का महत्व अभूतपूर्व है। जन जीवन का जैसा जीवन्त चित्र प्राकृत तथा अपभ्रंश साहित्य में मिलता है, वैसा अन्यत्र नहीं। भारतीय स्थापत्य तथा शिल्प कला के ऐतिहासिक अनुशीलन के लिये जितना यह साहित्य उपादेय है, उतना ही भारतीय संगीत के अध्ययन के लिये। जैनियों के इस विपुल साहित्य में तत्कालीन संगीत विषयक परिस्थिति का सम्यक दिग्दर्शन पाया जाता हैं। इस साहित्य के अन्तर्गत जैन आगमों की मौलिकता, प्राचीनता की दृष्टि से महत्वपूर्ण स्थान रखते हैं। जैन आगमों का आरम्भ महावीर के निर्वाण काल से अर्थात् ईसा पूर्व 4 से लेकर ईसवी आरम्भिक शताब्दियों तक परम्परानुगत रूप से पल्लवित होता रहा तथा ईसवी 6 तक वर्तमान रूप को प्राप्त हुआ। इस दृष्टि से देखे जाने पर ईसवी पूर्व से लेकर एक सहस्त्राब्दि तक निरन्तर रूप से प्रचलित संगीत धारा का सम्यक दर्शन इस साहित्य में होता है।

वियाहपण्णट्टि, रायापसेणीय, जीवाभिगम, जंबुद्दिवपण्णति, अनुद्योगसुत, आदि ग्रंथों में संगीत के तत्कालीन प्राचीन वाद्यों का उल्लेख प्राप्त होता है। रायापसेणीय सुत संख्या 64 में तुरीय अर्थात् तूर्य के अन्तर्गत निम्न अवनद्ध वाद्यों का उल्लेख है–पणव, पटह, ढक्का, महाढक्का, भेरी, झल्लरी, दुन्दभि, मुरज, मृदंग, नन्दी मृदंग, आलिंग्य, कस्तुम्ब, गोमुखी तथा मर्दल।

बृहत्कल्प की भाष्यपीठिका में निम्न बारह वाद्यों के नाम आये हैं–भम्मा, मुकुन्द, मर्दल, झल्लरी, हुड्डुक, कंसाल, काहल, तलिमा, वंस, पणव तथा शंख। इसी ग्रंथ की टीका में तूण वाद्य और उसके वादकों का उल्लेख है। टीकाकार ने पणव, मुरज तथा मृदंग का पृथक उल्लेख निम्नानुसार किया है–

'पणवो मृत्पटः मुरजो मर्दलः
मृदंगः मृण्मय स एव'

हरिभद्र की 11वीं ईसवी की आवश्यक वृति में निम्न चर्म वाद्यों का उल्लेख है–भम्मा, मुकुन्द, करटिका, तलिमा इत्यादि। इनके अनुसार भम्मा ढक्का का ही प्रकार विशेष है, केवल उसका मुख कुछ बड़ा होता है।

12वीं ईसवी की अनद्योगद्वारसूत्र की टीका में ताल वाद्यों के रूप में गोमुखी, गोधिका, आडम्बर तथा पटह का उल्लेख हुआ है। इसके आधार पर यह प्रतीत होता है कि गोधिका नामक वाद्य के लिये गोधा का चर्म उपयोग में लाया जाता था। निशीथ चूर्णि में डमरू, वीणा, ढकुण आदि वाद्यों का उल्लेख पाया जाता है। आचारांग में लिट्टिया और किरिकिरिया इन दो वाद्यों का उल्लेख आया है। सूयगडंग में निम्न दो वाद्यों का उल्लेख है। बृहत्कल्प भाष्य में कान्ह वासुदेव की चतुर्विध भेरी का उल्लेख है, जो इस प्रकार से है–कोमुदिका, संगामिया, दुम्भुइया, असिवोपसमिनी अर्थात् अशिवोपमिनी। इन भेरियों को लौकिक गुण से युक्त माना जाता था। असिवोपसमिनी के बजाये जाने पर रोग निवारण होता था, ऐसी लौकिक मान्यता थी। इन भेरियों का निर्माण प्रायः चन्दन के काष्ठ से किया जाता था।[39]

इस युग के प्रमुख अवनद्ध वाद्य पणव, पटह, ढक्का, महाढक्का, भेरी, झल्लरी, दुन्दुभि, मुरज, मृदंग, नन्दी मृदंग, आलिंग्य, कस्तुम्ब, गोमुखी, मर्दल करटिका, तालिमा, भम्मा, मुकुन्द, काहल तथा यम्मा थे।

नाट्यशास्त्रयुगीन अवनद्ध वाद्य

भारतीय दृष्टिकोण के अनुसार भरत का नाट्यशास्त्र नाट्यवेद के नाम से जाना जाता है। भरत का नाट्यशास्त्र भारतीय साहित्य तथा संगीत का वृहद् कोष है, तथा दोनों के सन्दर्भ में प्राचीन एवं प्रामाणिक सामग्री प्रस्तुत करता है। रस, छन्द, भाषा, वेशभूषा, रंगमंच, अभिनय संगीत तथा नृत्य में से ऐसा कोई विषय नहीं, जिसका विवरण इस ग्रंथ में न हुआ हो। महत्व की बात यह है कि भारत की प्राचीन नाट्यकला एवं संगीत पर प्रकाश डालने वाला यह एकमात्र ग्रंथ है तथा

इसी के द्वारा प्रणीत परम्परा का परिपालन समस्त भारतवर्ष में अधुना भी किया जाता है।[40]

चतुर्विध आतोद्यों में अवनद्ध वाद्यों का प्रमुख स्थान है। गीत तथा वाद्य के साथ ताल एवं लय के प्रदर्शनार्थ इनका प्रयोग आरम्भ से किया जाता रहा है। मृदंग, पणव तथा दर्दुर जैसे इन वाद्यों के लिये सामान्य संज्ञा पुष्कर हैं इन वाद्यों का जो स्वतंत्र वाद्य वृन्द बनाया जाता था उसमें प्रमुख स्थान मृदंग वादक, पणव वादक तथा दर्दुर वादकों का होता था। नाट्य गृह के मंडप विन्यास के प्रसंग पर रंगदेवता के प्रत्यक्ष संगीतायोजन किया जाता था, उसमें शंख, दुन्दुभि, मृदंग, पणव आदि वाद्यों की ध्वनि एक साथ की जाती थी। महेश्वर के तांडव नृत्य के साथ ताल एवं लय के निर्वाह के लिये निम्नलिखित अवनद्ध वाद्यों के प्रयोग का उल्लेख है जैसे मृदंग, भेरी, पटह, भाण्ड, डिण्डिम, गोमुख, पणव तथा दर्दुर।

अवनद्ध वाद्यों के लिए भाण्ड या भाण्ड वाद्य की संज्ञा दी गई है। तांडव ऋषि के द्वारा प्रयुक्त तांडव का प्रयोग गान तथा भाण्ड वादन दोनों से समन्वित बताया गया है। रंगभूमि पर नर्तनी के प्रवेश पर तन्त्री तथा भाण्ड वाद्य दोनों का समुचित प्रयोग किया जाता था। भाण्ड वाद्य का वादन अंगहारों के अनुकूल सम, रक्त, विभक्त, स्फुट तथा शुद्ध वादन शैली से समन्वित हुआ करता था। गीत तथा नृत्य में किसी स्थान पर भाण्ड वाद्य का वादन आरम्भ किया जाये, इस संबंध में पाँचवें अध्याय में स्पष्ट रूप से उल्लेख किया गया है।

तत्कालीन नाट्यकला में मृदंगादि वाद्यों का विधान महत्वपूर्ण होता था। नाटकीया अर्थात् नटी के लिये यह आवश्यक होता था कि वह ताल और लय का सम्यक ज्ञान रखती हो तथा भाण्ड वाद्य के विधि विधान से परिचित हो। नट के लिये आवश्यक था कि वह वाद्य कला में निष्णात हो। नाट्यशास्त्र के अनुसार वाद्य नाट्य की शय्या है तथा उसका विधान सम्यक रूप से किया जाना चाहिए।

भरतमुनि के अनुसार अवनद्ध वाद्यों में मृदंग तथा दर्दुर प्रमुख वाद्य हैं तथा झल्लरी एवं पटह गौण वाद्य हैं। इन सभी वाद्यों का वादन उत्सव, विवाह आदि प्रसंगों पर तथा नाट्य की विभिन्न अवस्थाओं में निहित है। नाट्य के अन्तर्गत विभिन्न अंगों में सामंजस्य उत्पन्न करने के लिये, किसी न्यूनता की पूर्ति के लिये, नाटक की शोभा वृद्धि के लिये इन वाद्यों का प्रयोग किया जाता था।[41]

भरत ने 28वें अध्याय के पहले श्लोक में चार प्रकार के वाद्यों का उल्लेख किया है, जो इस प्रकार है–

ततश्चैवावनद्धञ्च च घनं सुषिरमेव च।
चतुर्विधन्तु विज्ञेयमातोद्यं लक्षणान्वितम्।।

अर्थात् वाद्य चार प्रकार के है–तत्, अवनद्ध, घन और सुषिर। तन्त्री से बने वाद्यों को तत्, चमड़े से मढ़े हुये वाद्य को अवनद्ध तथा कांस्य आदि ठोस वाद्यों को घन कहते हैं।

संसार के सभी वाद्यों का इन चार वर्गों में वर्गीकरण भरत की प्रतिभा का द्योतक है। कोई भी वाद्य इन्हीं के अन्तर्गत आता है। भरत का यह वर्गीकरण कितना व्यवस्थित और महत्वपूर्ण है, यहाँ एक ऐतिहासिक तथ्य से सिद्ध होता है। 1877 ई० में समस्त वाद्यों के लिये, यूरोप में ब्रूजल्स नामक स्थान में एक बहुत विशाल संग्रह बना। उस समय यह प्रश्न उठा कि इन सभी वाद्यों का वर्गीकरण किस प्रकार किया जाये। उस समय यूरोप के संगीत के विद्वान बहुत माथापच्ची के बाद इस निष्कर्ष पर पहुँचे कि भरत ने जो वाद्यों का वर्गीकरण किया है, उससे अधिक व्यवस्थित वर्गीकरण सम्भव नहीं है। अतः भरत के ही वर्गीकरण के आधार पर यूरोप के समस्त वाद्यों का वर्गीकरण किया गया। यूरोप के संगीतज्ञ ने Chordophonic Instrument तत् वाद्य के लिये, Membrophonic Instrument अवनद्ध वाद्य के लिये, सुषिर वाद्य के लिये Acrophonic Instrument तथा घन वाद्य के लिये Ideophonic Instrument जैसे शब्द बनाया। इस बात का उल्लेख फैंसिसि डब्लयू गाल्पिन ने अपने Text book of Euoropein Musical Instrument के 27वें पृष्ठ पर किया है।[42]

भाण्ड वाद्य के आचार्य के रूप में स्वाति मुनि का नामोल्लेख नाट्यशास्त्र में पाया जाता है। इन्द्रध्वज उत्सव के अवसर पर नाट्यशास्त्र की सज्जता किये जाने पर नारद को गान्धर्व के लिये तथा स्वाति को भाण्डवाद्यों के वादन के लिये नियुक्त किया गया था, ऐसी कथा नाट्यशास्त्र के अध्याय एक में उपलब्ध है। ये दोनों ही अपने-अपने विषय के मान्य आचार्य थे, तथा गान्धर्व एवं वाद्य के संबंध में इनकी सशास्त्र परम्परा है।

पुष्कर

भरत के अनुसार अवनद्ध वाद्यों का प्रौढ़तम स्वरूप पुष्कर वाद्य है। पुष्कर वाद्यों में जो करणों एवं बोलों के निकास की क्षमता थी, वह इस वर्ग के अन्य वाद्य

भेरी, पटह, झंझा, दुन्दुभि तथा डिण्डिम जैसे वाद्यों में नहीं थी। स्वरवान तथा अभिधानवान नामक द्विविध छन्द में पुष्कर का वादन स्वरवान छन्द से युक्त माना गया है। जिसमें गीत के शब्दों का स्वरमय रूप अभिव्यक्त होता है। नाट्यशास्त्र के अनुसार कंठ से उद्भूत होने वाले स्वर पुष्कर वाद्य में संक्रान्त हो उठते हैं। पुष्कर वाद्य से संगति करने का सिद्धांत यह है कि गायक जिस-जिस स्वर का गान करता हो, पुष्कर वादक भी उन्हीं स्वरों का अनुसरण करते हुये संगत करे तथा पुष्कर की करण रचना भी वही हो जो कि गीत के अक्षरों की रहती है।

त्रिपुष्कर

नाट्यशास्त्र में पुष्कर के साथ ही त्रिपुष्कर नामक वाद्य का भी उल्लेख हुआ है। जिसमें मार्जना का उल्लेख वामक, सव्यक तथा उर्ध्वक के रुप में किया है। भरत काल में इन तीनों को अलग रूप से स्थापित किया जाता था, ऐसा कहीं स्पष्ट रूप से उल्लेख नहीं आता है। भारत की प्राचीन शिल्प कला में त्रिपुष्कर के दो रूप स्पष्ट रूप से देखने को मिलते हैं। ईसा पूर्व दूसरी शताब्दी के भरहुत शिल्प में एक वादक के पास ढोलक के आकार के दो उर्ध्वमुखी वाद्य हैं, जिनमें एक तिर्यक अवस्था में स्थापित है तथा दुसरा उर्ध्वाकृति स्थापित है। इसी उर्ध्वाकृति वाद्य पर वादक वादन दण्ड से वादन कर रहा है। अमरावती के शिल्प में वादक के सम्मुख तीन मृदंगाकार वाद्य हैं, जिनमें से दो उर्ध्वाकृति तथा एक उनके पीछे तिर्यक अवस्था में स्थापित हैं। दक्षिण भारत में त्रिपुष्कर का एक अन्य रूप पाया जाता है जिसमें एक ही वाद्य में तीन रूप स्पष्ट दृष्टिगत होते हैं। चिदम्बरम के नटराज मंदिर में नटराज के 'उर्ध्व तांडव' नृत्य के साथ मृदंग के त्रिमुख चित्र अंकित है। इसके दोनों पार्श्व में दो मुख है तथा मध्य में ऊपर की ओर तीसरा मुख है। मैसूर के अरलगुप्पे नामक स्थान में कल्लेश्वर मंदिर के भीतर पुष्कर का एक अन्य प्रकार अंकित है, जिसके तीनों मुख उपर की ओर उन्मुख हैं।

पणव

यह वाद्य 16 अँगुल दीर्घाकार तथा इसके मुख का व्यास 6 अँगुल का होता था। बीच की चौड़ाई 8 अँगुल होने के कारण वह कृशाकार दिखाई देता था। इसी कृशाकार मध्यभाग पर चार अँगुल का छिद्र बनाकर इस पार तीन तंत्रियों को स्थापित किया जाता था।

दर्दुर

इस वाद्य का आकार घट के सदृश्य होता था तथा इस कलशाकार वाद्य का मुख 12 अँगुल चौड़ा होकर चर्म से ढका हुआ होता था। नाट्यशास्त्र के अनुसार

मृदंगादि वाद्यों के लिये प्रयुक्त किये जाने वाला यह चर्म षट् दोषों से मुक्त होना चाहिए होता था।[43]

नाट्यशास्त्र युग के प्रमुख अवनद्ध वाद्य

नाट्यशास्त्रकार आचार्य भरत ने 100 प्रकार के अवनद्ध वाद्यों की चर्चा की है, परन्तु यहाँ मुख्य रूप से उस युग के प्रचलित अवनद्ध वाद्यों की चर्चा की जा रही है। उस युग के प्रमुख अवनद्ध वाद्यों के नाम इस प्रकार से हैं–मृदंग, आंकिक, आलिंग्यक, उर्ध्वक, पणव, दर्दुर तथा दुन्दुभि।

अवनद्ध वाद्यों की व्याख्या *(प्राचीन काल से आधुनिक काल तक)*

आवज या हुडुक

संगीतरत्नाकर में इस वाद्य की बनावट की जो चर्चा की गई है वह इस प्रकार से है–हुडुक्का की लम्बाई एक हाथ की तथा गोलाई अठारह अँगुल की होती थी। इसमें खोल (चर्म) की मोटाई एक अँगुल की तथा मुख का व्यास सात अँगुल का होता था। इसमें एक ही रस्सी होती थी। तथा मुख का मंडल दस अँगुल का होता था। इसके दोनों उठे हुये मुखों की मोटाई सवा अँगुल की होती थी यह मोटाई उस चमड़े की होती थी जो खोल के मुख को ढकता था। इस चमड़े में छह छिद्र होते थे, जिसे रस्सी से बाँधी जाती थी। उसे भलीभाँति रखने के लिये अग्रभाग में तीन तथा पिछले भाग में दो अर्गलाएँ होती थी। बंधन सूत्र के मध्य में एक उदरपट्टिका होती थी जो चिकनी और सुन्दर होती थी तंतुओं की दो रस्सियाँ से स्कन्ध पट्टिका बनी होती थी, पकड़ने की जगह पर रस्सी आधे-आधे अँगुल के अंतर से रखी जाती थी। खोल के चौथाई भाग में शब्द के गुंजार के लिये छिद्र होते थे। स्कन्ध पट्टिका को धारण कर तथा उदर पट्टिका को बाँधे हाथ से पकड़ कर दाहिने हाथ से बजाया जाता था।

उपंग

इस वाद्य का वर्णन संगीत ग्रंथों में उपलब्ध नहीं होता है, किन्तु यह वाद्य भारत का प्राचीन वाद्य रहा होगा इसमें संदेह नहीं क्योंकि इसी से मिलता जुलता वाद्य खजुराहो की मंदिर में खुदी हुई प्रतिमाओं में दृष्टिगोचर होता है।

इसकी बनावट की चर्चा करते हुये पं० लालमणि मिश्रा जी बताते हैं कि छोटी ढोलक को बीच से काट कर उसके मुख को चमड़े से मढ़ देना चाहिए। इस चमड़े के मध्य में तार या तांत प्रवेश कर सके ऐसा एक छिद्र कर उसके भीतर से तार या तांत को बाहर की और निकाल लेना चाहिए। बाहर निकले हुये

इस तार को एक बड़े बटन में ऐसा फंसाया जाये कि तार खींचने पर भी अलग न हो। बटन और मढ़ी हुई खाल के मध्य एक चांदी के रूपये की आकार की मोटी खाल लगानी चाहिए जिससे कि खिंचाव पड़ने पर मढ़े हुये चमड़े पर अधिक भार न पड़े। इस प्रकार का खोखले काठ का एक और ढाँचा तैयार कर उसे भी एक अन्य खाल से मढ़ लेना चाहिए। यह ढाँचा इतना छोटा होना चाहिए कि वह हाथ की मुट्ठी में असानी से पकड़ में आ सके। अब तार का दूसरा छोर इस छोटे से ढाँचे की खाल में बड़े वाले ढाँचे के समान ही फँसा लेना चाहिए। वादन क्रिया करते समय बड़े ढाँचे को खींचते तथा छोटे ढाँचे को बायीं मूठ में कसकर पकड़ लेना चाहिए। दाहिने हाथ में सरोद का जावा या सितार के मिजराब पहन कर तार पर प्रहार करने से ध्वनि उत्पन्न होती है। इसमें कहरवा दादरा जैसे ताल को बजाया जा सकता है। वादन के कम में मूठ से पकड़े हुये ढाँचे को खींचते तथा ढीला करते हैं, जिससे कि स्वर ऊँचा नीचा होता है। इसमें लगभग हुडुक जैसी ध्वनि निकलती है। इसमें हास्यात्मक ध्वनि उत्पन्न होती है तथा फिल्म संगीत में इसका प्रयोग अधिक देखा जाता है।

करटा

विद्वानों का मत है कि करटा ढोल का ही एक प्रकार है। इस वाद्य का संगीतरत्नाकर के वाद्याध्याय में श्लोक संख्या 1078 एवं 1083 में जो वर्णन किया गया है, वह इस प्रकार से है–

इसमें विजयसार के काष्ठ का पिण्ड बनाया जाता है जो कि चौबीस या इक्कीस अँगुल का होता है। इसकी परिधि 40 अँगुल की होती है। दोनों मुखों पर चढ़ाव हेतु तीन-तीन तांत के तार बाँधे जाते हैं तथा दोनों मुखों पर काठ या लोहे के कड़े लगाकर उन्हें कोमल चमड़े से मढ़ दिया जाता है। उन कड़ों में चौदह-चौदह छेद करके फिर करटा के दोनों मुख ढोल की भांति मढ़ दिये जाते हैं। उन चौदह छेदों में बीच-बीच के छेदों को छोड़कर उसे कसने के लिये चमड़े कि बद्धी लगाई जाती है। उसके खाली छिद्रों में फिर पतले चमड़े की बद्धी पहले की भाँति लगाई जाती है जिससे बद्धियाँ उतार चढ़ाव युक्त हो जाती हैं। इसके दोनों कड़े के पास से एक तीन अँगुल की चौड़ी पट्टी बांधी जाती हैं जिसे गले में लटकाकर अथवा कमर में लटकाकर बेंत की डंडी से बजाई जाती है तथा इसके पाटाक्षर तिरिकि-तिरिकि माने गये हैं।[44]

संगीतरत्नाकर के वाद्याध्याय के श्लोक संख्या 1086 में इसे इस श्लोक के माध्यम से व्यक्त किया गया है–

वादनं कुडुपाभ्यां तु शार्ङ्गदेवेन कीर्तितम्।
तिरिकितिरिकिरीति प्रायःपाटद्वयं मतम्।।

करचक

इस वाद्य का उल्लेख संगीतसार भाग दो के पृष्ठ 74 में किया गया है, जो इस प्रकार से है–

दस अँगुल मोटा, चार अँगुल लम्बा, एक गोलचक्रकार आकार जिसका बीच आर-पार से पोला होता है। एक अँगुल का दल रहेगा। इसके एक मुख को चमड़े से मढ़ा जाता है। बजाते समय चमड़े को पानी से भिंगोकर बायें हाथ से उसका किनारा दबाकर दाहिने हाथ से बजाया जाता है तथा इससे 'डवक' पाटाक्षर उत्पन्न होता है। साधारण अर्थ मे इसे खँजरी या दायरा के नाम से जाना जाता है।

कुडुवा

इस वाद्य का उल्लेख मानसोल्लास, संगीतरत्नाकर, संगीतसुधा, संगीतसार, आदि में आया है। संगीतरत्नाकर में वाद्याध्याय के 1098 श्लोक के माध्यम से इस वाद्य की बनावट की चर्चा की गई है, जो इस प्रकार से है–

बीजदारूमयी सप्ताङ्गुलगर्भमुखद्वया।।
एकविंशत्यङ्ला च यस्या दैर्ध्ये समाकृतिः।।
सहताग्नित्रयाकारत्र्यङ्गुस्थूलतायुते।।

अर्थात् विजयसार का काठ इक्कीस अँगुल लम्बा हो, जिसमें सात-सात अँगुल चौड़े दो-दो मुख हों। यह काठ ऊँचा नीचा होना चाहिए तथा सम्पूर्ण काठ एक समान होना चाहिए। इसके ऊपर बेल के दो कड़े चढ़े होते हैं, जो कि चमड़े से मढ़े होते हैं। उन दोनों कड़ों में सात-सात छेद होते हैं, जिनमें बद्धी डालकर उन्हें कसकर बाँधा जाता है, तथा इनके दोनों मुख को डंडे से बजाया जाता है।

खँजरी

डफ, दायरा तथा करचक्र के आकार का, किन्तु नाप में उससे छोटा अवनद्ध वाद्य खँजरी कहलाता है। खँजरी में तीन या चार जोड़ी छोटी झाँझें उसके लकड़ी के घेरे को काटकर लगाई जाती है। ये झाँझे खँजरी बाजते समय स्वयं हिलती है तथा खँजरी के आवाज के साथ मिलकर इनसे बहुत ही मधुर ध्वनि उत्पन्न होती है। इसका घेरा लकड़ी का बनाया जाता है जिसमें एक ओर पतली चमड़े की खाल मढ़ी रहती है। इसे बजाते समय ध्वनि की तीव्रता को कम करने के लिय गीले कपड़े से पोंछते रहना पड़ता हैं। आजकल के खँजरी को उतारने चढ़ाने

के लिए चाभियों का उपयोग किया जाता है जिससे कि इसे चढ़ान उतारना आसान हो गया है। इसमें कहरवा, दादरा के बोल बहुत अच्छे ढ़ंग से निकाले जाते हैं। इसे बजाने के लिये बायें हाथ से पकड़ कर दाहिने हाथ से इसके ऊपर प्रहार करते हैं तथा कभी-कभी दायें हाथ के मध्यमा एवं अनामिका अँगुलि के अग्रभाग से किनारे की खाल को दबाने से इसमें गमक की ध्वनि उत्पन्न होती है। कुछ बड़े आकार के भी खँजरी होते हैं जिनका घेरा पीतल की चादर का बनाया जाता हैं। झाँझे इसमें भी लगी होती है तथा इस प्रकार की खँजरी का उपयोग नृत्य के साथ विशेष रूप से होता है।

घडस

बोलचाल की भाषा में इसे डिमडिमा कहते है। इसके दो भाग होते हैं, तथा इनके पेंदे में एक-एक छेद होता है। दायें हाथ से बजाये जाने वाले भाग को पतले चमड़े से तथा बायें हाथ वाले भाग को मोटे चमड़े से मढ़ा जाता है। इस वाद्य का वर्णन संगीतरत्नाकर, संगीतसार, मानसोल्लास आदि ग्रंथों में प्राप्त होता है, किन्तु इसका विशेष प्रयोग कभी नहीं रहा, सम्भवतः इसी कारण इसका प्रयोग समाप्त हो चुका है।

चंग

उत्तर प्रदेश में लोकगीत के साथ बजाये जाने वाला यह प्रसिद्ध लोक वाद्य चक्राकार स्थूल चमड़े से मढ़ा होता है। इसका व्यास 8 से 12 अँगुल तक होता है तथा घेरा 4 अँगुल चौड़ी लकड़ी से बना होता है जिसमें एक ओर खाल मढ़ी होती है। इसका खाल कितना भी क्यों न कसा हो, वर्षा ऋतु में यह ढीला पड़ने लगता है। इस कारण आजकल इसका घेरा पीतल का बनने लगा है जिसमें खाल को कसने के लिए चाभियाँ लगी रहती हैं। इस प्रकार चमड़े कसने का ढ़ंग पाश्चात्य साइड ड्रम के प्रकार का बन जाता है। ऐसा हो जाने से वादक जीतना चाहे चमड़े को कस और ढीला कर सकता है। डफली तथा चंग के बजाने की विधि और बोलों में कई भेद देखे जाते हैं। कुछ लोग दायें हाथ की तर्जनी में कांसे का एक छल्ला पहनकर मात्रा बताने के लिये प्रहार करते है, कुछ बायें हाथ में बांस की पतली लकड़ी लेकर उस पर प्रहार करते हैं, तथा कुछ बायें हाथ में वाद्य को पकड़कर दायें हाथ से वादन करते हैं।[45]

झल्लरी

इस वाद्य का उल्लेख संगीतरत्नाकर के वाद्याध्याय के श्लोक संख्या 1139 में भी मिलता है, जो इस प्रकार से है–

स्यात्तदधपलो भाण: परिधौ द्वादशांगुल:।
अन्यत्तु झल्लरीलक्ष्म तस्य श्रीशङ्गिणोदितम्।।

झल्लरी के साथ-साथ उसका छोटा रूप भी प्रचलित था जिसे भाण कहते थे। झल्लरी का जो रूप संगीतरत्नाकर में उपलब्ध होता है, उसके अनुरूप वह आधुनिक चंग या खँजरी के समान प्रतीत होता है।

संगीतरत्नाकर के अनुसार यह चमड़े से मढ़ा हुआ अवनद्ध वाद्य था, जो कि बायें हाथ के अँगूठे में लटकाकर दाहिने हाथ के शंकु द्वारा इसका वादन किया जाता था। संगीतसार का यह वर्णन संगीतरत्नाकर से प्रभावित है संगीतरत्नाकर के रचना के बाद ही रचे जानेवाले '*संगीतोपनिषत्सारोद्धार*' तथा '*संगीत पारिजात*' आदि में इसे घन वाद्य माना गया है। सुधाकलश ने झल्लरी के लिये कहा है–'*झल्लरी स्थालरूपणि*'।

अहोबल के मतानुसार यह अठारह अँगुल व्यास की, अठारह पल भारी, मध्य से दो अँगुल गहरी डोरी से युक्त होती है तथा ढीले हाथ से बजाई जाती है। यहाँ इसके चमड़े से मढ़े जाने का संकेत प्राप्त नहीं होता है अतएव यह अवनद्ध वाद्य न होकर घन वाद्य का रूप ले लेती है। ब्रज में झल्लरी बारह अँगुल से सोलह अँगुल व्यास की कांसे की चद्दर से बनी प्राय: एक सूत मोटी होती है। यह 'झल्लरी' लकड़ी के डण्डे से बजाई जाती है। इसे घड़ियाल भी कहते हैं। संगीतरत्नाकर आदि में इसे जय घंटा कहा गया है। अत: जिस प्रकार 'भेरी' अवनद्ध तथा सुषिर रूप में दो भिन्न-भिन्न वाद्य हैं, उसी प्रकार 'झल्लरी' अवनद्ध तथा घन वाद्य के रूप में भी जाना जाता है।

ढक्का

इस वाद्य का वर्णन संगीतरत्नाकर, संगीत मकरंद, संगीतसार, मानसोल्लास आदि में प्राप्त होता है। सभी ग्रंथों के वर्णन में यद्यपि संक्षिप्त अंतर पाया जाता है किन्तु बनावट में यह वाद्य एक समान ही पाये जाते हैं। जिस प्रकार 'ढवस' की रचना होती है, उसी प्रकार ढक्का की भी रचना की जाती है, परन्तु इसके दोनों मुख तेरह-तेरह अँगुल चौड़े होते हैं। इसे शरीर के बायीं ओर दबाकर डण्डी के द्वारा दाहिनें हाथ से बजाया जाता है। इसे 'धौंसा' भी कहा जाता है।[46]

डमरू

माँ सरस्वती की वीणा, भगवान श्रीकृष्ण की वंशी, तथा शंकर के डमरू को हिन्दू धर्मग्रंथों में आध्यात्मिक महत्व दिया गया है। ऐसा कहा जाता है कि तांडव

नृत्य के समय शिवजी ने डमरू बजाया था। नन्दिकेश्वर कारिका के प्रथम श्लोक के अनुसार भगवान शंकर के डमरू से व्याकरण के चौदह सूत्र उत्पन्न हुए, जो इस प्रकार से है–

नृत्तावसाने नटराजराजो ननाद ढक्कां नवपञ्चवारम्।
उद्धर्तुकाम: सनकादिसिद्धानेतद्विमर्शे शिवसूत्रजालम्।।

ये महेश्वर सूत्र समस्त वाङ्मय तथा इनमें प्रदर्शित स्वर वर्ण संगीत स्वरों के आधार हैं। स्वर वर्णों की संगीतिक रूप भी है। अ, इ, उ, को क्रमश: षड्ज रिषभ, गंधार कहा गया है। संगीतसार भाग दो के पृष्ठ संख्या 74 पर डमरू के लक्षण इस प्रकार से बताये गये हैं–

एक वितरिक्त लम्बा काठ लेकर आठ-आठ अँगुल चौड़े दो मुख जो कि मध्य में पतला हो तथा इन दोनों को चर्म से मढ़ना चाहिए। चर्म को तानने वाले डोरों को बीच में बांध देना चाहिए। इसे बीच से पकड़ कर डोरन को दाबकर डंका से प्रहार करने पर '*सों*' की ध्वनि उत्पन्न होती है। इसके पाटाक्षर 'ड' माने गये हैं। अन्य आचार्य क, र, ख, ट, को चार वर्ण बताते हैं।

सूरदास ने अपने पदों में शिव के रूप में बाल कृष्ण का वर्णन करते हुये डमरू का उल्लेख किया है, जो इस प्रकार से है–

आयो है अवधूत जोगी कन्हैया दिखलावे हो माय।
हाथ त्रिशूल दूजे कर डमरू सिंगी नाद बजावै।।

जैसा कि 'संगीतरत्नाकर' एवं 'संगीतसार' में विवेचित है, डमरू लगभग दो मुट्ठी लम्बा एवं बीच में एकदम पतला होता है। इसके मुख व्यास लगभग एक मुट्ठी का होता है जो कि पतले चमड़े से मढ़ा होता है। ये चमड़ा दोनों ओर पतली रस्सी से कसा रहता है। इस रस्सी के मध्य में जहाँ वाद्य पतला होता है, रस्सी के ऊपर एक कड़े के समान रस्सी कसी रहती है और उसके दोनों छोर लटकते रहते हैं। इन्हीं दोनों सिरों पर एक-एक घुंडी बनी रहती है। इसे सीधे हाथ से मध्य स्थान पर पकड़ कर हाथ घुमाया जाता है, जिससे घुंडियाँ मुखों पर प्रहार कर शब्द उत्पन्न करती हैं।

डफ

यद्यपि डफ का प्रयोग भिन्न-भिन्न क्षेत्रों में भिन्न-भिन्न रूपों में होता है। यह एक हाथ से दो हाथ तक के व्यास तक का होता है तथा पतली लकड़ी के घेरे पर जो कि लगभग छ: अँगुल का होता है पतले चमड़े से मढ़ा होता है। यह चंग के भांति ही बजाया जाता है।

वास्तव में डफ, ढफ डफला चंग आदि एक ही जाति के वाद्य हैं, जो अपने सामान्य रूप तथा वादन विधि के अन्तर सहित देश के सभी भागों में प्रचलित हैं। कहरवा तथा दादरा ताल के विभिन्न रूपों का इनमें बड़ा आकर्षक वादन होता है।

डक्का

डक्का या डंका हुडुक्क जाति का एक वाद्य है। इसका उल्लेख संगीतरत्नाकर संगीत परिजात तथा संगीतसार में प्राप्त होता है। संगीतरत्नाकर के वाद्याध्याय के श्लोक संख्या 1113 में जो व्याख्या कि गई है, उनके अनुसार इनका रूप निम्न प्रकार से है–

एक बलिस्त का लम्बा पोला काठ का ढाँचा जिसका मध्य भाग पतला हो जिसके दोनों मुखों का वृत आठ अँगुल का हो तथा पिण्ड आधा अँगुल मोटा हो। उसे डक्का समझना चाहिए। इसके दोनों मुखों पर चार-चार तांबे की कीलें रखी जाती हैं जिनमें दो उर्ध्वमुखी तथा दो अधोमुखी होती हैं। इनके दोनों मुख हुडुक्का के भाँति चमड़े से मढ़े रहते हैं। इसका वादन दाहिने हाथ से किया जाता है।

संगीत पारिजात में श्लोक संख्या 111-114 में इसके रूप का वर्णन कुछ भिन्न प्रकार से किया गया है, जो इस प्रकार से है–ढक्का तत् अवनद्ध जाति का दो मुख वाला वाद्य है, जो एक हाथ लम्बा होता है। मुख का व्यास अवनद्ध रूप में बारह अँगुल तथा अन्य स्थानों पर आठ अँगुल का होता है। इसका मुख एक चमड़े से मढ़ा होता है। इस चमड़े के मध्य से तांत की तंत्री एक शिरे पर गांठ देकर निकाल ली जाती है। यह तंत्र बायें हाथ से नीचे धारण किया जाता है तथा उसी हाथ से उसकी तंत्री को खींचकर दायें हाथ से बजाया जाता है।

ढवस

संगीतरत्नाकर के वाद्याध्याय में श्लोक संख्या 1095 में इस वाद्य की बनावट की चर्चा की गई है, जो इस प्रकार से है–

वामास्ये दक्षिणस्थेन कुडुपेन तु दक्षिणे
ढंकारपाटवर्णैश्च रूढौऽयं ढवसो जने

यह वाद्य विजयसार के काष्ठ से बनता है। इसकी लम्बाई एक हाथ तथा परिधि उन्नतालीस अँगुल की होती है। इसके दोनों मुख बारह-बारह अँगुल के होते हैं। दोनों मुखों को कड़े चमड़े से लपेटा जाता है तथा उसमें सात-सात छेद

कर उसे चमड़े से मढ़ दिया जाता है। इन छेदों में मोटी डोरी लगाई जाती है। इसे करटा वाद्य की भांति गले में पहन कर बजाया जाता है। बायां मुख बायें हाथ से तथा दाहिने मुख को बाँस की पतली खपच्ची से बजाया जाता है। इसके पाटाक्षर ढं, ढं होते हैं।[47]

त्रिवली

इस वाद्य का वर्णन मानसोल्लास, संगीतरत्नाकर, संगीत सुधा, संगीतसार तथा वाद्य प्रकाश आदि में पाया जाता है। 'मानसोल्लास' 'संगीतरत्नाकर' 'संगीतासार' में इसका वर्णन एक समान ही मिलता है, जो इस प्रकार से है–

एक हाथ की लम्बाई वाले काठ जो बीच में पतला हो तथा बीच में खोखला हो और जिसके दोनों मुख सात-सात अँगुल के हों उसे त्रिवली कहा गया है। इसके दोनों मुखों को चमड़े से मढ़ कर लोहे के कड़े पहनाये जाते हैं तथा उनमें सात-सात छिद्र किये जाते हैं। इन छिद्रों में पतली रस्सी डालकर उसे कसते हैं। इन कसे हुये रस्सी को बीच में डबाकर दूसरे रस्सी से उसे बांध देते हैं। उसी में एक पट्टी बाँधकर कंधे से लटकाकर दोनों हाथों से वादन करने पर त, दों, दों तथा दें की ध्वनि निकलती हैं।

दर्दर (दर्दुर)

महर्षि भरत ने दर्दुर को अवनद्ध वाद्यों में अंग वाद्य मानकर इसे पर्याप्त महत्ता प्रदान की थी, किन्तु ऐसा प्रतीत होता है कि इस अवनद्ध वाद्य की महत्ता परवर्ती आचार्यों ने स्वीकार नहीं की थी। महर्षि भरत के अनुसार यह घट के आकार का वाद्य होता था। इसका मुख नौ अँगुल का होता था जिसके ऊपर चमड़े की पूड़ी का विस्तार बारह अँगुल का होता था। यह चमड़े की पुड़ी पतली रस्सी से कसी रहती थी नाट्यशास्त्र के अवनद्ध वाद्याध्याय के श्लोक संख्या 85 के माध्यम से आचार्य भरत ने इसकी चर्चा की है, जो इस प्रकार से है–

रेक्लृतिकुत्खनोत्वनोधन्मोगोणेहधिण्णसंयुक्ताः।
इति दर्दरे प्रहाराः कार्या मुक्ता निषण्णाश्च।।85।।

उपर्युक्त शब्दों को वाद्य पर निकालने के लिये, दोनों हाथों का प्रयोग किया जाता था। दाहिने हाथ का प्रयोग मुक्त, अर्ध मुक्त तथा बंद ध्वनियों के वादन के लिये होता था। बायें हाथ का प्रयोग दायें हाथ के सहायक के रूप में होता था।

दुन्दुभि

संगीतरत्नाकर में दुन्दुभि का जो वर्णन किया गया है, वह इस प्रकार से है–

आम्रद्रमसमुद्भूतो महागात्रो महाध्वनिः।
कांस्यभाजनसंभारगर्भो वलयवर्जितः ।।147।।

चर्मनद्धाननो बद्धो बध्रैर्गाढं समन्ततः
दृढचार्मेण कोणेन वाद्यो वर्णेन दुन्दुभिः।।148।।

मेघनिर्घोषगम्भीरघोंकारस्यात्र मुख्यता।
मङ्गले विजये चैव वाद्यते देवतालये।।149।।

(संगीतरत्नाकर के वाद्याध्याय के पृष्ठ संख्या 534 से उद्धृत)

उपर्युक्त वर्णन के अनुसार दुन्दुभि में एक ही नग होता था, जो कि आकार में बड़ा होता था। किन्तु जब से उसका संबंध शहनाई आदि से हुआ, तब से उसमें भी जोरदार ध्वनि एवं मृदंग जैसे पाटाक्षर निकालने की आवश्यकता प्रतीत हुई। इसलिए उस बड़े आकार के साथ एक छोटे आकार का वाद्य भी जुड़ गया। इसके कारण दुन्दुभि में मृदंग आदि के पाटाक्षर आसानी से निकाले जाने लगे। वास्तव में दुन्दुभि, नगाड़ा, नक्कारा, धौंसा, निसान, तम्बकी, दमामा आदि एक ही जाति के वाद्य हैं, इनमें कुछ के नाम उनके आकार में थोड़ा बहुत अन्तर पड़ने के कारण पड़े हैं तथा कुछ नाम मुस्लिम प्रभाव से जुड़ गये।[48]

निसान

कांस्यजस्ताम्रजो लौहो वोत्तमो मध्यमोऽधमः।।1153।।

(संगीतरत्नाकर के वाद्याध्याय से उद्धृत)

संगीतरत्नाकर के अनुसार निसान कांसे, तांबे अथवा लोहे का बना हुआ वाद्य होता है, जो क्रमशः उत्तम मध्यम अथवा अधम माना जाता है। इसके पेंदे में कांसा भरा होता है तथा मुख भैंस के चमड़े से मढ़ा होता है। इसका मुख बड़ा तथा मुख छोटा होता है तथा इसे चमड़े से जिसमें कड़े लगे होते हैं कस दिया जाता है। इसे चमड़े से लगे हुये कोणों से बजाया जाता है। इसका दृढ़ शब्द भीरूओं को दहलानेवाला तथा वीरों को रोमांचित करने वाला होता है।

पणव

मृदंग के समान पणव भी भारत का अति प्राचीन अवनद्ध वाद्य है। कुछ ऐसे तथ्य प्राप्त होते हैं जिनके आधार पर पटह तथा पणव वैदिककालीन वाद्य समझे जा सकते हैं। महर्षि भरत ने मृदंग के बाद अवनद्ध वाद्यों में पणव को ही सबसे अधिक महत्व प्रदान किया है। महर्षि भरत ने मृदंग के साथ-साथ पणव तथा

दर्दुर को भी स्वाति मुनि के द्वारा विश्वकर्मा की सहायता से बनाया हुआ माना है। पणव के आकार के संबंध में महर्षि भरत ने कहा है–

दैर्ध्येण पणवश्चैव कर्तव्यः षोडशाङ्गुलः।
कृशमध्याङ्गुलान्यष्टौ पञ्चाङ्गुलमुखस्तथा ।।259।।

ओष्ठावस्य तु कर्तव्यौ तज्ज्ञैरध्यर्धमङ्गुलम्।
मध्यं च सुषिरं तस्य चत्वार्येवाङ्गुलानि च ।।260।।

(भरत नाट्यशास्त्र के 34 वें अध्याय से उद्धृत)

सोलह अँगुल लम्बा, मध्य भाग भीतर की ओर दबा, जिसका विस्तार आठ अँगुल तथा जिसके दोनों मुख पाँच अँगुल के हो वह पणव है। आधे समान मोटा उसका काठ होता है और भीतर का खोखला भाग चार अँगुल के व्यास का होता है।

पणव के दोनों मुखों को चमड़े से मढ़ कर पतली रस्सी से कस दिया जाता था। रस्सी का यह कसाव कुछ ढीला रखा जाता था जिसे वादन के समय बायें हाथ से मध्य भाग को दबाकर तथा ढीला कर आवश्यकतानुसार ऊँची नीची ध्वनि निकाली जाती थी। महर्षि भरत के अनुसार पणव से निम्नलिखित वर्ण उत्पन्न होते थे। क, ख, ग, ट, ण, दे, वा, ह्‌ण, र, ला, कु, लि, लं, घ्र, णे, कि, रि, कि, रि, कि, ह्‌ण।

पटह

संगीत पारिजात के अनुसार पटह का अर्थ ढोलक है। इसमें स्पष्ट किया गया है कि 'पटह ढोलक इति भाषायाम्' और इसके बाद बताया गया है, कि पटह भेरी जाति का वाद्य है, जो डेढ़ हाथ लम्बा होता है। संगीतसार के अनुसार मध्यकालीन ढोलक भी प्राचीन युग में पटह ने नाम से प्रचलित था। ऐतिहासिक तथ्यों के आधार पर पटह भारत के प्राचीनतम अवनद्ध वाद्यों में प्रतीत होता है। पटह का जैसा वर्णन धर्म ग्रंथो एवं संगीत ग्रंथों में उपलब्ध होता है उससे यह कहा जा सकता है कि मृदंग के बाद पटह का सर्वाधिक प्रचार-प्रसार रहा। इसके दो प्रकार थे–मार्गी पटह तथा देशी पटह।

मार्गी पटह

इसकी लम्बाई डेढ़ हाथ से दो हाथ तक की होती थी तथा बीच का भाग कुछ उठा हुआ होता था। इसके दाहिनें मुख का व्यास साढ़े ग्यारह अँगुल तथा वाम मुख का व्यास साढ़े दस अँगुल का होता था। काठ भीतर से खोखला होता था। तथा इसके दोनों मुख गोल होते थे। दाहिने तथा बायें मुख पर लोहे की हंसुलि

पहनाकर उन्हें चमड़े से लपेट लिया जाता था। दाहिने मुख पर पतला चमड़ा तथा बायें मुख पर मोटा चमड़ा मढ़ दिया जाता था। इन हंसुलियों में सात-सात छिद्र कर रेशम की डोरी पिरो दी जाती थी जिसमें पीतल अथवा लोहे के छल्ले डाल दिये जाते थे, जिन्हें आवश्यकतानुसार खींचकर स्वर में मिलाया जा सकता था।

देशी पटह

इसकी लम्बाई डेढ़ हाथ की होती थी तथा इसका दक्षिण और वाम मुख क्रमशः सात तथा छह अंगुल व्यास के होते थे। शेष बाते मार्गी पटह की तरह की होते थे। पटह के लिये खैर की लकड़ी सर्वश्रेष्ठ मानी गई थी।[49]

भेरी

भेरी मृदंग जाति की लगभग दो हाथ लम्बी धातु से बनी हुई दो मुख वाद्य होती थी, जिसका एक मुख एक हाथ लम्बे व्यास का मढ़ा होता था। ये मुख चमड़े से मढ़े तथा डोरियों से कसे रहते थे, जिनमें कांसे के कड़े पड़े रहते थे। यतिमान में आनद्ध वाद्यों के सूची में भेरि और रणभेरि नाम से दो पृथक वाद्यों का वर्णन आया है। किन्तु अहोबल ने लिखा है कि यह वाद्य मित्रों को आनन्द देने वाला शत्रुओं का हृदय विदीर्ण करने वाला होता था।

आनक

आनक एक मुँहवाला अवनद्ध वाद्य था जिसे बजाने से मेघ या समुद्र के गर्जन के समान भयानक आवाज होती थी। आनक का 'यशस्तिलक' में कई बार उल्लेख हुआ है–*'महानकेषु महापटहेषु'*

मृदंग

वर्तमान मृदंग के स्वरूप को इस प्रकार से बताया जा रहा है–इसका ढाँचा खैर, नीम, शीशम या गम्हार के काष्ठ का होना चाहिए। इसका मध्य भाग साढ़े इक्कीस अँगुल मोटा और लम्बाई बारह मूठ की होनी चाहिए तथा दाहिना भाग चौदह अँगुल मोटा और बायाँ तेरह अँगुल का होना चाहिए। दोनों मुख पर दो लोहे के अथवा काठ के कड़े लगाने चाहिए। इन कड़ों में एक अँगुल के अंतर से बीस-बीस छेद करना चाहिए। दोनों मुख को चर्म से मढ़कर उस चर्म को कड़े से लपेट लेना चाहिए। कड़े के छेदों में चर्म की डोरी डाल कर उन्हें खींचकर कस देना चाहिए। दाहिने मुख के चर्म में छह अँगुल प्रमाण से गोलाकार लौहचूर्ण की स्याही लगानी चाहिए। बायें मुख के चर्म में जब बजाना हो तब गेहूँ का आँटा गीला करके लगाना चाहिए।[50]

नाट्यशास्त्र के 33वें अध्याय के श्लोक संख्या 244 में आंकिक मृदंग के स्वरूप की चर्चा की गई है जो कि वर्तमान मृदंग से काफी समानता लिये हुये है, वह इस प्रकार से है–

तालास्त्रयो ऽर्धताश्च मृदंङ्ङ्किक इष्यते।
मुखं तस्य च कर्त्तव्यं द्वादशाङ्गुल योजितम् ।।244।।

आंकिक मृदंग की लम्बाई साढ़े तीन ताल के प्रमाण की रखनी चाहिए और उसका मुँह चौदह अँगुल का होना चाहिए।

तबला

यह विजयासार, खैर, शीशम, नीम, चन्दन, आम, बबूल आदि काष्ठ द्वारा निर्मित होता है। इसके दो भाग होते हैं, जिसे आजकल बोलचाल की भाषा में दायें वाले भाग को तबला तथा बायें वाले भाग को डुग्गी का बायाँ कहकर सम्बोधित करते हैं। प्रारम्भ में तबले का बायाँ भाग मिट्टी का बना होता था, जिसके टूट जाने का भय हमेशा बना रहता था, इस कारण अब पीतल एवं तांबे का बनाया जाने लगा है। तबले की लकड़ी अन्दर से तीन हिस्सा खोखली होती है और एक हिस्सा नीचे की ओर होती है। इन दोनों उर्ध्व मुख को बकड़े के चर्म से आच्छादित कर दिया जाता है तथा चमड़े की पट्टी द्वारा निर्मित पूड़ी को किनारे-किनारे 16 छिद्र कर उसे हार के समान गूंथ दिया जाता है। अब इस पूड़ी को चमड़े की पतली बद्धी के द्वारा कस दिया जाता है तथा बद्धी के बीच में छोटी लकड़ी की गुल्ली लगा दी जाती है, जिससे कि इन्हें स्वर में मिलाना आसान हो जाता है। मुख्य पुड़ी के अतिरिक्त चमड़े की एक पट्टी सी होती है, जिस चाँटी कहते हैं। चाँटी के बाद और स्याही के पहले जो खाली स्थान रहता है, उसे लव कहते हैं। पुड़ी के बीच स्याही होती है, जो कि काले रंग का चन्द्रकार सा बना होता है और जिसे लौहचूर्ण तथा थोथे मिली हुई लेई में मिलाकर तैयार किया जाता है। इस स्याही के कारण ही तबले को विभिन्न स्वरों में मिलाना संभव हो पाता है।[51]

भारत में प्राचीन काल से ही वाद्यों का विशाल भंडार रहा है। अब यह बात अलग है कि हमें उन सभी अवनद्ध वाद्यों के विषय में विशेष जानकारी प्राप्त नहीं होती है परन्तु वैदिक काल के कुछ अवनद्ध वाद्यों की जानकारी प्राप्त हुई है परन्तु हम केवल उनके नाम से ही परिचित हैं ये वाद्य देखने में कैसे थे तथा इनका वादन किस प्रकार से होता था जानकारी प्राप्त नहीं हो पाती हैं। अवनद्ध

वाद्यों से संबंधित कुछ जानकारियाँ जवाहर लाल नायक जी ने अक्षर कम से दी है जो इस प्रकार से है–

अबजम	अकरा	अरबचट्टी
अराइ	अलाबुज	अघोटी
अकोत्पराई	अंब्रा	अंतरी
अमंतीरीकाई	अचनचेंडा	अंतरादुंदभि
अनिकन	आदम्बर	आलिंग्य
अंक्य	आउज	आनंदभेरि
आनक	आनंदलहरी	आंकिक
इडक्का	इकतारा	इक्कामत्तली
इरान्गोतपराइ	इरूप्पैराइ	इत्तुतुडी
इदईसुरन्गुपराइ	इयामारम	इजहारा
इंद्रामू	उडुकाइ	उडुक्कु
उर्मारी	उदल	उर्ध्वक
उंपग	उडुके	कनी
कनकतप्पडे	करडीवाद्यम्	कमट
कनकतम्मटे	करडीकाई	करटा
करचक्र	कर्करी	कडुनतुडी
कनणिडुथंबू	कपाडिहा	करडा
करडीसामेल	कटसा	कत्तीरी
कवनमद्दलम्	कनप्पराई	करनाई
काडा	कीन्थींगसा	कीरिडी
क्रीकिटी	किनीकिनी	किनीकिटु
कीडीकीटु	किटीपीटी	कुजमुड़ा
कुंभटोनक	कुंतालम्	कुडुकुडुपाई
कुंडी	कुंदुर	कुडुक्का
कुडुवा	कुंडालम्	कुडापंचमुखी
कुडुकुडुपारन	कुलीर	कुंभमुख

कुरावाइप्पराई	कुसुंभीनी	कुडुक्काई
कूडूकोट्टाई	कैलासी	कोत्पराई
केतुमन	कोट्मद्दलम्	कोदी
कैतीरी	कोदान्गी	कंजीरा
खारम	खंजीरा	खंजरी
खंजरू	खुंटभांदर	खमक
खाम	खोल	ग्ना
गनप्पराई	ग्लासढोलक	गाग ओड राजन
गुंमटी	गंजीरा	गुमका
गुमोट	गुमटेपाग	गुंडालम्
गोपीजंत्र	गूम्माई	गोधिका
गूझू	घेरा	घुमट
घुमेरा	घट	घुमेला
घडस	घड़ा	चंद्रपीराई
चंद्रवलयम्	चंदीरावलाइयाम	चंद्रमंडलम्
चंद्रकला	चतुर्मखवाद्य	चक्कई
चमेली	चाल्लीकाई	चेंडार
चेलिका	चेंडे	चंगु
चौघड़	चंग	चंगीला
चीरपराइ	छदछदी	छोरछोरी
छट	छेट्टीवाद्यम्	जमदीका
जयढक्का	जोदकम	झल्लरी
झंझा	झील	झर्झर झर्झरी
टभुकु	टासे	टाशा
टाशा-मारपा	टाम टाम	तुंबकनारी
टकोरावाद्यम्	टुंबकी	टुमकी
टिमकी	टेम्बाट्टम्	टेम्बूरी
टेप	टिकरा	टिन्गारी

टिट्टी	टेम्बोरिन	टेवर
डफ	डफली	डमरू
डफरी	डफरा	डगुडु
डगुदी	डकी	डक्की
डकलू	डमरूगा	डम्बरू
डमरूकम्	डमुआ	डपार्डी
डफाल	डक्का	डक्कुली
डक	डकौली	डागर
डाकोरावाद्यम्	डाटा	डिमडिमी
डीगारी	डि एरी तप्पतई	डिंडिमा
डुडी	डुगडुगी	डोल
डोरू	डोलू	डोलूम
डेरू	डेप	डंगर
डंका	डंगी कुंडी	ढबस
ढक्का	ढम्पले	ढपला
ढाक	ढाकी	ढाको
ढीपको	ढांक	ढेंका
ढोलकी	ढोल	ढोलक
तब्ल	तबला एवं बायाँ	तम्मटे
तबिल	तमक	तपाडगुंडू
तप्पू	तउस	तत्पुपालगई
तलप्पालगई	त्यागराजवाद्यम्	तंबकी
तत्पताई	तंति-पटहिका	तांतिपानई
तिमिला	तुरबुली	तुडुमु
तुमडक	तुर	तूर्य
तुडी	थंडरी	थन्नूमाई
थविल	थिमिला	थुडुभाई
थुटी या थुडी	थप्पु	थोप्पीमादल

दर्दुर	दमामा	दमारम
दफड़े	दपना	दप्पू
दउला	दोगला	दुंभ
दुहुल	दासरीतप्तई	दवंदई
दायाँ	दायरा	द्रव्य
देवसम	दुंदुभि	देव दुंदुभि
दिविती वाद्यम्	दमउ	धद्दा
धोंस	धौसा	धोनू
धुधकी	धुमसा	नगारु
नगाड़ा	नगेरा	नगुलाजोदु
नक्कारा	नजीगईप्पराई	न्यायमुरासु
नरकुंड	नटों की ढोलक	नर (बड़ा नगारा)
नाल	नल	नार
नानमुजहाबु	निशान	निशालम्
नौबत	नंदीरती	नंदीकेश्वरवाद्यम्
नंदीमुख	पखावज	पंबई
पणव	पराई	पटह
पंबा	पराना	पवन
पन्नीमारम	पाबुजी के भाटे	पारा
पुल्ल्वनकुदम	पुष्कर	पेरीकाई
पंचमुखवाद्यम्	पुंग	पेराई उदल
बधरा	बपंग	बंभा
बायाँ या डग्गा	बिलोदी कुंदी	बिलोदी ढोल
बीड़ी	बुरबुरी	बुर्रा
बुडबुडुके	बुर्राकाठाडक्की	बुदाबुदुकाई
भांडवाद्य	भेरी	भूमि दुंदुभि
भर्दल	मरू	मद्दलम्
मछली	मृदंग	मृदंगम्

मंडीडक्का	मडूक	महानगारा
मदनभेरी	महामुरज	महापटह
मरूपटह	मरूदाप्यराई	मादी
मारम	माटीमांदर	मांदीरा
मांदल	मादली	मादल
मीजहावु	मुत्तु	मुरासम
मुलाईप्पराई	मुडढोलक	मुरीचेंडा
मुरासुवेत्रीमुरासु	मुरज	मंजई
मोंथाई	मंदिलरा	मंगलभेरी
मोंदाई	रणभेरी	रणहल्गी
रामडोलू	राउटी	राजावाद्यम्
रूंज	रूंजा	लवंदई
वारटुमुकु	वानस्पति	विमनचेंडा
विरानम	विरामल्हारी	विलाथक्कील
विरामद्दलम्	विश्वगोत्र	वेट या टुलबुली
शुद्धमद्दलम्	संबल	सन्नाढोल
सन्नाउदल	स्कंधावज	सेल्लूका
सिंगबाजा	सुरमादल	सुप
संगड	सेमल	सूर्यपीराई
श्रीखोल	श्रीमादल	हल्गी
हलकाया	हिन्दुस्तानी टेकमेरावाद्यम्	हुडुक
हुडुक्का	होलक	त्रांसा
त्रिपुष्कर	त्रिवली	कालाइमुरासु, कुंभ।[52]

संगीत पत्रिका–सन् 1981, अप्रैल, पृष्ठ 29

प्रस्तुत अवनद्ध वाद्यों में से आज कुछ गिने चुने ही अवनद्ध वाद्यों का प्रचलन रह गया है। प्रस्तुत तालिका हमारे भारतीय अवनद्ध वाद्य की समृद्धशीलता को दर्शाता है। इस सूची को देखने के पश्चात् ऐसा प्रतीत होता

है, कि शायद ही कोई ऐसा देश हो जहाँ कि इतने प्रकार के अवनद्ध वाद्य प्रचलन में रहें हो।

प्राचीन प्रस्तर शिल्पों में अवनद्ध वाद्य

जब हम इतिहास की बात करते हैं, तो हमें यह जानना नितांत आवश्यक होता है, कि हमारे वर्तमान परिवेश के पूर्व की घटनाएँ क्या थी? तथा किस प्रकार से घटित हुई थी। इसके लिये हमें वर्षों पूर्व घटित घटनाओं का अध्ययन प्रमाणित तथ्यों के आधार पर करना होता है। अब यह प्रमाणिक तथ्य उत्खननों, प्रस्तर शिल्प, पाँडुलिपी एवं अनुमान के आधार पर आधारित होता हैं।

हमारे भारतीय संगीत में वाद्यों के साथ भी यही नियम लागू होता है। नाट्यशास्त्र और संगीतरत्नाकर की चर्चा न करें तो प्राचीन समय में हमारे पास कितने प्रकार के अवनद्ध वाद्य थे, उनका कहीं भी विस्तृत रूप से वर्णन नहीं मिलता है। अस्तु प्राचीन वाद्यों की जानकारी हमें गुफा चित्र एवं प्रस्तर शिल्प के माध्यम से ही प्राप्त हो सकते हैं और उनके आधार पर नये वाद्यों के विकास को भी समझा जा सकता है। प्रस्तुत गुफा एवं मंदिर चित्रों के आधार पर वर्तमान एवं प्राचीन अवनद्ध वाद्यों के परस्पर संबंध को अनुमान के आधार पर समझा जा सकता हैं।

150 ई० पूर्व भरहुत में नृत्यकार तथा वृन्दवादक के चित्र प्राप्त होते हैं। इस चित्र में सबसे नीचे मध्य में बैठी एक महिला आंकिक मृदंग तथा उर्ध्वक मृदंग बजाते प्रतीत हो रही है।[53]

मेघ मल्हार रागिनी दक्षिण पार्श्व में दो महिलाएँ क्रमशः तुरही एवं मृदंग के समान वाद्य का वादन करते प्रतीत हो रही हैं।

कुडुवा के समान वाद्य का वादन करते हुये। (1250 ई० कोणार्क)

त्रिवली के समान वाद्य का वादन करते हुये। (खजुराहो दसवीं शती)

एक वादक करटा के समान वाद्य का वादन करते हुये।

पटह जैसे वाद्य का वादन तथा साथ में मंजीरा वादिका। (नालन्दा स्थान 2)

पटह के समान वाद्य का वादन करते हुये। (नागार्जुन कोंडा, 2 शती)

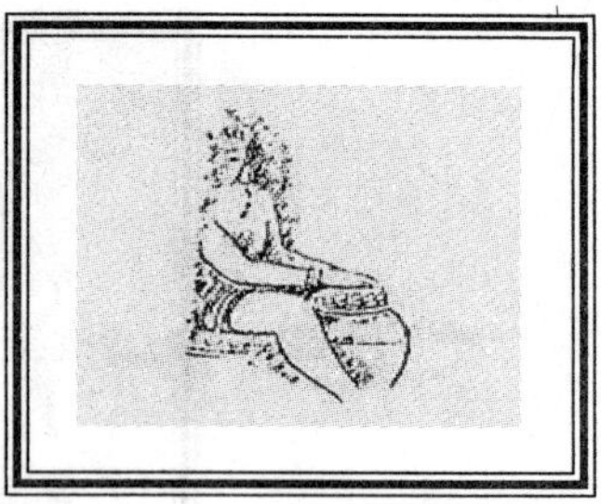

दर्दुर के समान वाद्य का वादन (आलमपुर, पापनाशिनी, सातवीं-आठवीं शती)

प्रस्तुत चित्र में वादकगण समूह वादन करते हुये नजर आ रहे हैं, जिसमें दायें से तीसरा वादक आंकिक मृदंग तथा चौथा वादक करटा के समान वाद्य का वादन करते हुये प्रतीत हो रहे हैं।

(बेलूर के होशियारा मंदिर से प्राप्त, 12 शती, कर्नाटक)

सांची स्तूप से प्राप्त चित्र में सबसे नीचे दायें से तीसरे वादक आलिंग्य (उर्ध्वक) तथा चौथे नम्बर के कलाकार आंकिक के समान वाद्य बजाते हुये प्रतीत हो रहे हैं।

(पहली शती पूर्व, सांची स्तूप)

प्रस्तुत चित्र में स्त्री और पुरूष मिलकर वृन्द वादन करते हुये नजर आ रहे हैं, जिसमें दायें से पहला दूसरा एवं तीसर क्रमशः अंक्य और आलिंग्य के समान वाद्य का वादन करते हुये प्रतीत हो रहे हैं। (खुजराहो मंदिर, 10 से 11 वीं शती, चंडेला राजा का काल।)

प्रस्तुत चित्र में एक स्त्री मृदंग वादन करते हुये प्रतीत हो रही है। (कोणार्क का सूर्य मंदिर, उड़ीसा, 13वीं शती)

चिदम्बरम् के देवी मंदिर से प्राप्त इस चित्र में एक वादिका भरतकालीन आंकिक मृदंग का वादन करते हुये प्रतीत हो रही है। (12वीं से 13वीं शती)

दो वादक आलिंग्य मृदंग के समान वाद्य का वादन करते हुये प्रतीत हो रहे है। (Jaina Miniature Paintings, 1130 शती)

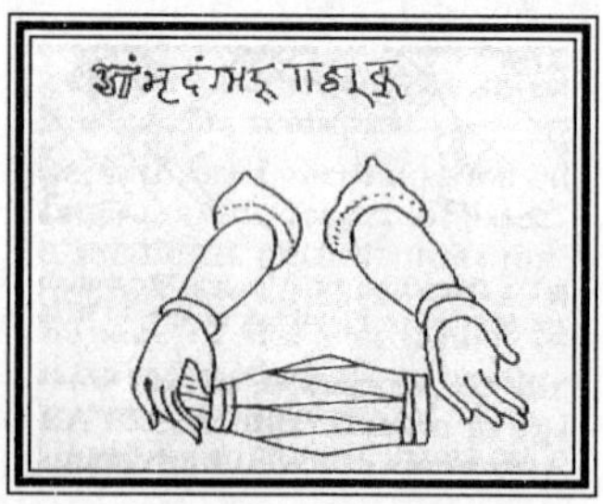

नेपाली बौद्ध तंत्र पाँडुलिपि से प्राप्त मृदंग का चित्र।

बायें से दुसरे नम्बर के वादक आलिंग्य के समान वाद्य का वादन करते हुये।

कालिदास द्वारा रचित ग्रंथ कुमारसंभवम् में एक वादक मृदंग के समान वाद्य बजाते हुये।[54]

इन शिल्प चित्रों में वर्णित वाद्यों तथा प्राचीन ग्रंथों के अनुसार अनुमान के आधार पर कुछ प्राचीन अवनद्ध वाद्यों का हस्त चित्र तैयार किया गया है, जो इस प्रकार से है–

नाट्यशास्त्र में वर्णित अवनद्ध वाद्यों के चित्र

दर्दुर उर्ध्वक

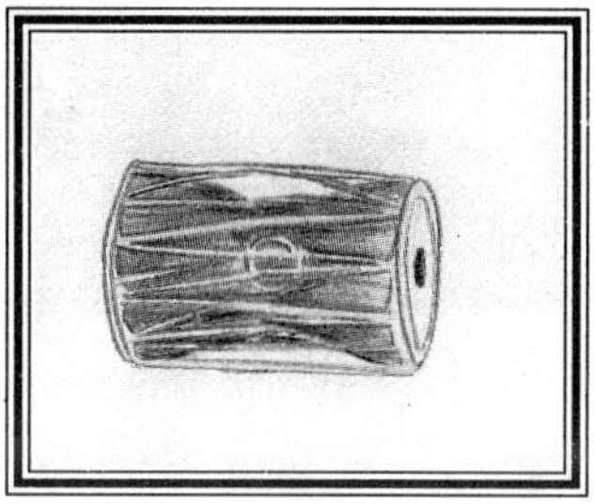

पणव

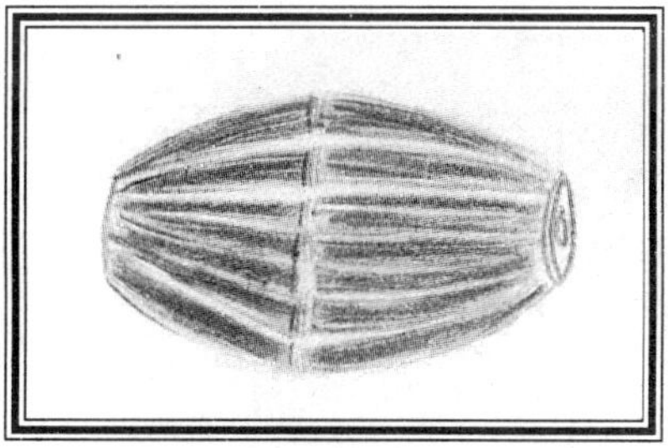

मृदंग हरितकी के समान

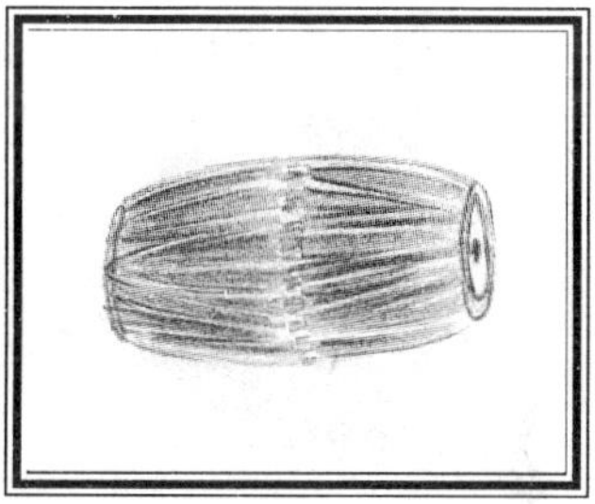

मृदंग यवाकृति के समान

मृदंग गोपुच्छ के समान

मृदंग के विभिन्न प्रकार

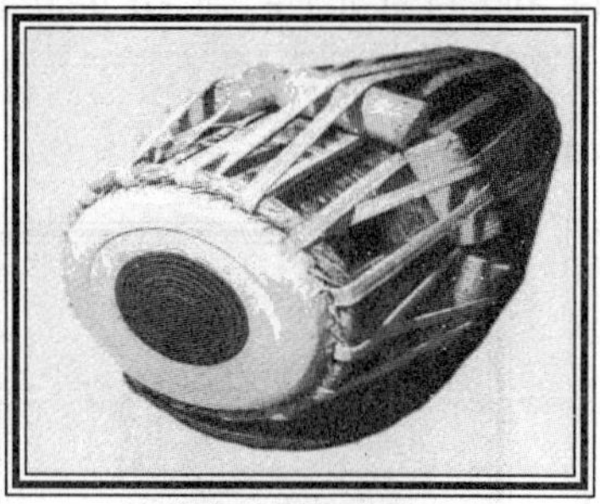

मर्दल (उड़ीसा)

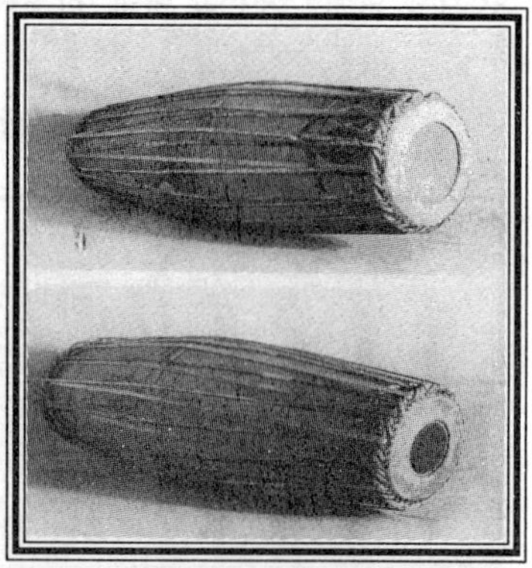

मृदंग (कर्नाटक)

मर्दल (उड़ीसा)

मृदंग (कर्नाटक)

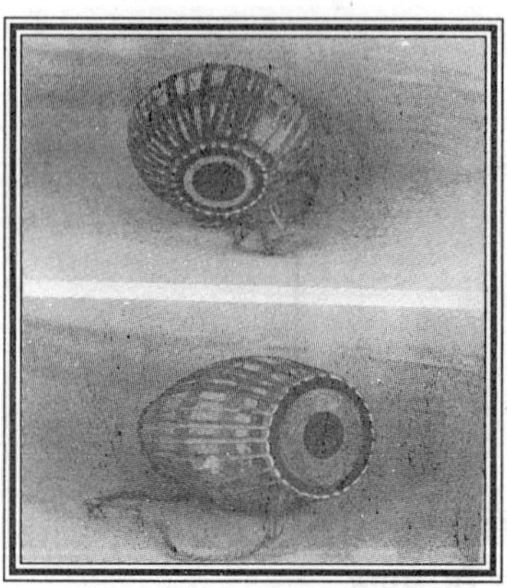

मर्दल (उड़ीसा)

नगाड़ा

उपशास्त्रीय संगीत में प्रयुक्त होने वाले अवनद्ध वाद्य

ढोलक

नाल

नगरिया (पालघाट, केरला)

इड्क्का (पालघाट, केरला)

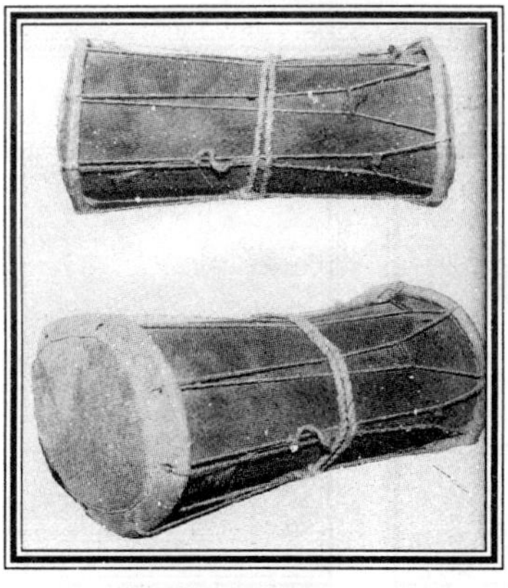

डकलु (गुजरात)

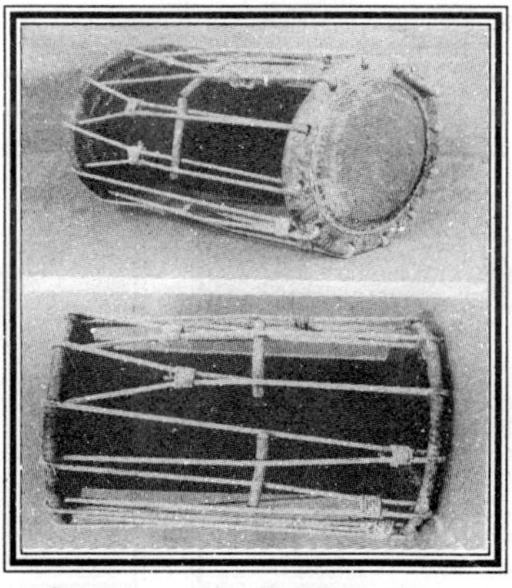

केरल का चेंडा

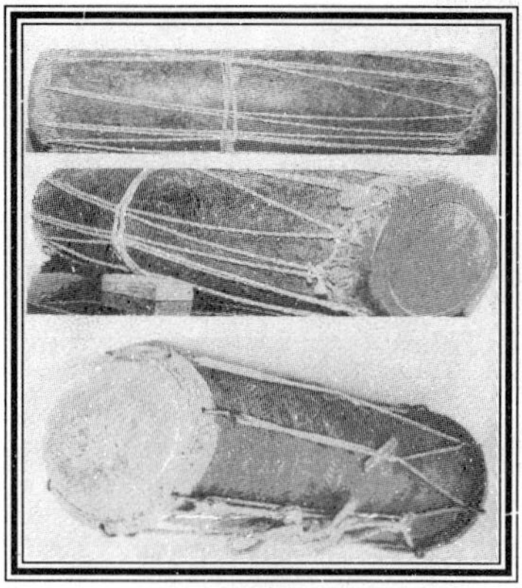

मादल
(दादर नांगल हवेली)

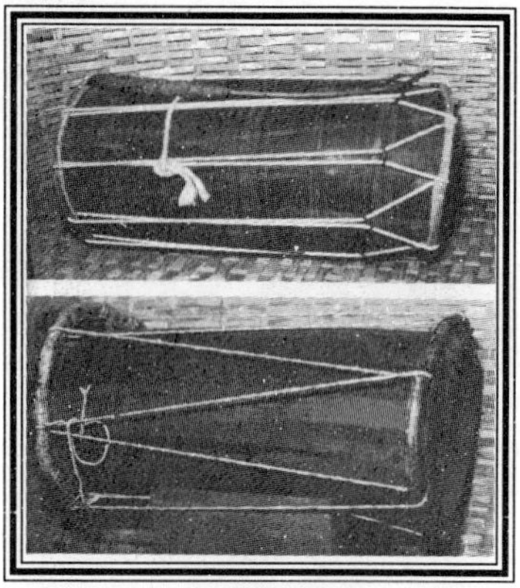

ढोलकु
(दादर नांगल हवेली)

मंदर (रायगढ़ मध्य प्रदेश)

मंदर ढोल (सरगुजा मध्य प्रदेश)

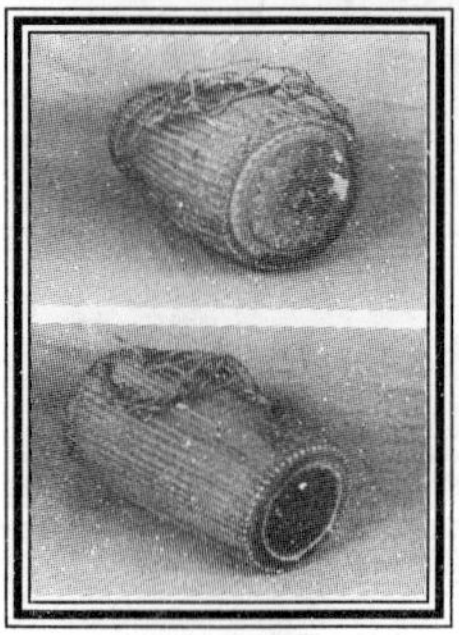

मादल (बिहार)

टिम्मकर (मध्य प्रदेश)

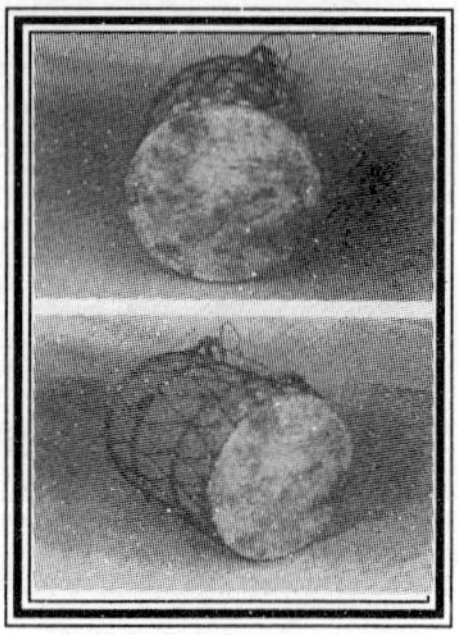

उर्मिली (केरला)

सन्दर्भ

1. संगीत में ताल वाद्यों की उपयोगिता: डॉ० चित्रा, राधा पब्लिकेशन, दिल्ली
2. भारतीय संगीत में वाद्य वृन्द: डॉ० कविता चक्रवर्ती, राजस्थानी ग्रंथगार, जोधपुर
3. भारतीय संगीत शास्त्र का दर्शनपरक अनुशीलन: डॉ० विमला मुसलगाँवकर पृष्ठ 348
4. वही, पृष्ठ 353
5. वही, पृष्ठ 374
6. वही, पृष्ठ 354
7. प्राचीन भारतीय कला में नृत्य एवं संगीत: सुधा मलैया, पृष्ठ 61
8. वही, पृष्ठ 61
9. भारतीय संगीत शास्त्रों में वाद्यों का चिंतन: डॉ० अंजना भार्गव, पृष्ठ 7
10. वही, पृष्ठ 98
11. वही, पृष्ठ 3-9
12. तबले का उद्गम विकास और वादन शैलियाँ: डॉ० योगमाया शुक्ला, पृष्ठ 28
13. भारतीय संगीत शास्त्र में वाद्यों का चिंतन: डॉ० अंजना भार्गव, पृष्ठ 136
14. तबला पुराण: पं० विजय शंकर मिश्र, पृष्ठ 3
15. भारतीय संगीत का इतिहास: ठाकुर जयेदव सिंह, पृष्ठ 9
16. भारतीय संगीत का इतिहास: डॉ० शरच्चन्द्र श्रीधर परांजपे, पृष्ठ 15-16
17. भारतीय संगीत का इतिहास: ठाकुर जयेदव सिंह, पृष्ठ 29
18. वही, पृष्ठ 30-31
19. भारतीय संगीत शास्त्रों में वाद्यों का चिंतन: डॉ० अंजना भार्गव, पृष्ठ 18
20. वही, पृष्ठ 18
21. भारतीय संगीत का इतिहास: ठाकुर जयेदव सिंह, पृष्ठ 29
22. भारतीय संगीत शास्त्र में वाद्यों का चिंतन: डॉ० अंजना भार्गव, पृष्ठ 19
23. भारतीय संगीत का इतिहास: शरच्चन्द्र श्रीधर परांजपे, पृष्ठ 32
24. वही, पृष्ठ 34
25. वही, पृष्ठ 42
26. वही, पृष्ठ 52
27. संगीत युगे-युगे: तज्मुल खांन, पृष्ठ 19
28. भारतीय संगीत का इतिहास: शरच्चन्द्र श्रीधर परांजपे, पृष्ठ 54
29. संगीत युगे-युगे: तज्मुल खांन, पृष्ठ 33
30. भारतीय संगीत का इतिहास: ठाकुर जयेदव सिंह, पृष्ठ 156
31. वही, पृष्ठ 171-172

32. भारतीय संगीत का इतिहासः ठाकुर जयेदव सिंह, पृष्ठ 171-175
33. संगीत युगे-युगेः तज्मुल खांन, पृष्ठ 36
34. भारतीय संगीत का इतिहासः ठाकुर जयेदव सिंह, पृष्ठ 187
35. भारतीय संगीत का इतिहासः शरच्चन्द्र श्रीधर परांजपे, पृष्ठ 52
36. भारतीय संगीत का इतिहासः ठाकुर जयेदव सिंह, पृष्ट 209
37. वही, पृष्ठ 226
38. वही, पृष्ठ 224
39. भारतीय संगीत का इतिहासः शरच्चन्द श्रीधर परांजपे, पृष्ठ 182-183
40. वही, पृष्ठ 273
41. भारतीय संगीत का इतिहासः शरच्चन्द्र श्रीधर परांजपे, पृष्ठ 286
42. भारतीय संगीत का इतिहासः ठाकुर जयेदव सिंह, पृष्ठ 303
43. भारतीय संगीत का इतिहासः शरतचन्द्र श्रीधर परांजपे, पृष्ठ 387-388
44. भारतीय संगीत वाद्यः डॉ० लालमणि मिश्र, पृष्ठ 144-148
45. वही, पृष्ठ 148-150
46. वही, पृष्ठ 150-152
47. वही, पृष्ठ 153-157
48. वही, पृष्ठ 167
49. वही, पृष्ठ 170-174
50. वही, पृष्ठ 205
51. ताल प्रसुनः पं० छोटे लाल मिश्र, पृष्ठ 5
52. संगीत पत्रिकाः अप्रैल 1981, पृष्ठ 29
53. भारतीय संगीत वाद्यः डॉ० लालमणि मिश्र, पृष्ठ 42
54. डॉ० लाल मणि मिश्र जी के पुस्तक भारतीय संगीत वाद्य से प्रस्तुत चित्र अवतिरत है
55. प्रस्तुत चित्र मृदंगम् वादिका श्रीजयन्ती गोपाल द्वारा रचित पुस्तक मृदंगम् से अवतरित है

2

पखावज की उत्पत्ति एवं विकास

वाद्य शब्द की व्याख्या

आदिकाल से लेकर आज तक विभिन्न ताल वाद्यों का उद्भव, विकास एवं उपयोग, आवश्यकतानुसार होता रहा है, परन्तु मस्तिष्क में यह प्रश्न उठता है कि ताल वाद्यों की उत्पत्ति कब और कैसे हुई? ताल वाद्यों की उत्पत्ति को समझने के पूर्व 'वाद्य' शब्द का विश्लेषण आवश्यक है। 'वद्' धातु में यत् प्रत्यय के लगने से इसकी उत्पत्ति हुई है, जिसका अर्थ है बोलना अर्थात् जो बजाने योग्य यंत्र विशेष हो, उसे वाद्य कहा गया है। यदि हम ध्यानपूर्वक सुनें तो वाद्यों में हमें स्वरों तथा उससे उत्पन्न शब्दों का उच्चारण भी सुनाई देता है और यही वाद्य यंत्रों की सफलता की कसौटी भी है। अन्तर केवल इतना है कि गायन में स्वरों में पिरोये हुये शब्द स्पष्ट सुनाई देते हैं, परन्तु वाद्य यंत्रों की ध्वनि में शब्दों का अन्तर्विभास रहता है।

भारतीय संगीत का प्रत्येक पक्ष धर्म से अनुप्राणित हैं। यही कारण है कि भारतीय संगीत भी धर्म से अछूता न रह सका। धार्मिक तथ्यों के आधार पर यह माना जाता है कि संगीत में अपरिहार्य स्थान रखने वाले इन वाद्यों का संबंध किसी न किसी देवी-देवता से रहा है। बाँसुरी में कृष्ण कन्हैया, डमरू में भगवान शंकर तथा वीणा में देवी सरस्वती की कल्पना साकार हो उठती है। इस प्रकार ऐसा प्रतीत होता है कि मानव ने वीणा से तंत्री वाद्य, डमरू से अवनद्ध वाद्य एवं बाँसुरी से सुषिर वाद्यों की निर्माण की प्रेरणा प्राप्त की होगी। इस सन्दर्भ में ऐसी किंवदन्ती प्रचलित है कि त्रिपुरासुर राक्षस का वध करने के उपरान्त प्रसन्नचित्त शिव नृत्य करने लगे तथा उनके नृत्य को लयबद्धता प्रदान करने के लिये ब्रह्मा ने त्रिपुरासुर के रक्त और मिट्टी के मिश्रण से एक पिण्ड बनाया और उसकी

खाल से उसे मढ़ दिया, फिर शिव जी के पुत्र गणेश को ताल देने का आदेश दिया, ऐसा प्रतीत होता है कि तभी से ताल एवं अवनद्ध वाद्यों की सृष्टि हुई होगी। चर्म से मढ़े होने के कारण डमरू आदि अवनद्ध वाद्य की श्रेणी में आता है। इस प्रकार धार्मिक आधार पर ब्रह्मा तथा शिव अवनद्ध वाद्यों के जनक माने जाते हैं।

मानव सदा से ही प्रकृति के निकट रहा है तथा अपने चारों और के प्राकृतिक वातावरण में समाविष्ट अनेक प्रकार की ध्वनियों को सुनता रहा है जैसे बादलों की गरज, बिजली की कड़क, नदी व झरनों की कलकल, बाँस के जंगलों में वायु की सरसराहट, पत्तों की खड़खड़ाहट आदि। ऐसा प्रतीत होता है कि इस प्रकार की संगीतमय प्राकृतिक ध्वनियाँ ही मानव मन में वाद्यों की उत्पत्ति में प्रेरणा स्रोत रहीं होंगी।

प्राचीन समय में जिस प्रकार त्रिपुष्कर एक उन्नत अवनद्ध वाद्य था, ठीक उसी प्रकार आज पखावज उन्नत अवनद्ध वाद्य है। प्राचीन समय में त्रिपुष्कर के तीन रूप आंकिक, उर्ध्वक और आलिंग्य होते थे। आंकिक को लिटा कर रखा जाता था तथा उर्ध्वक और आलिंग्य ऊर्ध्वमूखी अर्थात् उनके मुख सामने की ओर होते थे। जिसमें आलिंग्य को शरीर से दबा कर बजाया जाता था। ऐसा प्रतीत होता है कि आज भरतकालीन आंकिक परिष्कृत होकर पखावज के रूप में विद्यमान है तथा प्राचीन उर्ध्वक का परिष्कृत रूप तबला, आधुनिक समय में सर्व उन्नत अवनद्ध वाद्य के रूप में प्रतिष्ठा प्राप्त कर चुका है।

पखावज शब्द की उत्पत्ति पर विद्वानों के विभिन्न विचार

नाट्यशास्त्र के युग में अवनद्ध वाद्य मिट्टी के बनाये जाते थे, इस कारण से इन वाद्यों को मृदंग कहने का भी प्रचलन था। मृदंग को संस्कृत में 'मृत्तिका' कहा जाता है। इस युग में मृदंग की पृथक पहचान नहीं थी और न ही यह पखावज के अर्थ में प्रचलित हुआ था। प्राचीन संगीत समाज में मिट्टी से बने अवनद्ध वाद्यों को मृदंग कहने का प्रचलन था।

प्रो० सत्यभान शर्मा के अनुसार

मृदंग का अंग मिट्टी के बने होने के कारण स्थिर नहीं रह पाता था, जिसके कारण बाद में इसे काष्ठ का बनाया गया और तब इसका नाम 'पक्षवाद्य' अर्थात् दोनों पक्षों यानी बगलों (बाजुओं) से बजाने वाला वाद्य रहा होगा और कालान्तर में भाषा विज्ञान के नियमानुसार क्रमशः इसका नाम पखावज हो गया होगा तथा–

पक्षवाद्य, पखाउज, पखावुज, तथा पखावज,

इस प्रकार पक्षवाद्य से अपभ्रंस होते हुये यह वर्तमान में पखावज के नाम से प्रचलित हो गया। इनके मतानुसार आकृति में समानता होने के कारण मृदंग और पखावज आजकल समानार्थी अर्थ में प्रयुक्त होते हैं।

टी० एन० मुखर्जी ने मृदंग और पखावज के आकार में कुछ अन्तर स्थापित किया है तथा इन्होंने बताया कि पखावज मृदंग से आकार में बड़ा होता है, लेकिन व्यवहार में कोई भेद उत्पन्न नहीं कर पाता है।[1]

डॉ० अरूण कुमार सेन के अनुसार

भारतीय तालों का शास्त्रीय विवेचन में डॉ० अरूण कुमार सेन ने मृदंग के सन्दर्भ में जो जानकारी दी हैं, वह इस प्रकार है—मृदंग की उत्पत्ति के विषय में पुराणों में भी वर्णन आया है कि "एक बार देवाधिदेव महादेव ने सत्ययुग में महाबली त्रिपुरासुर का घोर संग्राम में विनाश कर इन्द्र और अन्य देवताओं के सम्मुख आनन्द से नृत्य किये, त्रिपुरासुर के रक्त से जो कीचड़ उत्पन्न हुआ, उससे ब्रह्मा ने सर्वप्रथम मृदंग का निर्माण किया। मृदंग का उसी चमड़े से आच्छादन किया और अस्थियों का गुल्म उसमें लगाया। ऐसा भी उल्लेख है कि ब्रह्मा के आदेशानुसार सर्वप्रथम श्री गणेश ने मृदंग पर ताल बजाया।"

प्राचीन मृदंग मृत्तिका के बने आज के प्रचलित आदिवासी मर्दलों तथा बंगाल के खोल की तरह थे। संस्कृत ग्रंथों में खोल के लिये मुरज शब्द का उल्लेख आया है तथा अनेक ग्रंथकारों ने मृदंग, मर्दल, मुरज, खोल आदि वाद्यों को मृदंग कहा है। ऐसा प्रतीत होता है कि सभ्यता के विकास के साथ ही मृदंग निर्माण कला कौशल में भी वृद्धि होती गई।[2]

विभिन्न ग्रंथों में मृदंग निर्माण संबंधी व्याख्या

संगीत दर्पण के अनुसार

संगीत दर्पण में ऐसा उल्लेख आया है कि 'मृदा' अर्थात् मिट्टी निर्मित यह वाद्य शीघ्र नष्ट हो जाता था, इसलिये कृष्ण के समकालीन द्वापर युग में मृदंग का निर्माण काष्ठ से हुआ। काष्ठ निर्मित मृदंग की ध्वनि मृत्तिका निर्मित मृदंग की ध्वनि से अधिक मधुर होने के कारण किसी-किसी ग्रंथकार ने काष्ठ निर्मित मृदंग को **'मधुर मृदंग'** कहा है।

प्राचीन शास्त्रग्रंथों में मृदंग निर्माण कला की विभिन्न प्रणालियों का वर्णन मिलता है। काष्ठ की विभिन्नता से मृदंग की ध्वनि में जो अन्तर पड़ता था,

उसका उल्लेख कोहल ने किया है। रक्तचन्दन काष्ठ निर्मित मृदंग सर्वश्रेष्ठ निर्धारित हुआ था। मृदंग के दोनो मुखों पर मॉप अँगुलि प्रमाण से देते हुये यहाँ तक उल्लेख आया है कि उसमें उसी बकड़े की चर्म लगानी चाहिए, जिसकी अवस्था 6 माह का हो। चर्मावरण पर लगाने के लिये, विभिन्न लेपों की निर्माण क्रिया का विशद वर्णन आया है।

संगीतरत्नाकर के अनुसार

इस ग्रंथ में मृदंग के जगह पर मर्दल के निर्माण की विभिन्न प्रणलियों की चर्चा वाद्याध्याय के श्लोक संख्या 1020–1024 में की गई है, जो इस प्रकार से है–

निर्दोषवीजवृक्षोत्थः पिण्डेऽर्धाङ्गुलसंमितः।
एकविंशत्यङ्गुलः स्याद् दैर्ध्य वामे मुखे पुनः ।।1020।।

चतुर्दशाङ्गुलानि स्युर्दक्षिणे तु त्रयोदश।
मानं यस्य मानङ्मध्यः पृथुरेकाङ्गुलाधिके ।।1021।।

वक्त्राभ्यां चर्मणी वृत्ते घने ये प्रान्तयोस्तयोः।
चत्वारिंशत् पृथग्रन्ध्राण्यङ्गुलान्तरणन्ति च ।।1022।।

वध्रे तद्नध्रविन्यस्ते सीवनप्रक्रियावति।
प्रोतोर्ध्वाधः स्थिता दृष्टोदरपृष्ठा च विग्निका ।।1023।।

क्रियते वेष्ट्यते मध्ये त्रिभिर्बन्धैर्दृढं तथा।
कार्यो गोमूत्रिकाबन्धस्तत्र वध्रद्वयेन च ।।1024।।

तथा यथा पिनद्धास्ये भवेतां चर्मणी दृढे।

अर्थात् मर्दल निमार्ण हेतु खादिर, रक्तचन्दन, गंभार, पनस, आदि काष्ठों को जो कि गँठीली, कटी फटी, दोष से रहित हो उपयुक्त माना गया है। मर्दल की लम्बाई साधारणतः डेढ़ हाथ लम्बा तथा काष्ठ की मोटाई डेढ़ अँगुल की होती थी। मृदंग का बाम मुख बारह या तेरह अँगुल व्यास का एवं दक्षिण मुख बाम मुख से एक या अर्द्ध अँगुल छोटा होता था। मर्दल के दोनों मुख पर एक अँगुल से अधिक दो गोल मोटे चमड़े लगे होते थे तथा उन दोनों सिरों में एक अँगुल अंतर वाले चालीस छेद भी होते थे। उन छेदों में डाली हुई सिलाई की प्रकिया वाली चमड़े की दो पट्टी ऊपर नीचे पिरोई हुई, जिसका पेट एवं पीठ दिखाई दे उसे बीच में तीन बंधनों से मजबूती से लपेटी जाती थी। वघ्र यानि चमड़े की बद्धी जिस तरह कपड़े में सिलाई की जाती है, उस विधि से ये बद्धियाँ चमड़े में किये गये चालीस छिद्रों में पिरोई जाती थी।[3]

नाट्यशास्त्र के अनुसार

संगीतशास्त्र के एक महत्वपूर्ण प्रर्वतक एवं अधिकारी शास्त्रकार के रूप में स्वाति मुनि का उल्लेख किया गया है। नाट्यशास्त्र के अनुसार हस्तप्रहार या आघात से वादन किये जाने, व अवनद्ध वाद्य यंत्र को बनाने की विधि के प्रवर्तक स्वाति मुनि थे। तालमय ध्वनि के प्रकृतिजन्य रूप को स्वाति मुनि ने अपने अनुभव एवं विज्ञान के द्वारा आतोद्ययंत्र का रूप दिया। स्वाति मुनि ने विश्वकर्मा के सहयोग से अनेक अवनद्ध वाद्यों की रचना की थी। स्वाति मुनि का नारद के साथ उल्लेख मिलता है, किन्तु नारद के समान स्वाति के किसी ग्रंथ का उल्लेख अभी तक कहीं नहीं मिलता है। ऐसा प्रतीत होता है कि इनके द्वारा लिखित ग्रंथ लुप्त हो गये हों। एक कल्पना और होती है कि स्वाति मुनि का ग्रंथ संगीत परम्परा में प्रकरण ग्रंथों में अर्न्तभूत किया जाकर केवल उनके मतों का विवरण की शेष रह गया हो।[4]

भारतीय संगीत में अवनद्ध वाद्यों विशेष रूप से त्रिपुष्कर के सन्दर्भ में उत्पत्ति संबंधी जो प्रमाणिक जानकारियाँ नाट्यशास्त्र से प्राप्त होती है, वह दुर्लभ हैं। नाट्यशास्त्र के द्वारा ही हमें पुष्कर, मृदंग तथा अनेक अवनद्ध वाद्यों की उत्पत्ति के संबंध में जानकारियाँ उपलब्ध होती हैं। नाट्यशास्त्र के 33वें अध्याय के श्लोक संख्या 5 से 11 तक में स्वाति मुनि ने पुष्कर वाद्यों की जो कल्पना की थी, वह इस प्रकार है—

अन्यध्याये कदाचित्तु स्वार्तिर्वै दुर्दिने दिने
जलाशयं जगामाथ सलिलानयनं प्रति ।।5।।

तस्मिन् सरो निषण्णे तु प्रवृत्तः पाकशासनः
धाराभिर्महतीभिश्च कर्त्तुमेंकार्णवं जगत् ।।6।।

पतन्तीभिश्च धाराभिर्वायुवेगाज्जलाशये
पुष्करिण्यां पटुः शब्दः पत्राणामभवत्तदा ।।7।।

तेषां धारोद्भवं शब्दं निशम्य सहसा मुनिः
आश्चर्यमिति मन्वानश्चावधारितवाँश्च तम् ।।8।।

ज्येष्ठमध्यकनिष्ठन्तु पात्राणामवधार्य च
गम्भीरमधुरं हृद्यमाजगामाश्रमं ततः ।।9।।

गत्वा सृष्टं मृदङ्गाँश्च पुष्करानसृजत्ततः
पणवं दर्दुराश्चैव सहितो विश्वकर्मणा ।।10।।

देवानां दुन्दुभि दृष्टवा चकार मुरजं ततः
आलिङ्ग्यमूर्ध्वकञ्चैव तथैवाङ्किमेव च ।।11।।

किसी अनाध्याय के दिन जब आकाश में बादल छाये हुये थे तभी ये स्वाति मुनि जल लाने के लिये सरोवर पर गये।

जब वे सरोवर में जल लेने के लिय सरोवर में उतरे तो इन्द्र ने पृथ्वी को एक बड़ा सागर बना डालने के लिये जोरों से मूसलाधार वृष्टि आरम्भ कर दी।

तब उस सरोवर में वायु के वेग से गिरने वाली मेधावृष्टि जल धाराओं के द्वारा कमल के पत्तों पर बड़ी ही मधुर ध्वनियों का निर्माण होने लगा।

तब मुनि सहसा इस अपूर्व ध्वनि को सुनते हुए जो वर्षा की धाराओं के द्वारा उद्भूत थी एक आश्चर्य मानकर उस पर ध्यानपूर्वक विचार आरम्भ किया।

और फिर पत्तों पर होने वाली इस सुन्दर और हृदयग्राही ध्वनि के ज्येष्ठ, मध्यम और कनिष्ठ प्रकारों के विभाजन का गम्भीरता से विचार करते हुए वे अपने आश्रम को लौट गए।

और आश्रम में लौटकर विश्वकर्मा की सहायता से मुनि ने मृदंगों का और फिर पुष्कर, पणव और दर्दुर वाद्यों का निर्माण कर डाला।[5]

सम्भवतः स्वाति मुनि ने आत्मनिष्ठ होकर शरीर के भीतर ही इन नादों का श्रवण किया होगा। केवल प्रतीक के रूप में उक्त कथा के द्वारा उसे अभिव्यत किया। लोक में भी ग्रीष्म के ताप से सन्तप्त होने पर ही वर्षा होती है और उस सन्ताप के शमन होने से मनुष्य को सुख शांति का अनुभव होता है, उसी प्रकार त्रिविध तापों से सन्तप्त हुआ प्राणी द्रवीभूत होकर आत्मनिष्ठ होता है और उसी में रममाण होता हुआ सुख शांति का अनुभव कर पाता है, तभी उसे अन्तर्निहित तथ्यों के दर्शन हो पाते हैं।

पखावज का उद्भव

भारतीय संगीत के ताल वाद्यों की लेखिका डॉ० चित्रा गुप्ता के अनुसारः-अवनद्ध वाद्यों में सबसे प्राचीन ताल वाद्य मृदंग है। मृदंग के इतिहास का तो ठीक-ठीक ज्ञान नहीं होता, परन्तु इतना अवश्य है कि यह एक प्राचीन प्रचलित ताल वाद्य है। इसके वादन के प्रमाण प्राचीन काल से मिलते रहे हैं। अजन्ता की मूर्तिकला में भी इस वाद्य का चित्रण मिलता है।

अवनद्ध वाद्यों में मृदंग का स्थान सर्वोपरि रहा है। गायन तथा नृत्य की संगति के लिये संस्कृत साहित्य में मृदंग का सर्वप्रथम उल्लेख रामायण एवं महाभारत

में पाया जाता है। इस वाद्य के तत्कालीन उल्लेख से यह स्पष्ट है कि मृदंग वादन की कला उस समय प्रतिष्ठा प्राप्त कर चुकी थी।

यह द्विमुखी वाद्य मृदंग वर्तमान में उत्तरभारत में पखावज, दक्षिण भारत में मृदंगम् तथा उत्तरभारत के उत्तरपश्चिम प्रदेशों में जैसे उड़ीसा, आसाम, मणिपुर आदि क्षेत्रों में मृदंग के नाम से जाना जाता है। उत्तरभारत में इस वाद्य का उपयोग कुछ कम जरूर हो गया है किन्तु वाद्य की महत्ता में कोई कमी नहीं आई हैं, यह सर्वश्रेष्ठ आदि ताल वाद्य है। इसे भरत के अनुसार प्राचीनकाल में पुष्कर वाद्य कहा करते थे। यह देवताओं का प्रिय वाद्य था। हमारे वर्तमान संगीतज्ञ इसे पखावज के नाम से पुकारते हैं। ऐसा प्रतीत होता है कि उपर्युक्त प्राचीन द्विमुखी वाद्य मृदंग समय काल परिस्थिति के अनुरूप इसमें अनेक परिवर्तन होता गया और जिसका परिवर्तित रूप आज मध्यभारत के क्षेत्रों में पखावज के रूप में दक्षिण भारत के क्षेत्रों में मृदंगम् के नाम से तथा उत्तरपश्चिम के क्षेत्रों में मृदंग के नाम से प्रचलित है।

प्राचीन काल में आंकिक मृदंग का वादन जिस प्रकार से किया जाता था ठीक उसी प्रकार उपर्युक्त तीनों वाद्यों का वादन किया जाता है। इन वाद्यों में सामान्य अन्तर के साथ ही तीनों में चर्म आच्छादन की प्रक्रिया एवं लेपन विधि में भी अन्तर होता है।

वर्तमान समय में अगर इन वाद्यों के उपर विचार किया जाये तो हम पाते हैं कि दक्षिणभारत में प्रचलित मृदंगम्, मध्यभारत में पखावज तथा उत्तरपश्चिम में प्रचलित मृदंग ये तीन अलग-अलग पृथक वाद्य है क्योंकि तीनों वाद्यों के बनावट एवं आकार में साधारण अन्तर होता है। पखावज का मुख कुछ बड़ा एवं मृदंग एवं मृदंगम् का कुछ छोटा होता है। इन तीनों का शरीर तो काष्ठ का ही होता है किन्तु काष्ठ के स्वरूप में अन्तर होता है। पखावज के दायें मुख पर आच्छादित चर्म में स्पष्ट रूप से चाँट, लव एवं स्याही को देखा जा सकता है परन्तु मृदंगम् के दायें मुख पर लव का स्थान नाम मात्र का होता है तथा इसके बायें भाग के चर्म पर सुज्जी का प्रयोग करते हैं, जबकि पखावज के बायें भाग पर गीले आँटे का प्रयोग करते हैं। उत्तरपश्चिम के क्षेत्रों आसाम, मणिपुर में बजने वाले मृदंग के बायें भाग पर लौहचूर्ण युक्त स्याही लगी रहती है। इन तीन प्रकार के मृदंगों में स्याही रखने की विधि में भी अन्तर होता है।

जैसा कि हम सभी जानते हैं कि आवश्यकता ही आविष्कार की जननी होती है। मानव सदा से ही चिन्तनशील तथा सौन्दर्यात्मक अनुभूतियों से वशीभूत रहा

है। ऐसा प्रतीत होता है कि ध्वनि की नादकता के अनुरूप अनेक अवनद्ध वाद्यों का निर्माण किया गया होगा तथा आवश्यकता अनुसार समय-समय पर उनके बनावट में भी अंतर किये गये होंगे। ध्रुपद धमार गायकी की संगति में प्राचीन मृदंग से उत्पन्न ध्वनि में मधुरता तथा ओजपूर्ण वादन की कमी प्रतीत हुई होगी, जिसके फलस्वरूप इस वाद्य में कुछ परिवर्तन किये गये और यह परिवर्तित रूप पखावज के रूप में हमारे सामने आया।

भारत के पूर्व तथा दक्षिण राज्यों में यवनों का प्रभाव कम रहा, जिसके कारण आज भी हमें प्राचीन वाद्यों एवं संगीत का दर्शन प्राचीन रूप में ही होता है। प्राचीन अवनद्ध वाद्य मृदंग जिसे कि दक्षिण भारतीय मृदंगम् के नाम से पुकारते हैं, वह अपने प्राचीन रूप में ही प्रतीत होता है। कर्नाटक गायन शैली भी आज पूर्णरूप से प्राचीन संगीत पर आधारित है। आज भी वहाँ के कलाकार अपने प्राचीन संगीत को जीवित रखे हुये हैं। अनुमानतः ऐसा प्रतीत होता है कि पूर्वोत्तर राज्य आसाम, मणिपुर में आज भी प्राचीन मृदंग ही बजाया जाता है। आदिवासी आज भी मादल ढोल प्राचीन रूप में बजाते प्रतीत होते हैं। विशेष रूप से उनके वाद्यों में कोई परिष्कृत रूप देखने को नहीं मिलता हैं।

ऐसा प्रतीत होता है कि पखावज का प्राचीन नाम मृदंग ही रहा होगा। प्राचीन मृदंग मिट्टी का बनता था और मिट्टी से बनाये जाने के कारण इसे मृदंग कहते थे। इसमें गट्टे नहीं लगाये जाते थे, क्योंकि इसकी मृत्तिका निर्मित शरीर गट्टों का भार सहन करने में असमर्थ था। जिस कारण यह एक ही स्वर में मिलता रहता था। पुड़ियों में खिचाव एवं एक दूसरे से संबंध रखने के लिये चमड़े की बद्धियों का प्रयोग किया गया जाता था। बद्धियों को ढीला करके ही स्वर में थोड़ा बहुत अन्तर कर लिया जाता था। धीरे-धीरे मृदंग निर्माण में मिट्टी के जगह काष्ठ का प्रयोग किया जाने लगा। इसके दोनों छोर पर दो पहिये लगाये गये, जिनमें चर्म रज्जु पिरोये जाने हेतु छिद्र कर दिये गये। इन्हीं दोनों पहियों पर चमड़े की पुड़ियाँ कस दी गई। इससे स्वरों में उतार चढ़ाव तो जरूर हुआ परन्तु इसका रूप अब भी पुरी तरह से संतोषप्रद नहीं था अतः इसमें भी सुधार की आवश्यकता महसूस की गई होगी। अब इसमें से लोहे के पहिये हटा दिये गये तथा लकड़ी के गट्टों का प्रयोग किया जाने लगा। अब गट्टों के माध्यम से स्वरांतर आसानी से किया जा सकता था। इस प्रकार मुगलों के प्रभाव में आये हमारे कलाकारों के द्वारा मृदंग के स्वरूप में बदलाव लाया गया होगा। जिससे कि काष्ठ निर्मित मृदंग की ध्वनि मिट्टी निर्मित मृदंग की ध्वनि से अधिक गम्भीर एवं मधुर हो गई। अनुमानतः यह कहा जा सकता है कि यह वाद्य पखावज के नाम से प्रचलित

होता चला गया जो कि संभवतः यवनों द्वारा दिया गया प्रतीत होता है। पखावज शब्द फारसी भाषा के 'पाख आवाज' से बना है, जिसका अर्थ है मन्द्र ध्वनि। इस प्रकार पखावज भारतीय यावनिक नाम माना जा सकता है।

इन सभी तथ्यों के आधार पर अनुमानतः कहा जा सकता है कि प्राचीन मृदंग के समान ही मुगलों के प्रभाव के कारण द्विपार्श्वमुखी अवनद्ध वाद्य अस्तित्व में आया जो कि पखावज के नाम से विख्यात होता चला गया। आज उत्तरभारतीय संगीत में फारसी भाषा का यह शब्द काफी प्रचारित प्रसारित हो चुका है।

कुछ लोगों का मत है कि मिट्टी के खोल वाली वाद्य का नाम मृदंग है तथा लकड़ी के खोल वाली वाद्य का नाम पखावज है। कुछ लोग केवल दोनों में नाम का रूपान्तर मानते हैं, जो कि युक्तिसंगत प्रतीत नहीं होता है। लेकिन यह निर्विवाद सत्य है कि प्राचीन संगीत ग्रंथों में 'पखावज' शब्द का उल्लेख कहीं भी नहीं मिलता है। इस प्रकार कहा जा सकता है कि पखावज का नामांकरण मध्यकाल में हुआ होगा तथा यह वाद्य मध्यकाल से ही प्रचलित होता हुआ वर्तमान में सर्व उन्नत अवनद्ध वाद्य के रूप में ख्याति प्राप्त कर चुका है।

पखावज का विकास

अवनद्ध वाद्यों के विकास से जुड़ी दो सहायक कलाएँ काष्ठ कला और कुम्हारी कला विशेष रूप से जानी जाती हैं। अवनद्ध वाद्य बनाने के प्रारम्भिक तरीकों में से एक था–पेड़ गिराकर उसके अन्दर के लकड़ी खुरच लेना और इस प्रकार आसानी से एक खोल मिल जाता था। इसके एक या दोनो ओर चमड़ा मढ़कर ढोल बना लिया जाता था। शायद इस प्रकार के प्राचीन वाद्य काफी बड़े रहे होंगे और पेड़ की तरह जमीन पर सीधे खड़े रहते होंगे। ऐसा होने पर केवल ऊपर का ही भाग मढ़ा जाना निश्चित रहा करता होगा।

आदिवासी समाज में आज भी ऐसे ढोल पाये जाते है जैसे–आंध्रप्रदेश में रोंजा या रूंज यद्यपि लकड़ी के जगह अब पीतल का प्रयोग होने लगा है तथा आकार भी बहुत कुछ शंकु जैसा होता है, अफ्रीका और मैक्सिको में लकड़ी के बेलनाकार ढोल पाये गये हैं, जिनमें कुछ की लम्बाई तीन मीटर तक होती है। ऐसे ढोल अन्य आदिवासी इलाके में भी पाये जाते हैं। हमारे देश में इस प्रकार के ढोल जो यद्यपि इतने लम्बे नहीं होते और न भूमि पर रखकर बजाये जाते हैं, आसाम में खर्रम और आंध्रप्रदेश में रेड्डी समुदाय के लोगों द्वारा बजाये जाने वाले ढोल से मिलता हैं। केरल में ताड़ या नारियल के पेड़ काटकर उनका तना

खोखला किया जाता है और उसे चमड़े से मढ़ दिया जाता है। लेकिन खराद जैसे यंत्रों के विकास हो जाने से लकड़ी को भिन्न-भिन्न प्रकार के पात्रों के रूप में आकार दिया जाना सम्भव हो सका और जिसके फलस्वरूप ही अवनद्ध वाद्यों की बनावट में अभूतपूर्व प्रगति हुई तथा हमारे प्राचीन वाद्यों को नया स्वरूप प्रदान किया जाना भी संभव हो सका।

इस वर्ग के वाद्य यंत्रों के विकास की एक अन्य दिशा 'कुम्हारी' है। चाक के बिना भी मिट्टी के बर्तनों में लोच तथा आकार की विविधता होती है, जिसे लकड़ी में पाना सम्भव नहीं होता। इसी कारण मिट्टी के बर्तन और पात्र अनगिनत किस्मों में उपलब्ध हैं। मिट्टी के बने ढोल इसीलिये आकार और नाप में ऐसी विविधता लिये होते हैं उदाहरण स्वरूप गोलाकार पात्र, छिछले ढक्कन के आकार के पात्र, लम्बी स्वरूप गोलाकार पात्र, लम्बी गर्दन की सुहारी आदि।

खराद के आविष्कार होने तक काष्ठ कला की मोटाई में समरूपता और बारीक काम की संभावना ही नहीं थी, जो कि कुम्हार से चाक पर सम्भव थी और जो कि ढोल की उत्कृष्ठता के लिये आवश्यक भी माना जाता था। इसी कुम्हारी कला के कारण घड़े के आकार का दर्दुर, ढक्कन जैसा वाद्य ताशा, और सुराही जैसा वाद्य तुंबकनारी का निर्माण संभव हो सका। यहाँ तक कि सुराही जैसे मृदंग को चाक पर आकार देना बढ़ई की अपेक्षा अधिक सुगम है। मिट्टी के पात्रों में हालांकि एक कमी है कि वे जल्दी टुट जाते हैं। इसलिए ढोल बनाने की कला में पहले लकड़ी फिर बाद में धातु का प्रयोग होने लगा। अपवाद स्वरूप बंगाल का श्री खोल अब भी मिट्टी का बनता है। मृदंग पखावज तथा विभिन्न प्रकार के ढोल लकड़ी से बनते हैं, जबकि मृदंग शब्द से मिट्टी एवं लकड़ी के बने होने का आभास होता है। एक तथ्य यह भी है कि अपने प्रारम्भिक स्वरूप में ढोल पकाने या भंडारण वाले पात्र थे, जो आगे चलकर मढ़ दिये जाने पर अवनद्ध वाद्य कहलाये जाने लगे। इस बात की पुष्टि इस प्रकार के अनेक वाद्यों के नाम से होती है। इसका सबसे अच्छा उदाहरण द्रविड़ भाषा में ढोल के परा, पारे, पिरई जैसे नाम से हैं। लेकिन यही नाम अन्न के भंडारण, कार्यात्मक और विकासात्मक संबंध को भी स्पष्ट रूप से दर्शाते है।

मढ़ा हुआ गड्ढा वाद्य यंत्रों की एक और किस्म थी, जो कि वैदिक काल में भूमि दुन्दुभि के नाम से जानी जाती थी, अब यह हमारी संगीत की दुनिया से पूरी तरह लुप्त हो गया है। इस वाद्य के निर्माण में एक गहरा खाली गड्ढा बना होता था, जिसे छाल या पतले तख्तों से ढक दिया जाता था, जिस पर संगीत

के समय आदिवासी महिलाएँ कूदती थीं। यह भूमि ढोल इंडोनेशिया, मलेशिया और सुदुर पूर्वी देशों में आज भी पाये जाते हैं।

प्रागैतिकहासिक काल में गीत एवं नृत्य के साथ कुछ प्रमुख वाद्य यंत्रों की भी जानकारी प्राप्त होती है। उत्खन्नों से प्राप्त सामग्री के आधार पर यह अनुमान लगाया जाता है कि सिन्धु सभ्यताकालीन मनुष्य ढोल, दुन्दुभि, झांझ, करताल आदि वाद्य यंत्रों का प्रयोग किया करते थे। इस युग के एक ताबीज पर एक मनुष्य ढोल बजाते प्रतीत हो रहा है तथा कुछ लोग नृत्य कर रहे हैं। एक अन्य मुद्रा पर ढोल जैसी कोई वस्तु है जिसे एक मनुष्य जिसके चारों और कुछ लोग हैं, बजाते दिखाई दे रहे है। दो अन्य मुद्राओं पर मृदंग जैसी कोई वस्तु है एक अन्य मुद्रा पर एक ऐसी स्त्री का चित्रण है, जिसने अपनी बगल में ढोल जैसी कोई वस्तु दबा रखी है, जो सम्भवतः आलिंग्य मृदंग हो। मुद्राओं तथा ताबीजों पर भी कुछ ऐसी वस्तुओं का चित्रण है, जिन्हें वीणा माना जा सकता है। सिन्धु प्रान्त में कांस्य ताल बजाने के प्रमाण मिले हैं।

मनुष्य के विकास के साथ-साथ अवनद्ध वाद्यों का भी विकास हुआ। सर्वप्रथम आदिम मनुष्य दोनों हाथों से ताली बजाकर तथा हाथों को शरीर में मारकर ध्वनि पैदा करता था और इस क्रिया से वह प्रसन्न होता था। सभ्यता के विकास के उस युग में जब मानव शिकार किया करता था तब वह विभिन्न आकार के पत्थरों के टुकड़ों को अपने हाथों की मदद से बजाकर नये ढ़ंग से आनन्द प्राप्त किया करता था। इसके बाद लकड़ियों के दो टुकड़ो को आपस में एक दुसरे पर मारकर संगीत की नई पद्धति अपनाई गई होगी। ऐसा माना जा सकता है कि जब आदि मानव ने खोखली जमीन और खोखले पेड़ के तने पर थाप देने से कुछ ध्वनियाँ सुनी होगी, तब उसने कटे हुये खोखले पेड़ पर और गड्ढे युक्त जमीन पर, पशुओं की खाल को बाँध कर उसके उपर हाथ या लकड़ी के प्रहार से एक नये वाद्य यंत्र, भूमि दुन्दुभि का आविष्कार किया होगा।

आदिम मनुष्य अपने आस-पास के प्राकृतिक वातावरण से अत्यधिक प्रभावित था, तब अपने जीवन के कई पहलुओं पर अपने आस-पास के प्राकृतिक वातावरण का अनुकरण करते हुये देखा गया। आदिम जातियों के प्रमुख वाद्य भी इसी प्रकार निर्मित हुये। नाट्यशास्त्र के अनुसार मृदंग की परिकल्पना पत्तों पर गिरने वाले जल से उत्पन्न ध्वनि से बताई गई है।

प्रारम्भिक अवस्था में मानव जब अशिक्षित, असभ्य, असंस्कृत था, तब भी वह संगीतिक अभिव्यक्ति व्यक्त किया करता था। अब यह बात अलग है कि

वह अपनी सांगीतिक अभिव्यक्ति शारीरिक रूप से, सीटी बाजकर, दोनों हाथ आपस में टकराकर, तथा शरीर थपथपा कर संगीत का आनन्द लिया करता था। यह वह समय था जब इन्हें मनुष्य और पशु में कोई अन्तर पता नहीं था। इनका जीवन एक स्थान से दुसरे स्थान तक घुमते हुए बीतता था। इनके वस्त्र के रूप में जानवर तथा वृक्षों के छाल एवं रहने के लिए कन्दराएँ हुआ करती थी। ये अपना जीवन कच्चे मांस तथा कन्द मूल खाकर व्यतीत किया करते थे।

जब आदि मानव पत्थर के द्वारा आग जलाने की विधि से परिचित हो गये, तब इनके जीवन में एक क्रांतिकारी बदलाव आया और अब ये कच्चे भोजन की जगह अपना भोजन पका कर खाने लगे। विकास क्रम की यह प्रथम सोपान थी जब आदिमानव ने अपने आस-पास के वातावरण के विषय में विचार करना प्रारम्भ किया। आग के पश्चात् जानवरों से रक्षा हेतु इन्होंने पत्थर के सुन्दर औजार बनाये जिससे कि अब वे अपनी सुरक्षा अच्छे ढंग से कर सकते थे। मनुष्य के इन्हीं चिन्तनशीलताओं के कारण, हमारी सभ्यता संस्कृति विकसित होते आयी है। विकास का यह क्रम अचानक ही नहीं हुआ बल्कि धीरे-धीरे समय के साथ अपनी विकसित अवस्था में पहुँचा हैं।

हमारे संगीत के साथ भी यही तथ्य लागू होता है। आज के विकसित संगीत का रसास्वादन हम यूँ ही नहीं कर लेते हैं। बल्कि इसके पीछे हमारे महान ऋर्षि, महर्षि, विद्वान कलाकारों की वर्षों की तपस्या है। जिस प्रकार कालक्रम के अनुसार मानव के जीवन में बदलाव आता गया, ठीक उसी प्रकार हमारे भारतीय संगीत में भी बदलाव आया और यह बदलाव ही उसे विकास की और अग्रसर किया। प्राचीन समय में जितने भी संगीत के विद्वान हुये, उन्होंने अपनी द्विव्य दृष्टि से संगीत का मूल्यांकन किया तथा उसमें आवश्यकता अनुसार संशोधन कर, हमारे श्रवण योग्य बनाया।

अब हम यहाँ मुख्य रूप से अवनद्ध वाद्य के विकास की चर्चा करेंगे। प्रारम्भिक वाद्य पत्थर के टुकड़ों को माना जा सकता है, जिसे टकराकर आपस में सर्वप्रथम वाद्य ध्वनि का अनुभव हमारे संगीत के पूर्वजों ने किया होगा। पत्थर के पश्चात् भूमि पर चमड़े का उपयोग किया गया होगा, जो कि आगे चलकर भूमि दुन्दुभि के नाम से जाना गया। इसी प्रकार और भी वाद्यों का विकास कालक्रम के अनुसार होता गया।

ऐसा प्रतीत होता है कि पखावज और तबले का प्राचीन रूप त्रिपुष्कर वाद्य से संबंधित रहा है। पखावज यावनिक नाम है जो कि मुस्लमानों के द्वारा दिया

गया है। पखावज के ही समकक्ष वाद्य मृदंग है जिसे हमारे भारतीय संगीत के प्राचीन ग्रंथों में आदि अवनद्ध वाद्य की संज्ञा दी गई है। मृदंग का वादन आज भी संगीत में आवश्कता अनुसार होता है। प्राचीन ग्रंथों में कहीं भी पखावज की चर्चा नहीं मिलती है, संभवतः यह नाम मध्यकाल में मुगलों के द्वारा प्रचलित किया गया प्रतीत होता है।

प्राचीन ग्रंथों में मृदंग की ही चर्चा विस्तृत रूप से मिलती है। मृदंग में उस समय आश्चर्यजनक परिवर्तन हुये जब इनके उपर लेपन की विधि की सामग्री में बदलाव लाया गया अर्थात् आधुनिक लौहचूर्ण युक्त स्याही का प्रयोग किया जाने लगा जो कि सम्भवतः मध्यकाल से प्रारम्भ हुआ प्रतीत होता है।

अब इस नये लेपन विधि के कारण मृदंग को अब विभिन्न स्वरों में मिलाया जा सकता था। प्रारम्भिक लेपन विधि आज की तरह विकसित नहीं थी फिर भी एक प्रयोग के तौर पर इन्हें अपनाया गया जो कि काफी हद तक सफल रहा।

नाट्यशास्त्र के वाद्याध्याय के अन्तर्गत श्लोक संख्या 112 तथा 113 में स्वाति मुनि ने जो लेपन विधि बताई है, वह इस प्रकार है–

निश्शर्करा निस्सिकता निस्तृणा विस्तुषा तथा।
न विच्छिन्ना न विशदा न क्षारा कटुका न च ।।112।।

नावदाता न कृष्णा च नाम्ला नैव च तिक्तिका।
मृत्तिका लेपने शस्ता तथा कार्या तु मार्जना ।।113।।

जिस मिट्टी में कंकड़, रेत, तृण या भूसा न हो और जो न बिखरने वाली सफेद, खारी, कड़वी, पीली, काली, खट्टी, तीती न हो उसे लेना चाहिए। ऐसी मिट्टी लेपन के लिए योग्य होती है और इसी के द्वारा मार्जना की जानी चाहिए। अगर ये सब सामग्री न मिले तब उपेक्षित ध्वनि या स्वर को निकालने के लिए गेहूँ के ऑटे या जौ के ऑटे का उपयोग मार्जना के लिये करना चाहिए। इस मार्जना में एक ही दोष होता है कि यह एक ही प्रकार की ध्वनि या स्वर निकालने में सक्षम हैं। इसलिये मार्जना में काली मिट्टी ही उपयुक्त है और यही उपेक्षित स्वर को निकालने में सक्षम होती हैं।

संगीतरत्नाकर के अनुसार

शारंगदेव ने अपने ग्रंथ में कहीं भी मृदंग की चर्चा नहीं की है। मर्दल को प्रमुख अवनद्ध वाद्य मानते हुए उसकी ही विस्तृत चर्चा इन्होंने की है। लेपन विधि की चर्चा इन्होंने संगीतरत्नाकर के अवनद्ध वाद्याध्याय के अन्तर्गत श्लोक संख्या 1029 एवं 1030 में की है, जो इस प्रकार से है–

भूतिमिश्रेण भक्तेन चिक्कणेनातिमर्दनात्
पिण्डिकां पूरिकाकारां वामवक्त्रे निवेशयेत् ।।1029।।
बोहणाख्येन तेनास्यं लिम्पेदल्पेन दक्षिणम्।
एवं जलधरध्वानगम्भीरो भवति ध्वनिः ।।1030।।

इनके अनुसार लकड़ी की राख को भात यानि कि पकाये हुए चावल के साथ खूब मलकर चिकना कर के पूरी के आकार की पिंडी बायें मुँह पर और वैसे ही बिल्कुल पतली तह दाहिने मुँह पर लगाने से मर्दल की ध्वनि गंभीर, घन और बुलंद हो जाती है। पिण्डी के इस सम्मिश्रण को ग्रंथकार ने 'बोहण' कहा है।

नाट्यशास्त्र एवं रत्नाकर युग के पश्चात् अवनद्ध वाद्यों का आश्चर्यजनक रूप से विकास हुआ। समय के साथ जैसे–जैसे हम आगे बढ़ते गये, उसी प्रकार हमारे प्राचीन वाद्य भी विकसित होते गए। सबसे अधिक बदलाव मध्यकाल में हुआ। बहुत से पुराने वाद्यों में सुधार लाकर उन्हें एक नया रूप दिया गया। कुछ नये वाद्यों का भी आविष्कार किया गया। इस युग की जो सबसे बड़ी बात थी वह यह कि इस युग में स्याही के रूप में लौहचूर्ण का उपयोग किया जाने लगा। इसी लौहचूर्ण स्याही के कारण अवनद्ध वाद्यों में अभूतपूर्व परिवर्तन आया और अब एक ही वाद्य को विभिन्न स्वरों में मिलाया जा सकता था। वाद्यों की बनावट में भी सुघड़ता आती गई, जिसके कारण वाद्य देखने में पहले से ज्यादा आकर्षक लगने लगे। इन वाद्यों को चर्म से आच्छादन करने की प्रक्रिया थी, वह भी सुन्दर होती चली गई। चमड़े की सफाई एवं कटाई में भी अन्तर आने लगा। इन्हीं सब विशेषताओं के कारण अवनद्ध वाद्यों का उतरोत्तर विकास होता चला आ रहा है और आवश्यकतानुसार आगे भी होता रहेगा। अवनद्ध वाद्यों पर अनेक प्रयोग के कारण ही आज हमारे बीच तबला और पखावज जैसे परिष्कृत उन्नत अवनद्ध वाद्य हैं।

आज अगर ध्यानपूर्वक विचार किया जाये तो हम पाते हैं कि प्राचीन समय में जो मृदंग के विभिन्न प्रकार बताये गये थे, वह आज भी हमारे भारतीय संगीत में प्रचलित है, यह बात अलग है कि आज वह अपने परिमार्जित रूप में हमारे संगीत में स्थान बना रखे हैं।

नाट्यशास्त्र में हरीतिकी हल्दी के आकार की, यवाकृति जौ की आकार की, तथा गोपुच्छा गो के पुँछ के आकार की मृदंग की चर्चा की गई है। त्रिपुष्कर वाद्य के अन्तर्गत क्रमशः आंकिक, आलिंग्य एवं उर्ध्वक की चर्चा की गई है। आज इन सभी वाद्यों का प्रचलन भारत के विभिन्न प्रदेशों में आवश्यकतानुसार हो रहा है।

ऐसा प्रतीत होता है कि दक्षिण भारत में आज प्राचीन आंकिक समान वाद्य मृदंग एवं उत्तर भारत में पखावज के नाम से प्रचलित है तथा प्राचीन उर्ध्वक आज तबला के नाम से जाना जा रहा है।

वर्तमान में प्रचलित मृदंगम् एवं पखावज प्राचीन हरितकी के समान प्रतीत होता है। उत्तर पूर्व क्षेत्रों में बजने वाला मृदंग यवाकृति के समान तथा बंगाल, आसाम, मणिपुर के विभिन्न क्षेत्रों में बजने वाला अवनद्ध वाद्य 'खोल', 'पुंग' गोपुछ के आकार का प्रतीत होता है।

इस प्रकार हम देखते है कि प्राचीन वाद्य का अस्तित्व आज भी विरजमान है। इन वाद्यों में कुछ परिवर्तन कर आज देश के विभिन्न भागों में इनका वादन किया जा रहा है।

प्रस्तुत चित्र में एक वादिका गोपुछ के समान वाद्य पुंग का वादन करते हुए प्रतीत हो रही है।

प्रस्तुत चित्र में प्राचीन आंकिक समान आधुनिक वाद्य मृदंगम् एवं पखावज का वादन किया जाता हुआ।

प्रस्तुत चित्र में एक वादक प्राचीन आंकिक समान वाद्य, उड़ीसा में प्रचलित मृदंग का वादन करते हुये।

प्राचीन उर्ध्वक समान वाद्य 'तबला'

मृदंगम् एवं पखावज में विभिन्नताएँ

मृदंगम् का बायाँ भाग

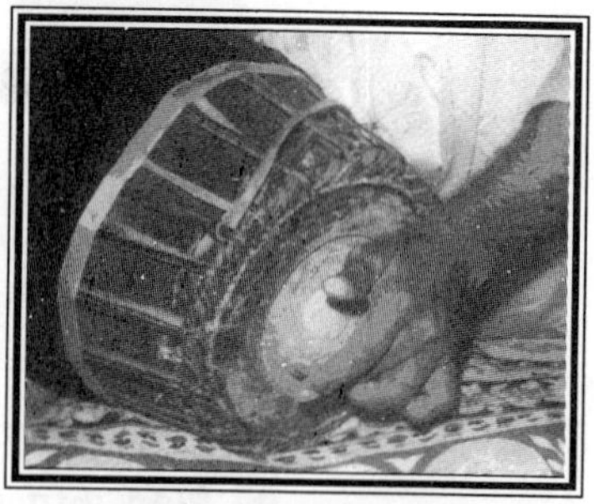

बायें भाग का वादन

मृदंगम् का दायाँ भाग

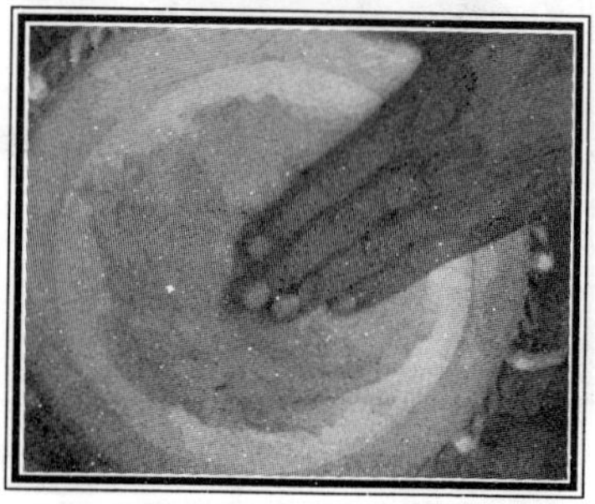

पखावज के बायें भाग का वादन

दायें भाग का वादन

यवाकृति के समान वाद्य मृदंगम्

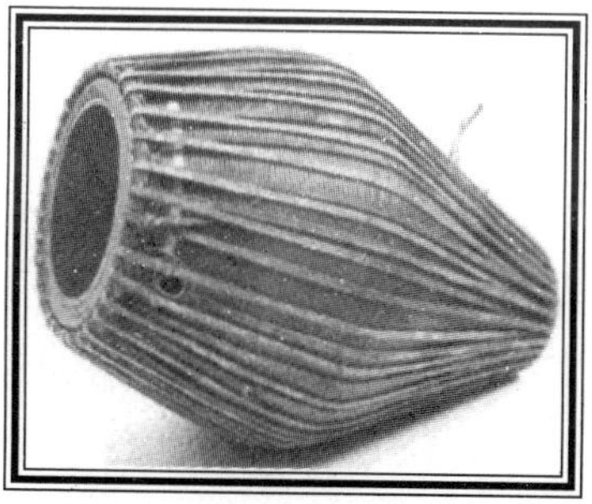

गोपुच्छ के समान वाद्य खोल

इस प्रकार इन चित्रों के परस्पर अन्तर को देखते हुये यह कहा जा सकता है कि प्राचीन समय में जो सर्वउन्नत अवनद्ध वाद्य थे, वह आज अपने परिवर्तित रूप में हमारे सामने हैं और इन सभी का प्रयोग आज हमारे भारतीय संगीत में आवश्यकतानुसार हो रहा है। इसलिए जिनका यह कहना कि मृदंग ही पखावज है युक्ति संगत प्रतीत नहीं होता है। क्योंकि उपर्युक्त चित्रों में स्पष्ट रूप से पखावज मृदंग एवं मृदंगम् के अन्तर को देखा जा सकता है।

सन्दर्भ

1. पुष्टमार्गीय मंदिरों की संगीत परम्परा: प्रो० सत्यभान शर्मा, पृष्ठ 141।
2. भारतीय तालों का शास्त्रीय विवेचन: डॉ० अरूण कुमार सेन, पृष्ठ 141।
3. संगीतरत्नाकर तृतीय खंड: अनुवादकर्त्री सुभद्रा चौधरी, पृष्ठ 508-509।
4. हिन्दी नाट्यशास्त्र: बाबूलाल शुक्ल शास्त्री, पृष्ठ 11।
5. हिन्दी नाट्यशास्त्र: बाबूलाल शुक्ल शास्त्री, पृष्ठ 348।

3

पखावज पर बजने वाले वर्णों का अध्ययन

पखावज के प्रचलित आधुनिक वर्ण

पखावज के विभिन्न भागों पर अँगुलियों से आघात करने से जो ध्वनि उत्पन्न होती है, उसे ही संगीत ही भाषा में वर्ण कहा गया है। पं० पुरूषोतम दास जी द्वारा रचित मृदंग वादन में पखावज के वर्णों की संख्या 13 बताई गई है, जो इस प्रकार से है–**ता, दीं, थुं, ना, कि, टि, त, क, ध, दी, ग, न, धा** इन वर्णों की उत्पत्ति तीन प्रकार से होती है।

1. ***दायें हाथ*** से उत्पन्न होने वाले वर्ण।
2. ***बायें हाथ*** से उत्पन्न होने वाले वर्ण।
3. ***संयुक्त रूप*** से उत्पन्न होने वर्ण।

केवल दाहिने हाथ से बजने वाले वर्ण

ता या ना
दीं या थुं
के, कि, या ते, ती
टे, ट, टी या र

बायें हाथ से बजने वाले वर्ण

ग, गे, गी, या घ, घे, घी
क, के, कि या कत्।

संयुक्त रूप से बजने वाले वर्ण

धा, धेत् या झें, घड़्डन।

इन वर्णों के निकास के लिये दोनों हाथ की अँगुलियों का प्रयोग किया जाता है, परन्तु मुख्य रूप से दायें हाथ का प्रयोग ही अधिक होता है।

दाहिनें हाथ से बजने वाले वर्ण की निकास विधि

पखावज में सर्वप्रथम '**थप्पी**' का प्रयोग बताया जाता है। दाहिनें हाथ की चारों अँगुली को गौकर्ण के आकार में रखकर हथेली के भाग को पखावज की स्याही तथा लव पर उपर की तरफ आघात करने पर इससे जो ध्वनि उत्पन्न होती है, उसे ही ता, थप्पी या थापी कहते है।

दीं दाहिनें हाथ के चारों अँगुलियों के अग्रभाग से स्याही के ऊपर आघात करने से '**दीं**' शब्द की ध्वनि उत्पन्न होती है।

ना दाहिनें हाथ की तर्जनी अँगुली के अग्रभाग से चाँट पर मारने से '**ना**' शब्द की ध्वनि उत्पन्न होती है।

न दाहिनें हाथ की मध्यमा तथा अनामिका के अग्रभाग से चाँट या स्याही के बीच धीरे से आघात करने पर '**न**' शब्द की ध्वनि उत्पन्न होती है।

कि दाहिनें हाथ की मध्यमा तथा अनामिका अँगुलि को मिलाकर स्याही के उपर बंद आघात करने से '**कि**' या '**ति**' शब्द की ध्वनि उत्पन्न होती है।

टि दाहिनें हाथ के तर्जनी अँगुलि के बंद आघात स्याही पर करने से '**टी**' शब्द की ध्वनि उत्पन्न होती है।

क दाहिनें हाथ से थप्पी या ता की तरह स्याही पर खुले आघात करने से '**क**' या '**का**' की ध्वनि उत्पन्न होती है।

बायें हाथ से बजने वाले वर्णों की निकास विधि

थुं बायें हाथ से बाहर की तरफ आधे हाथ से ढीले तौर पर मारने से '**थुं**' शब्द की ध्वनि उत्पन्न होती है।

त बाएँ हाथ की चारों अँगुलियों को मिलाकर आगे वाले भाग पर बंद आघात करने से '**त**' शब्द की ध्वनि उत्पन्न होती है।

घ आटे वाली पुड़ी पर बाँयें हाथ से खुला आघात करने पर '**घ**' या '**ग**' शब्द की ध्वनि उत्पन्न होती है।

संयुक्त रूप से बजने वाले वर्णों की निकास विधि

धा दाहिने से '**ता**' और बायें हाथ से पुड़ी की तरफ प्रहार करने पर **अर्थात्** पखावज पर दोनों हाथों से एक साथ प्रहार करने पर जो ध्वनि उत्पन्न होती है,

उसे **'धा'** कहा जाता है। थेई शब्द की भी ध्वनि इसी क्रिया से उत्पन्न होती है।

कुछ अन्य वर्णों की निकास विधि

खिर्र स्याही के उपर दाहिनें हाथ की मध्यमा अँगुलि के अग्रभाग से घसीट लगाने पर **खिर्र** शब्द की ध्वनि उत्पन्न होती है।

पर्र पर्र भी खिर्र के समान ही निकलता है।

झें बायें पुड़ी की तरफ ऑटे वाले भाग में बायें हाथ से खुला आघात व दाहिने हाथ से **'दीं'** को मिलाकर एक साथ बजाने से **'झें'** शब्द की उत्पत्ति होती है।

पं० पागल दास जी द्वारा रचित *मृदंग तबला प्रभाकर* के प्रथम भाग में पखावज के वर्णों की संख्या 7 बताई गई है, जो इस प्रकार है–**ता, दी, ना, ते और टे**, इन वर्णों का निकास दाहिने हाथ के हस्त प्रहार से बताया गया है।

बायें हाथ के हस्त प्रहार से **घ** खुला और **क** की बंद ध्वनि की निकास बताई गई है।

इन सात वर्णों में दाहिनें का **ट** और बायें का **घ** अचल वर्ण है। इनके अतिरिक्त अन्य सभी वर्ण चलायमान है, जिनके अन्तर्गत वर्णों का रूपांतर एवं स्थानांतर ही हुआ करता है।

पूर्वाचार्यों तथा शास्त्रोक्त यह परम्परा मिलती है कि पढ़न्त के शब्द तथा बजन्त के शब्दों में विभिन्नता होती है। आज जितने प्रकार के भी वाद्य यंत्र है, उनमें शब्द बोला नहीं करते बल्कि ध्वनि के आधार पर स्वर का आभास होता है। जिस प्रकार हारमोनियम के सात स्वरों पर अक्षरों को रखकर गायन का रूप दिया जाता है। ठीक उसी प्रकार वाद्य यंत्रों पर ध्वनि से आधारित कोई भी वर्ण अँगुलियों से अभ्यस्त हो जाने पर प्रिय लगता है। पखावज के कुछ शब्द है, जिनके बोलने एवं बजाने में भिन्नता होती है।

पढ़न्त के शब्द	**बजन्त के शब्द**
कृधान्	कीट धान
कृधातेटे	किटधा तेटे
तकिटतका	कतिट कता
धेरकिटतक	धेरधेरकिट

तेटे कत	किटतक
गदि गन	धदिगन
कत कत	तक तक
तिर किट तक ताऽ	तीट कति टक ताऽ
क्रधा	तक धाऽ
तक धाऽ	कत धाऽ
घड़ाऽन्	घताऽन
घुमकिट	धदिगन
तक्का थूँगा	कता धता
तक धेऽ	कत घेऽ
केड़नग	कतिनाऽ
घिंऽतिरकिटतक	घतेटेकतेटेकाऽ
घीलाऽन्	घताऽन
थु	दी या घ

प्राचीन वर्ण

नाट्यशास्त्र के अनुसार अवनद्ध वाद्य के वर्ण

नाट्यशास्त्र के 33वें अध्याय में वर्णित पुष्कर, मृदंग, पणव, दर्दुर आदि वाद्यों के वर्ण एवं वादन विधि का वर्णन इस प्रकार से बताया गया है–

षोडशाक्षरसम्पन्नं चतुर्मार्गं तथैव च।
विलेपनं षट्करणं त्रियति त्रिलयं तथा ।।37।।

त्रिगतं त्रिप्रचारञ्च त्रियोगञ्च त्रिपाणिकम्।
दशार्धपाणिप्रहतं त्रिप्रहारं त्रिमार्जनम् ।।38।।

विंशत्यलङ्कारयुतं तथाष्टादशजातिकम्।
एभिःप्रकारः सम्पन्नं वाद्यं पुष्करजं भवेत् ।।39।।

पुष्कर वाद्य में रहने वाले प्रकार इस तरह हैं–सोलहं अक्षरों की ध्वनियाँ , चार मार्ग, विलेपन, छः करण, तीन यतियाँ, तीन लय, तीन गत या गति, तीन प्रचार, तीन योग, तीन पाणि, पञ्च पाणिप्रहृत, तीन प्रहार, तीन मर्जनाएँ, अठारह

जातियाँ और बीस अलंकार के प्रकार बताये गये हैं। इन सभी स्वरूपों से युक्त वाद्य को पुष्कर बताया गया है।

तत्र षोडशाक्षरमिति यदुक्तं तदनुव्याख्यास्यामः।
कखगघटठडढ़तथदधमरलह इति षोडशाक्षराणि स्युः।
पुष्करवाद्ये नियतं वाष्करणे संविधेयानि ।।40।।

भरतमुनि ने पुष्कर वाद्य के जो 16 अक्षर बताये हैं, वह इस प्रकार से है—क, ख, ग, घ, ट, ठ, ढ, त, थ, द, ध, म, र, ल, ह। इसे 'वाष्करण' कहा गया है, जिसे कि विद्वानों ने इसकी व्युत्पत्ति 'वाचस्करण' से बताया है। साधारण संगीत की भाषा में इसे वर्ण या बोल के रूप में समझना चाहिए।

चतुर्मार्ग आलिप्त, आड्डित, गोमुख और वितस्तता को चतुर्मार्ग अर्थात् चारमार्ग बताया गया है।

विलेपन वामक तथा उर्ध्वक मृदंगों पर ऑटे आदि से लेपन करने को विलेपन कहा गया है।

षट्करण रूप, कृतप्रतिकृत, प्रतिभेद, रूपशेष, ओघ तथा प्रतिशुल्क ये 6 करण बताये गये हैं।

त्रियति समा, स्त्रोतोगता तथा गोपुच्छा को यति बताया गया है।

त्रिलय द्रुत, मध्य तथा विलम्बित ये तीन प्रकार के लय बताये गये हैं।

त्रिगति तत्व, अनुगत एवं ओध को तीन प्रकार के गति के रूप बताये गये हैं।

त्रिप्रचार समप्रचार, विषमप्रचार तथा समविषमप्रचार को तीन प्रकार का प्रचार बताया गया है।

त्रिसंयोग गुरू, संयोग, लघु संयोग, गुरू लघु संयोग इन्हें तीन प्रकार का संयोग बताया गया है।

त्रिपाणि समपाणि, अवरपाणि तथा उपरिपाणी को त्रिपाणी कहा गया है।

पञ्च पाणिप्रहत समपाणिप्रहत, अर्धपाणिप्रहत, अर्द्धार्द्धपाणिप्रहत, पाश्वपाणि प्रहत और प्रदेदिनीप्रहत।

त्रिप्रहार निगृहित, अर्धनिगृहित तथा मुक्त ये तीन प्रहार बताये गये हैं।

त्रिमार्जन मायूरी, अर्धमायूरि तथा कर्मारवी।

अठारह जातियाँ शुद्धा, एकरूपा, देशानुरूपा, देशादपेतरूपा, पर्याय, विष्कम्भ, पर्यस्ता, संरभ्भ, पार्ष्णिसमस्ता, दुष्करकरणा, ऊर्ध्वगोष्ठिका, उच्चितिका, एवं

वाद्या, मृदंगपणवा, अवकीर्णा, अर्द्धावकीर्णा, समलवा तथा विधुत ये अठारह जातियाँ होती है।

चित्र, सम, विभक्त, छिन्न, छिन्नविद्ध, विद्ध, अनुविद्ध, स्वरूपानुगत, अनुसृत, विच्युत, दुर्ग, अवकीर्ण, अर्थावकीर्ण, एकरूप, परिक्षिप्त, साचीकृत, समलेख, चित्रलेख, सवेसमवाय, तथा दृढ़ ये बीस प्रकार बताये गये हैं।

कटरतठदघास्तु दक्षिणमुखेऽत्र गहथाश्च वामके नियता:
थकारश्चैवोर्ध्वके करणधवलाश्च स्युरालिङ्ग्ये ।।42।।

अवनद्ध वाद्य में स्वर और व्यंजन ध्वनियों को हाथों से निकालने की जो विधि बताई गई है, वह इस प्रकार से है–दायें हाथ के प्रहार से निकलने वाले वर्ण–क, ट, र, ट, ठ, द तथा घ।

बायें हाथ के प्रकार से निकलने वाले वर्ण–ग, ह और ध।

उपर्युक्त सभी वर्ण अवनद्ध वाद्य के वामक नामक मृदंग से निकाले जाते थे। ऊर्ध्वक मृदंग में 'थकार' और आलिंग्यक मृदंग में क, र, ण, ध, तथा ल वर्ण की ध्वनि निकलती है।

इन स्वर एवं व्यंजन वर्णों को अ, आ, इ, ई, उ, ऊ, ए, ऐ, ओ, औ, अं, और अः इन स्वर वर्णों को व्यंजन वर्ण के साथ जोड़ा जाता है। इनमें क, के साथ अ, इ, उ, ए, ओं तथा अं को संयुक्त करने पर **का, कि, कू, को**, और **कं** को जाते हैं।

इस प्रकार इन सभी को मिलाकर दोनों हाथों से वादन करते हुये इन सभी अक्षरों की ध्वनियाँ हस्त प्रहार के द्वारा निकाली जाती है। एक साथ हाथों के प्रहार द्वारा आंकिक मृदंग तथा द्विपुष्कर वाद्य में **'धं'** की ध्वनि निकलती है।

तत्र अङ्गलिप्रचलनात् कुकारः। तत्रैवावष्टम्भाद् धकारः तत्रैव अर्धनिगृहीतस्थकारः। तत्रैव दक्षिणमुखे पार्ष्णिपीडितः क्लकारः। तत्रैव अङ्गुलिकुञ्चनात् क्षकारः। ऊर्ध्ववामकयोः समहस्तनिपाताद् धङ्कारः प्रदेशिन्या वालिङ्ग्ये क्लेङ्कारः।

प्रस्तुत श्लोक बाबूलाल शुक्ल शास्त्री विरचित हिन्दी नाट्यशास्त्र के पृष्ठ संख्या 362 से उद्धृत है, इसमें वर्ण निकास संबंधी चर्चा की गई है, जो इस प्रकार से है–

अँगुलि को मृदंग के ऊपर चलाने से 'कु' और हाथ को रोक देने पर 'ध' या 'य' की ध्वनि निकलती है। अगर इसे आधा रोका जाए तो थ वर्ण निकलता है। जब हाथ के हथेली के पिछले भाग से प्रहार किया जाता है, तब **'कल्'**

ध्वनि उत्पन्न होती है। अँगुलियों को जब सिकोड़ कर मृदंग पर प्रहार किया जाता है तब **'क्ष'** या **'ख'** वर्ण की उत्पत्ति होती है। ऊर्ध्वक और वामक के ऊपर दोनों हाथ से एक साथ प्रहार करने पर **'हं'** वर्ण की उत्पत्ति होती है और ऊपर प्रदेशिनी अँगुलि से प्रहार करने पर **'क्ले'** वर्ण की ध्वनि उत्पन्न होती है।

स्वर एवं व्यंजन वर्णों को वाद्य के ऊपर निकालने के लिये कुछ बोल या ध्वनियों को वाद्य के एक ओर से यदि त्रिमुख वाद्य हो तो कुछ को दोनों ओर से निकला जाता है। जैसे किसी भी अवनद्ध वाद्य के ऊपर प्रहार करने से **'र'** वर्ण की ध्वनि उत्पन्न होती है। आलिंग्य के बायें ओर से **'द'** या **'ध'** एवं दायें ओर से **'पं'** वर्ण की ध्वनि उत्पन्न होती है। वामक और ऊर्ध्वक में **'ग'** वर्ण की उत्पत्ति होती है।

इन वर्णों के संयोग से जो ध्वनि उत्पन्न होती है, उसे हस्तपाट या बोल कहा गया है। हस्तपाट का यहाँ साधारण अर्थ बोलों के निकास से है। यह दो प्रकार का होता है—एकल प्रहार तथा सयुँक्त प्रहार। वर्तमान समय में इसकी संख्या बहुत सीमित हो गई है, किन्तु प्राचीन ग्रंथों में इसकी विस्तृत व्याख्या मिलती है। अवनद्ध वाद्यों के प्राचीन वर्णों की संख्या 16 बताई गई है, तथा इसके सम्मिश्रण से वाष्करण का निर्माण होता था अर्थात् वर्णों के योग से बोलों की उत्पत्ति होती थी। प्राचीन ग्रंथों में अवनद्ध वाद्यों पर प्रहार करने के चार प्रकार बताये गये हैं, जो इस प्रकार से है—आड्डित, आलिप्त, वितस्त और गोमुख।

आड्डित मार्ग आलिंग्य मृदंग के प्रहारों से संबंधित है। इसके प्रहार से जो बोल उत्पन्न होते हैं, उसके उदाहरण इस प्रकार से है–

घट्टं कत्थित घट्टिंत घेटां गत्थिमं घण्टां गत्थित्थे।

आलिप्त मार्ग वामक एवं ऊर्ध्वक के प्रहारों के संयोग से आलिप्त मार्ग संबंधित है। इसके प्रहार से जो वर्ण उत्पन्न होते हैं, उनके उदाहरण इस प्रकार से है–

दध्रो माद्रो मादद्रो मांगुदुघें गुदरनुंदुं घें घेन्द्रं घेन्द्रामाङ।

वितस्त मार्ग ऊर्ध्वक तथा आंकिक के दाहिने मुख पर प्रहारों से संबंधित है। इसके प्रहार से जो बोल उत्पन्न होते हैं, उसके उदाहरण इस प्रकार से है–

तकितान् तकितान् सेन्तां किन्तां घिसं केता हुदु इदु केताम्।

गोमुख मार्ग सभी पुष्कर वाद्यों के प्रहारों से संयुक्त एवं विशेषरूप से आलिंग्यक वाद्यों के प्रहारों से संयुक्त एवं विशेषरूप से आलिंग्यक वाद्यों से

संयुक्त होता है। इसके प्रहार से जो बोल उत्पन्न होते हैं, उसके उदाहरण इस प्रकार से है–

गुद्धं गुद्धं मथिकटा मथिकटा घंघेन छिदुखु खुणो गगटत्थि मटम् इति गोमुखमार्गः।

यह गोमुख मार्ग का वादन है। 'ह' को अँगुलियों के दबाब के द्वारा निकाला जाता है और यह मुक्त प्रहारित होता है। जब अँगुलियों को ऊर्ध्वक और आंकिक पर, एक दुसरे से तिरछी रखते हुये अर्धनिगृहित किया जाता है, उस स्थिति में इन दोनों पर समहस्त का प्रयोग देखा जा सकता है।

शृङ्गारहास्ययोगे वाद्यं योज्यं तथाड्डिते मार्गे।
वीराद्भुतरौद्राणां वितस्तमार्गेण वाद्यं स्यात् ।।52।।

(हिन्दी नाट्यशास्त्र, पृष्ठ 369)

श्रृँगार तथा हास्य रस के होने पर वाद्य का वादन आड्डित मार्ग से किया जाता है, और वीर, अद्भुत तथा रौद्र रस के होने पर वितस्त मार्ग से।

करूणरसेत्विह वाद्यं योज्यश्चलिप्तकरणमार्गेण।
बीभत्सभयानकयोस्तथैव नित्यं हि गोमुख्या ।।53।।

(हिन्दी नाट्यशास्त्र, पृष्ठ 369)

करूण रस में आलिप्त मार्ग से वाद्य वादन किया जाए और वीभत्स तथा भयानक रस में सदा गोमुख मार्ग से वादन करना चाहिए।

पणव के वर्ण

पणव वाद्य के वादन में जिन वर्णों का प्रयोग होता था, उनके नाम इस प्रकार से हैं–क, ख, ग, पण, या घ, र, व, अङ्, प्र, ह, ण, ब्र हु तथा लां हु, लाम् इन वर्णों के संयोग से जिन बोलों की उत्पत्ति होती है, उनके नाम इस प्रकार से है–किरि, घिण्टा, यो, थो, णो, धोत्र, हुलां, घिण्टां, किरि, णो णो णण्टां चो किरि णण्टां मटमट त्थिते–टेटे दोण्णाम।

अञ्चितकक्ष्ये पणवे खखरटणकृता प्रहारास्तु।
तथेन्ततः प्रहारा पणवे कार्या सदा शिथिलकक्ष्ये ।।67।।

(हिन्दी नाट्यशास्त्र, पृष्ठ 373)

नाट्शास्त्र में पणव के वादन के संबंध में बताया गया है, कि कसे हुये पणव पर वादन सदा इस प्रकार से करना चाहिए कि उससे ख, क, र, ट, ण, वर्ण की ध्वनि निकले। ढीले बँधे हुये पणव में वादन प्रहार से सदा तत, त्थेन् जैसे

बोल निकाले जाने चाहिए। अगर पणव के मुख पर तिरछी चोट या प्रहार किया जाये तब उससे कहुलां, त्रहुलां, त्रकुलां, की ध्वनि निकलेगी।

दर्दुर के वर्ण

रेक्लति त्रिकलौ क्लेचद्रो गोणो हथिण्ण संयुक्ताः।
इति दर्दरे प्रहाराः कार्या मुक्ता थणण्णांश्च ।।72।।

(हिन्दी नाट्यशास्त्र, पृष्ठ 375)

जब दर्दुर पर मुक्त रूप से वादन किया जाता है, तब उससे जो वर्ण उत्पन्न होते हैं, वह इस प्रकार से है—रेक्कति, त्रिकल, क्लेचद्रो, गोणों, हथिण्ण तथा धणण्ण।

त्रिपुष्कर के वर्ण

एकैकसप्रयुक्ता वर्णा णगरास्तथैव सम्प्रयोक्तव्याः।
धें का कत्थं चैखो कहुलं तकिता मृदङ्गेषु ।।79।।

अथ दर्दुरे दङ्स्येङ्द्रेङ् कहुलां मटं हि पणवे च।
यं म्मटत्थिदां कहुलां मटत्थि देङि् नेङ्वमिश्रस्तु ।।80।।

(हिन्दी नाट्यशास्त्र, पृष्ठ 376)

मृदंग तथा दर्दुर के संयुक्त वादन में मृदंग के स्वतंत्र प्रहार से जो वर्ण निकलते हैं, वह इस प्रकार से है—ण, ग, र, घें, का, कत्थम्, त्रैखो, कहुलं, तकिता तथा दर्दुर में निकलने वाले वर्ण दङ्, स्येङ्, द्रेङ्, कहुलां, मटत्थि, देङ् नेङ् हैं। पणव में मिश्र या एक साथ निकाले जाने वाले वर्ण निम्नलिखित है—कहुलां ण्णण्णां, खुखप, ण् णेखे, द्रोमो, द्रोण, दे, थे, थो, र्थि, द्धं।

संगीतरत्नाकर के अनुसार अवनद्ध वाद्य के वर्ण

संगीतरत्नाकर युग में पटह को सर्वउन्नत अवनद्ध वाद्य बताया गया है, जो आज के ढोलक या ढोलकी के समान था। इसके दो प्रकार बताये गये हैं मार्ग पटह, देशी पटह। इसलिए अवनद्ध वाद्य की सम्पूर्ण वादन विधि का निरूपण पटह वाद्य के द्वारा किया गया है। पटह पर बजने वाले वर्णों को पाट कहा गया है। हाथ की अँगुलियों से वर्णों की उत्पत्ति होने कारण, वर्णों को हस्तपाट भी कहा गया है। वर्तमान में पाट का साधारण अर्थ बोल या वर्ण से है।

ङवर्जितःकवर्गश्च टतवर्गौ रहावपि ।।822।।
इति षोडश वर्णाः स्युरूभयोः पाटसंज्ञकाः।
संयोगविप्रयोगाभ्यां क्रमव्युत्क्रमयोगतः ।।823।।

सस्वरत्वास्वरत्वाभ्यां पाटास्ते स्युरनेकधा।
उद्दल्यामेव झेंकारों देंकारः कवलेऽधिकः ।।8234।।

(संगीतरत्नाकर, वाद्याध्याय)

ङ को छोड़कर कवर्ग, टवर्ग, तवर्ग और र तथा ह यह दोनों प्रकार के पटह में प्रयुक्त होने वाले 16 वर्ण हैं। संयुक्त तथा असंयुक्त रूप से कम और उल्टे क्रम से स्वरयुक्त और स्वररहित इस प्रकार से अनेक पाट होते हैं। उछली में झेंकार कवल में देंकार उत्पन्न होते हैं। संगीतरत्नाकर में दिये गए सोलह वर्ण इस प्रकार से है–क, ख, ग, घ, ट, ठ, ड, ढ, ण, त, थ, ध, न, र और ह जो मार्ग और देशी दोनों तहर के पटह से उत्पन्न होते हैं, इन्हें पाट एवं इनके समूह को हस्तपाट कहते हैं। भारतोक्त सोलह अक्षरों में ण और न नहीं है, किन्तु म एवं ल होते हैं।

इन पाटों अर्थात् वर्णों के जनक भगवान शिव माने गये हैं। संगीतरत्नाकर में ऐसा बताया गया है कि उनके पश्चिम मुख से नागबन्ध, उत्तर मुख से स्वस्तिक और ईशान मुख से समस्खलित उत्पन्न हुआ। पार्वती के पति शिव के मुख से ये वर्ण उत्पन्न हुये हैं। अतः सारे पाटों में ये पाट सबसे मुख्य माने गये हैं। इन के देवता क्रमशः ब्रह्मा, विष्णु, शिव, सूर्य और चन्द्र हैं।

शिव के पाँच मुँखों से उत्पन्न हस्तपाटों में से प्रत्येक के 7-7 भेद होने से कुल पैंतीस हस्तपाट होते हैं, जो तलपाट भी कहलाते हैं। तल का भी अर्थ हस्त है, इसलिए हस्तपाट का पर्याय तलपट है।

नागबन्धो विपर्यासात् पुटयोः करघाततः।
प्रत्येकं वा पुटद्वन्द्वे कराभ्यां ताडनादयम्।।868।।
इति नागबन्धः

उल्टे क्रम से वाद्य के दोनों मुँह पर हाथों से आघात करने से जो ध्वनि निकलती है, उसे ही नागबन्ध कहा गया है।

सद्योजात से उत्पन्न नागबन्ध के सात हस्तपाट इस प्रकार से है–

1. टनगिन गिननगि इति नागबन्धः *टनगिन गिनगि* यह नागबन्ध है।
2. ननगिड गिडदगि इति पवनः *ननगिड गिडदगि* यह पवन है।
3. गिड गिडदत्था इति एकः *गिड गिडदत्था* यह एक है।
4. किटतक किटतक इति एकसरः *किटतक किटतक* एकसर है।

5. नखु नखु इति दु:सर: *नखु नखु* यह दु:सर है।
6. खिरतकिट इति संचार: *खिरतकिट* यह संचार है।
7. थोंगि थोंगि इति विक्षेप: *थोंगि थोंगि* यह विक्षेप है।

वामदेव से उत्पन्न *स्वस्तिक* के सात हस्तपाट इस प्रकार से हैं-

1. ततकिटकि इति स्वस्तिक: ततकिटकि यह स्वस्तिक है। सिंहभूपाल ने इसके हस्तपाट ततकिटकिट बताये हैं।
2. थो हंता इति बलिकोहल: *थो हंता* यह बलिकोहल है।
3. थोंगिन थोंगिन थोंगिन इति फुल्लाविक्षेप: *थोंगिन थोंगिन थोंगिन* यह फुल्लविक्षेप हैं।
4. थोंथों गोंगों इति कुण्डलीविक्षेप: *थोंथों गोंगों* यह कुण्डलीविक्षेप है।
5. थोंगिणतत्ता इति संचारविलिखी: *थोंगिणतत्ता* यह संचार विलिखी है।
6. किटथों थोंगिन खेंखें इति खण्डनागबन्ध: *किटथों थोंगिन खेंखें* यह खण्डनागबन्ध है।
7. टकु झेंझें इति पूरक: *टकु झेंझें* यह पूरक है।

वामदेव से उत्पन्न *स्वस्तिक* के सात हस्तपाट इस प्रकार से हैं।

1. नग गिडगिड दगिदा इत्यलग्न: *नग गिडगिड दगिदा* यह अलग्न है। संगीतरत्नाकर के टीकाकार सिंहभूपाल ने अलग्न के पाट ततकिट दगिडदा बताये हैं।
2. दत्थरिकि दत्थरिकि इत्युत्सार: *दत्थरिकि दत्थरिकि* यह उत्सार हैं।
3. तकि धिकि तकि धिकि इति विश्राम: तकि धिकि तकि धिकि यह विश्राम है।
4. टगुनगु टगुनगु इति विषमस्खली: *विषमस्खलितो वा: टगुनगु टगुनगु* यह विषमखली है।
5. खिरितु खिरितु इति सरी: खिरितु खिरितु यह सरी है।
6. खिरी खिरी इति स्फुरी: *खिरी खिरी* यह स्फुरी है।
7. नरकित्थरिकि इति स्फुरण: नरकित्थरिकि यह स्फुरण है।

तत्पुरूष से उत्पन्न शुद्ध के सात हस्तपाट इस प्रकार से है।

1. दरिगिड गिडदगिदा इति शुद्धि: *दरिगिड गिडदगिदा* यह शुद्धि है।
2. टटकुटट इति स्वरस्फुरण: टटकुटट यह स्वरस्फुरण है।
3. ननगिन खरिखरि इत्युत्फुल्ल: *ननगिन खरि खरि* यह उत्फुल्ल है।

4. दखें दखें दखें खे इति वलितः दखें दखें दखें यह वलित है। सिंभूपाल ने इसके हस्तपाट दखें दखें खे बतायें हैं।
5. थों गिनगि थों गिनगि इति अवघटः *थों गिनगि थों गिनगि* यह अवघट है।
6. तत्ता इति तकारः तत्ता यह तकार है।
7. धिधि इति माणिक्यवल्लीः यह माणिक्यवल्ली है।

ईशान से उत्पन्न *समस्खलित* के सात हस्तपाट इस प्रकार से है।

1. तझें तझें झें इति समस्खलितः *तझें तझें झें* यह समस्खलित है।
2. गिरिग्ड गिरिग्ड इति विकटः *गिरिग्ड गिरिग्ड* यह विकट है।
3. कण कणकि इति सदृश्यः कण कणकि यह सदृश्य है।
4. धिधिकिटकि इति खली स्खलितो वाः *धिधिकिटकि* यह पाटखली है।
5. दिगिनगि दिगिनगि इत्यडुखली अडुस्खलितो वाः *दिगिनगि दिगिनगि* यह अडुखली है।
6. धरकट धरकट इत्यनुच्छल्लः *धरकट धरकट* यह अनुच्छल्ल है।
7. दोंनकट दोंनकट इति खुत्तः दों*नकट* दों*नकट* यह खुत्त है।

शारंगदेव ने नन्दिकेश्वर द्वारा बताये गये चारों हस्तपाट के स्वरूप एवं उनके वादन की विधि को सोदाहरण बताया गया है, जो इस प्रकार से है–

कनिष्ठाङ्गुष्ठसंयोगाच्छेषाङ्गुलिविवर्तनात्।
कोणाहतो हस्तपाटः शार्ङ्गदेवोदितो यथा ॥852॥

खुंखुधरि खुंखुंधरि करगिड करगिड
इति कोणाहतः

छोटी अँगुलि एवं अँगुठे के संयोग से बाकी सभी अँगुलियों को चक्कर की तरह गोल घुमाने से उत्पन्न होने वाले हस्त पाट को कोणाहत कहा गया है। इसके हस्तपाट इस प्रकार से है–खुंखुंधरि, खुंखुंधरि, करगिड, करगिड।

सिंहभूपाल ने इसके स्वरूप को इस प्रकार से व्यक्त किया है–खुं खुं दरि करकिट।

सर्वाङ्गुल्यग्रघातश्च सर्वाङ्गुलिविवर्तनम्।
यस्य निष्पादकं सोऽत्र संभ्रान्तः कथितो यथा॥853॥
दरगिड दरगिड गिरिगिडद दाणकिट मटटकु।
इति संभ्रान्तः

सभी अँगुलियों के अग्रभाग यानि कि नोक से आघात एवं घुमाने से उत्पन्न ध्वनि में प्रयुक्त हस्तपाट को संभ्रान्त कहा गया है। इस हस्तपाट में प्रयुक्त होने वाले वर्ण इस प्रकार से है-दरगिड दरगिड गिरिगिडद दण किट मटटकु। सिंहभूपाल ने इसके स्वरूप को इस प्रकार से व्यक्त किया है—दरगिड गिरिगिड दण किट मटटकु।

चलनं मणिबन्धस्य पताकस्याथ कम्पनम्।
पादकम्पोऽथ जनको यस्यासौ विषमो यथा।।854।।
दह्रें दह्रें खुंखुं दह्रें खुंखुं दह्रें ततकि ततकि
इति विषमः

कलाई का हिलना, हस्त का कम्पन और पैर का कांप जिन बोलों को बजाने से होता हो, उसे विषम कहा गया है। इसके वर्ण इस प्रकार है—दहें दहें खुंखुं दहें खुंखुं दहें ततकि ततकि। सिंहभूपाल ने इसके स्वरूप को इस प्रकार से व्यक्त किया है—दखु खुं खुदकु ततकि।

पूर्वलक्ष्मविपर्यासाद् भणेदर्धसमो यथा।
ददगिद गिगिरिकिटदगि थों थों गिदथोंगिद।
इत्यर्धसमः

विषम हस्तपाट के लक्षण को उल्ट देने से जो हस्तपाट बनते हैं, वह अर्धसम कहलाता है। इसके पाट इस प्रकार से है—ददगिद गिगिरिकिटदगि थों थों गिदथोंगिद। सिंहभूपाल ने इसके स्वरूप को इस प्रकार से व्यक्त किया है—दडगिदगि गिर गिड दगि थोंगिद।

पटह आदि के 21 हस्तपाट
उत्फुल्लो नखराघातादलपद्मस्य जायते।।855।।
कह्रें कह्रें
इत्युत्फुल्लः 1

अलपद्म नृत्य का संयुक्त हस्तक है। नर्तनाध्याय में दिये गये लक्षण के अनुसार व्यावर्तित नामक करण इसके हथेली पर समस्थिति में रखी हुई जिसकी अँगुलियाँ एक ओर जाती हो, वह अल्लपलव या अलपद्म हस्तक होता है। इस हस्त क़ी मुद्रा से एवं नाखून के आघात करने पर जो ध्वनि उत्पन्न होता वह उत्फुल्ल हस्तपाट होता है। हस्तपाट आदि में जो नृत्य के हस्त कहे गये हैं, उनमें कभी-कभी एकाधिक हस्त और करणों का मेल होता है, इसके वर्ण इस प्रकार से हैं—कह्रें कह्रें यह उत्फुल्ल है।

यदा प्रसारिताङ्गुष्ठःशुकतुण्डस्य हन्यते।
विरलाङ्गुलिभिर्वाधं क्रमेण खलकस्तदा।।856।।
दांगिड गिडदगिद।
इति खलकः

जब फैलाये हुए अँगुठे वाले हस्त की अलग-अलग अँगुलियों के द्वारा क्रम से वाद्य पर आघात करने से जो ध्वनि उत्पन्न होती है, उसे खलक कहा गया है। इसके वर्ण इस प्रकार से है—दांगिड गिडदगिद यह खलक है।

यस्तु दक्षिणहस्तस्य तर्जन्यङ्गुष्ठघाततः।
क्रमव्युत्क्रमघातात्तु वामहस्तेन रेफवत्।।856।।
जायते शार्ङ्गिणोक्तोऽसौ पाण्यन्तरनिकुट्टकः
दगिडदां खरिक्कदां खरिक्क खरिक्कदांदां खरिखरिदां गिडदां।
इति पाण्यन्तरनिकुट्टकः।

दाहिने हाथ की तर्जनी और अँगुठे के आघात के बाद बायें हाथ से रेफ की तरह अर्थात् सारी अँगुलियों का क्रम से आघात और उल्टे क्रम के आघात से जो ध्वनि उत्पन्न होती है, उसे ही शारंगदेव ने पाण्यन्तरनिकुट्टक कहा है। इसके वर्ण इस प्रकार से है—दगिडदां खरिक्कदां खरिक्क खरिक्कदांदां खरिखरिदां गिडदां यह पाण्यन्तरनिकुट्टक है।

ऊर्ध्वघातं पताकेन कृत्वैकमथ रेफतः
कृतौ यत्रोर्ध्वघातौ द्वौ दण्डहस्तो भवेदसौ।।858।।
दातरिकिट दां खरिखरिदां
इति दण्डहस्तः

पताक अर्थात् हस्त से उपर के भाग पर एक बार आघात करके फिर रेफ से जब उपर के भाग पर दो बार आघात किया जाए तब उससे जो ध्वनि उत्पन्न होती है, उसे दण्डहस्त कहा गया है। इसके वर्ण इस प्रकार से है—दातरिकिट दां खरिखरिदां यह दण्डहस्त है।

क्रमाद्रेफोर्ध्वहस्ताभ्यां पिण्डहस्तः प्रजायते।।859।।

क्रम से रेफ यानि बायें हाथ की सारी अँगुलियों से उल्टे क्रम में बजाना तथा ऊर्ध्वहस्तों से अर्थात् दाहिनें हाथ की हथेली से तीव्र आघात करने पर जो ध्वनि उत्पन्न होती है उसे ही पिण्डहस्त कहा गया है। इसके वर्ण इस प्रकार से है—थरिकटझें थरिकटझें।

रेफात्मभ्यां कराभ्यां चेदूर्ध्वघातद्वयं पृथक्।
क्रियते पाटनिष्पत्त्यै युगहस्तस्तदा भवेत्।।860।।

पाट या वर्ण उत्पन्न करने के लिये यदि रेफ स्वरूप वाले दोनों हाथें से अलग-अलग ऊपर के भाग पर दो आघात किये जाते हैं, तब उससे जो ध्वनि उत्पन्न होती है, उसे युगहस्त कहा गया है। इसके वर्ण इस प्रकार से है–द्रेंद्रें दांदां।

ऊर्ध्वहस्तो दक्षिणेन तलेनोद्‌गाढघातकः।

दाहिने हाथ की हथेली से तीव्र आघात करने से जो ध्वनि उत्पन्न होती है, उसे ऊर्ध्वहस्त कहा गया है। इसके वर्ण इस प्रकार है–दरगिड दांदां।

ऊर्ध्वघातद्वयं कृत्वा तलहस्तेन हन्यते।।861।।
यदा वाद्यपुटद्वन्द्वं स्थूलहस्तस्तदोदितः।

अवनद्ध वाद्य के ऊपर वाले दोनों भागों अर्थात् वाद्य के मुँह पर लगे हुये चमड़े पर जब तलहस्त से आघात किया जाता है तब जो ध्वनि उत्पन्न होती है, उसे ही स्थुलहस्त कहा गया है। इसके वर्ण इस प्रकार है–खुंखुंद खुंखुंद।

अर्धपाणिरर्धाभ्यां करयोस्ताडनाद् भवेत्।।862।।

हाथ के आधे भाग से प्रहार करने से जो ध्वनि उत्पन्न होती है उसे अर्धार्धपाणि कहा गया है। इसके वर्ण कुछ इस प्रकार से है–खुंदा खुदां।

वादनं नखराग्रेण पार्श्वपाणिरुदाहृतः

नख की नोक से जब वादन किया जाता है, तब वह पार्श्वपाणि कहलाता है।

अर्धपाणिर्भवेदेककराग्रकृतताऽनात्।।863।।

एक हाथ के आगे के भाग से प्रहार करने से जो ध्वनि उत्पन्न होता है। उसे अर्धपाणि कहा गया है। इसके वर्ण इस प्रकार से है–दगिड दगिड दरगिड दरगिड।

प्रचालनाद्वामहस्ताङ्गुलीनां कर्तरी मता।

बायें हाथ की अँगुलियों द्वारा कंपयुक्त प्रहार से जो ध्वनि उत्पन्न होती है वह कर्तरी मानी गई है। इसके वर्ण इस प्रकार है–टिरि टिरि किटथों दिगिदा तिरि टिरि किटझेंझें तकिकिट।

कर्तरीभ्यां समं घातःकराभ्यां समकर्तरी।।864।।

दो कर्तरी से दोनों हाथ से एकसाथ आघात करने पर जो ध्वनि निष्पादित होती है, वह समकर्तरी कहलाता है। इसके वर्ण इस प्रकार से है–झिंनकिट कनकिट किटझेंथों दिगिद तिरिटि तिरिटिकि।

क्रमेण ताडनाद् द्वाभ्यां भवेद् विषमकर्तरी।

दोनों हाथ से एक के बाद एक प्रहार करने से जो ध्वनि निष्पादित होती है, उसे विषमकर्तरी कहा जाता है। इसके वर्ण इस प्रकार से है—टिरि टिरि थों दिगिद टिरि टिरि किद।

अङ्गुष्ठाङ्गुलिसंघातौ हस्तयोर्युगपद् यदा।
पीडयेतां पुटद्वन्द्वं समपाणिस्तदा भवेत्।।865।।

दोनों हाथ के अँगूठे एवं अँगुलियों को आपस में सटाकर यानि एक साथ पुड़ी पर जब दबा के वादन किया जाए तब वह समपाणि कहलाता है। इसके बोल इस प्रकार से है—दां गिड गिड दांदां।

व्यत्ययाद् व्यापृतौ हस्तौ साङ्गुष्ठाङ्गुलिभिः क्रमात्।
यस्मिन विषमपाणिं तं ब्रूते शङ्करवल्लभः।।866।।

दोनों हाथ अँगूठे सहित अँगुलियों के क्रम से अर्थात् दाहिना हाथ दाहिनें मुख पर तथा बायाँ हाथ से बायें मुख पर वादन किया जाए, तो इस क्रिया को शारंगदेव ने विषमपाणि बताया है। इसके वर्ण इस प्रकार है—दांदां गिड गिड दांदां।

समपाणेस्तु विरलाङ्गुलित्वे पाणिहस्तकः।।867।।

अलग-अलग अँगुलियों से निष्पादित ध्वनि को पाणिहस्त कहा गया है, इसके वर्ण इस प्रकार से है—तरगिड तरगिड।

तलेन हत्वा प्रहरेत् साङ्गुष्ठाङ्गुलिभिःक्रमात।
पुटमेकैकपाणिश्चेद् भवेदवघटस्तदा।।869।।

हथेली से आघात करके यदि एक-एक हाथ अँगुठे सहित अँगुलियों के क्रम से प्रहार किया जाये तब उससे जो ध्वनि निष्पादित होती है, उसे अवघट कहा गया है।

पुटमेकं निहन्यातां स्वस्तिके स्वस्तिकौ करौ।

दोनों हाथ से एक ही पुड़ी पर आघात करने से जो ध्वनि उत्पन्न होती है, उसे स्वस्तिक कहा गया है। इसके वर्ण इस प्रकार से है—तकिट तकिटतकि।

समं करतलाभ्यां तु पुअघातात् समग्रहः
तले केचिदिह प्राहुरङ्गुष्ठाङ्गुलिवर्जिते।।870।।

दोनों हथेलियों से पुटों पर एक साथ आघात करने से समग्रह होता है। इसमें कुछ लोग अँगूठे और अँगुलियों के बिना दोनों तल कहते हैं। इसके वर्ण इस प्रकार से हैं—तकिट किटतक।

इस प्रकार ये इक्कीस हस्तपाट पटह और दूसरे अवनद्ध वाद्यों में साधारण रूप से होते हैं। सोलह हस्तपाट हुडुक्क एवं पटह के लिये विशेष रूप से बताये गये हैं, जो इस प्रकार से है–उल्लोल, पाण्यन्तर, निर्घोष, खण्डकर्तरी, दण्डहस्तक, समनख, यमलहस्तक, रेचित, भ्रमर, विद्युत्, विलास, अर्धकर्तरी अलग्न, नामक, रेफ, समपाणि तथा परिवृत्त। इन हस्तपाटों को प्रायः हुडुक्क पर बजाये जाने के विषय में बताया गया है।

आठ विषम पाठ भी बताये गये हैं, जो कि इस प्रकार से है–तलप्रहर, प्रहर, वलित, गुरूगुंजित, अर्द्धसंञ्च, त्रिसंञ्च, विषम तथा अभ्यस्त। सञ्च और विच्छुरित नामक दो अलग पाट होते हैं। भ्रमर और कुंचित ये दो चित्रपाट माने गये हैं।

शारंगदेव ने नागबन्ध से लेकर खुत्त तक 35 हस्तपाट उसके पश्चात् नन्दिकेश्वर के चार हस्तपाट तत्पश्चात् विभिन्न वाद्यों के 21, 16, 8 तथा 2 इस प्रकार कुल 88 हस्तपाट बताये हैं।[5]

वाचनाचार्य श्रीसुधाकलश रचित संङ्गीतोपनिषतसरोद्धार के अनुसार प्राचीन वर्ण

संङ्गीतोपनिषतसरोद्धार ग्रंथ में मुख्य अवनद्ध वाद्यों के रूप में मुरज, मृदंग, ढक्का, निसाण, त्रिवली तथा पटह का वर्णन हुआ है। हाथों के प्रहार से जो 35 पाट या वर्ण उत्पन्न होते हैं, उनके नाम इस प्रकार से है–नागबन्ध, स्वास्तिक, शुद्ध अलग्नक तथा समखली। इन सभी के सात-सात भेद हैं, जो कि निम्नलिखित है–

नागबन्ध

नननननगि।	नागबन्धः ।।1।।
ननगिड। ग्डिदगि।।	पणवः ।।2।।
ग्डिदि ग्डिदि।।	एका ।।3।।
ननग्डिदि।	एकसरा ।।4।।
नखुं नखुं।।	दूसरा ।।5।।
ख च त किट।।	संचार ।।6।।
धिक धिकट।।	विचारः ।।7।।

स्वस्तिक

थों गि।।	स्वस्तिकः ।।1।।
धों हंत।।	बलिकोहलः ।।2।।

थों गिण थों थों गि।।	फुल्लविक्षेप: ।।3।।
थुंदि गण।।	चार: ।।4।।
किट थों।।	विनिषण्णक: ।।5।।
थों गि खें खें।।	खण्डनाग: ।।6।।
थिरकट तों।।	विश्वास: ।।7।।

शुद्ध

नर्हि खर्हि गि।।	शुद्ध: ।।1।।
ननगि खर्हि।।	स्वरस्फुरण: ।।2।।
ननगि नखर्हि नखर्हि।।	उच्छला ।।3।।
ग्डिदि ग्डि खर्हि।।	सुप्रिय: ।।4।।
थोंगि खर्हि।।	दम: ।।5।।
ग्डिदि तत्ता।।	नकार: ।।6।।
धिद्धि।।	मानवल्ली ।।7।।

अलग्नक

ननगिड ग्रिडि दा।।	अलग्नक: ।।1।।
थुंदिगण कत्थउ।।	शुद्धरूप: ।।2।।
तकि धिकि।।	विश्राम: ।।3।।
टगु टगु टगु नगु।।	विषमखली ।।4।।
तत्तत्त कट।।	आनन्द: ।।5।।
झें टिगु झि।।	शुचि: ।।6।।
तत्त कट धिद्धि कट।।	फुरणा ।।7।।

समखली

नगि झें नगि झें।।	समखली ।।1।।
गिड्द गु गिड्द गु।।	विकटा ।।2।।
तक्कत्थउ धि।।	सुघटा ।।3।।
झें दिथों।।	अवघटा ।।4।।
टद्धि तत्ता तद्धि तत्त।	शुभा ।।5।।
नगिदिनगि।।	अडुखली ।।6।।
थरकट। थरकट	अनुच्छल्ला ।।7।।

पाटा अमी मृदङ्गस्य पञ्चत्रिंशदुदाहृता:।
अन्येऽपि बहवो भेदा:कर्त्तरी समकर्त्तरी ।।80।।

समनखः पाणिहस्तः स्वस्तिको भ्रमरादयः।
हस्ताभ्यां वाद्यरीतिश्च नोक्ता ग्रन्थगुरुत्वतः।।81।।

यहाँ मुख्यरूप से मृंदग के 35 पाट या वर्ण बताये गये हैं। इसके अतिरिक्त और भी वर्ण है जैसे—कर्तरी, समकर्तरी, समनख, पाणिहस्त, स्वास्तिक और भ्रमर आदि। यहाँ पर ग्रंथकार ने केवल हाथों के द्वारा वर्ण निकालने की विधि को बताया है। उनके अनुसार सभी का वर्णन किया जाये तो ग्रंथ बहुत ही लम्बा हो जायेगा।[6]

सन्दर्भ

1. पं० डालचंद्र शर्मा जी के साक्षात्कार तथा पं० पुरूषोतम दास जी द्वारा रचित मृदंग वादन के आधार पर।
2. हिन्दी नाट्यशास्त्रः बाबूलाल शुक्ल शास्त्री, पृष्ठ 356।
3. हिन्दी नाट्यशास्त्रः बाबूलाल शुक्ल शास्त्री, पृष्ठ 359।
4. हिन्दी नाट्यशास्त्रः बाबूलाल शुक्ल शास्त्री, पृष्ठ 364-377।
5. संगीतरत्नाकर सरस्वती व्याख्या तृतीय खंडः सुभद्रा चौधरी पृष्ठ 442-459।
6. श्री सुधाकलशविचरित संगीतोपनिषत्सारोद्धारः अनुवादकर्त्ता एलयन मिनर, पृष्ठ 126-131।

4

पखावज के प्रचलित तालों का अध्ययन

पखावज के वर्णों का सचित्र विवरण

'ता'

दायें हाथ की हथेली को गोकर्ण के समान इस मुद्रा में पखावज के दायें मुखपर आघात करने से **'ता'** शब्द की ध्वनि उत्पन्न होती है।

'दी'

दायें हाथ की हथेली को एक साथ मिलाकर इस मुद्रा में पखावज के दायें मुख पर आघात करने से **'दी'** शब्द की ध्वनि उत्पन्न होती है।

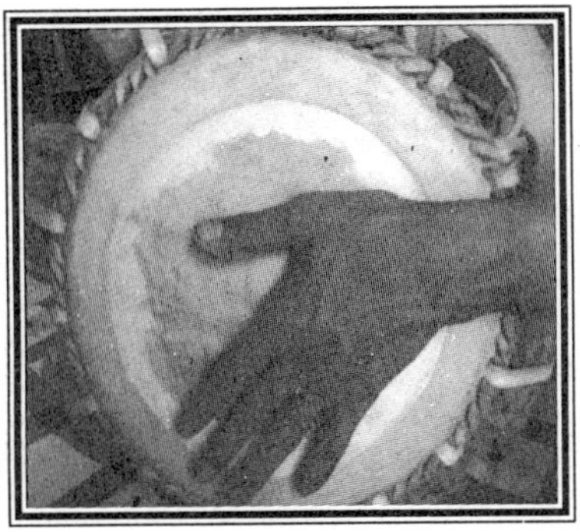

'गी'

पखावज के बायें भाग पर ऑटे के उपर इस आकृति के अनुसार हथेली से आघात करने पर **'गी'** या **'ग'** शब्द की ध्वनि उत्पन्न होती है।

'धे'

इस आकृति के अनुसार पखावज के बायें भाग पर बायें हाथ के अग्रभाग से आघात किया जाये, तब इससे **'धे'** शब्द की ध्वनि उत्पन्न होती है

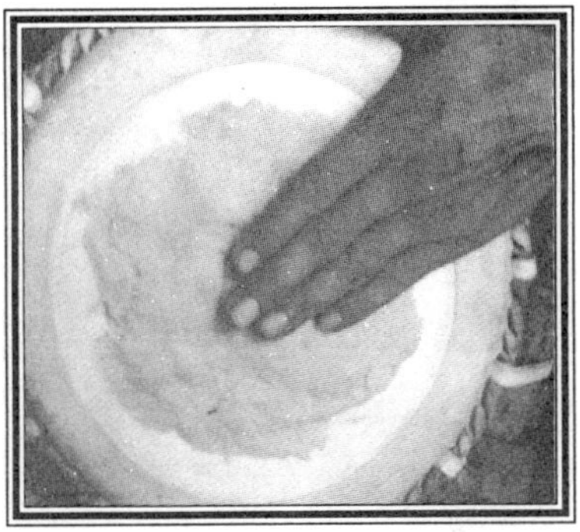

'दीं'

दायें हाथ के हथेली के अग्रभाग से खुला आघात करने पर, **'दीं'** शब्द की ध्वनि उत्पन्न होती है।

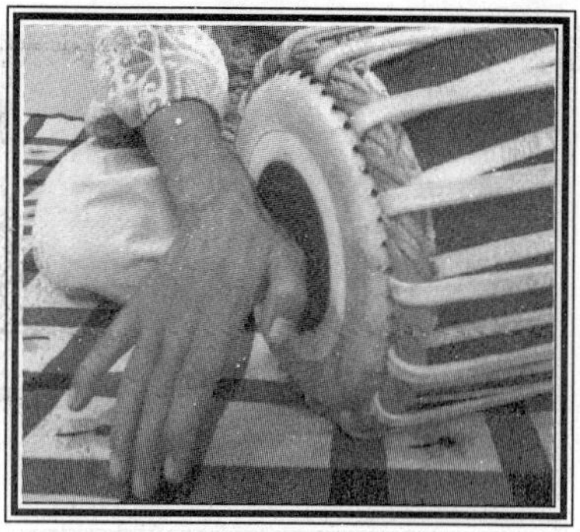

'धु'

इस आकृति के अनुसार दायें हाथ के गट्टे से स्याही के अग्रभाग पर घसीट लगाने से **'धु'** शब्द की ध्वनि उत्पन्न होती है।

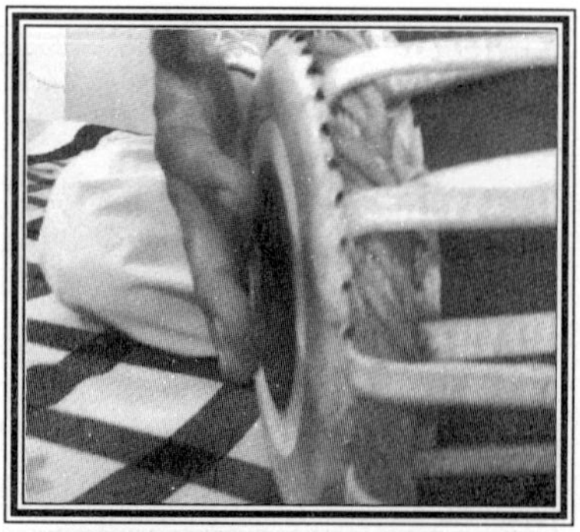

'धा'

ता एवं धे वर्णों को एक साथ पखावज पर प्रहार करने से **'धा'** शब्द उत्पन्न होता है।

'ट'

अँगुठे के बाद वाली अँगुली से स्याही पर आघात करने से **'ट'** शब्द उत्पन्न होता है।

'थूं'

पखावज के बायें भाग पर खुला प्रहार करने से **'थूं'** शब्द की ध्वनि उत्पन्न होती है।

थाप का 'क'

कनिष्ठा अँगुलि से ऊपर की ओर आघात करने से जो ध्वनि उत्पन्न होती है, वह थाप *का* **'क'** या **'का'** कहलाता है।

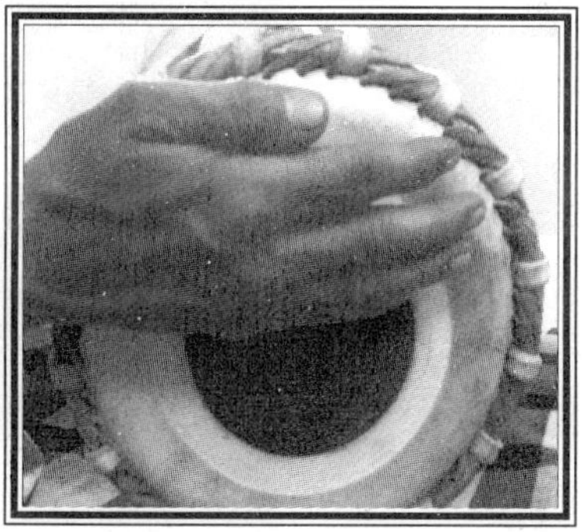

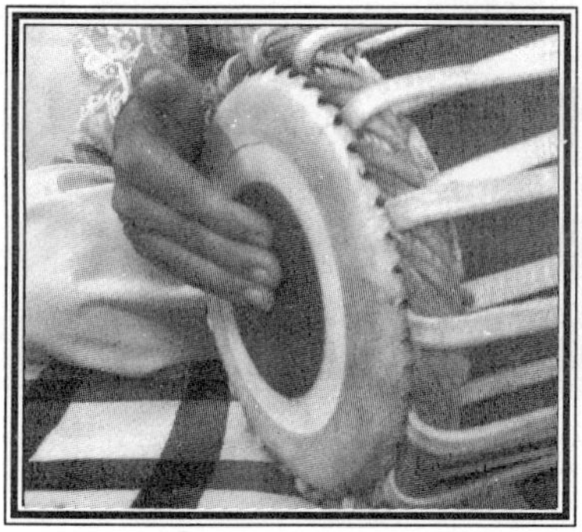

'तेत्' या 'कत्'

दायें हाथ के अँगुलियों के अग्रभाग से स्याही पर आघात करने से **'तेत्'** या **'कत्'** की ध्वनि उत्पन्न होती है।

'क'

बायें हाथ के हथेली से पखावज के बायें भाग पर आघात करने से **'क'** शब्द की ध्वनि उत्पन्न होती है।

'न'

विभिन्न प्रकार से

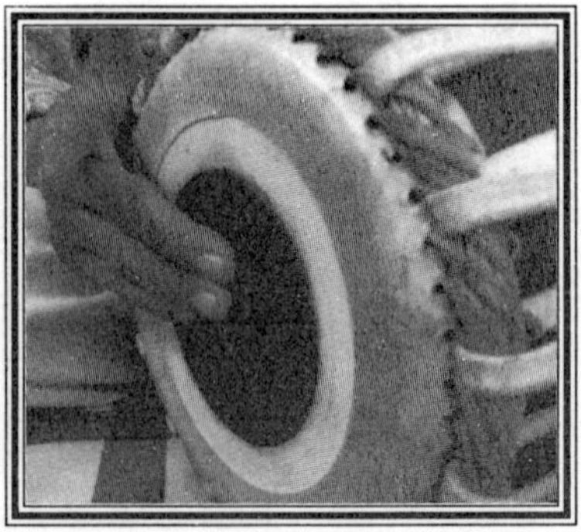

'न'

'न' **'न'**

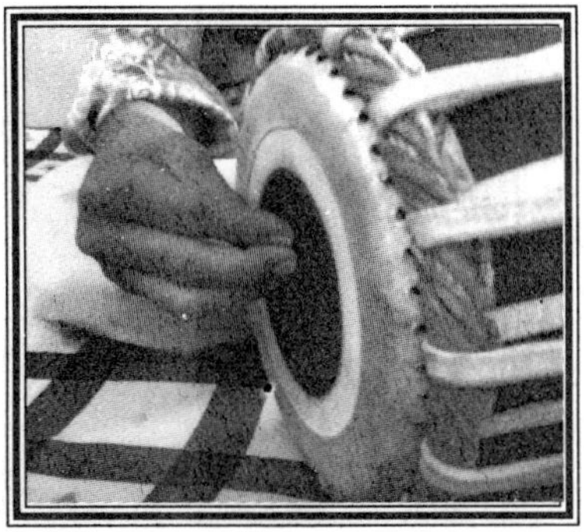

'कू'

दायें हाथ की सभी अँगुलियों को आपस में मिलाकर स्याही के ऊपर आघात करने से **'कू'** शब्द की ध्वनि उत्पन्न होती है।

'कि'

पखावज के दायें भाग पर कनिष्ठा, अनामिका तथा मध्यमा अँगुलि के प्रहार से **'कि'** शब्द उत्पन्न होता है।

'खिर्र', थर्र, पर्र

स्याही पर अनामिका अँगुलि के अग्रभाग से आगे की ओर घीसा लगाया जाये तो इससे उत्पन्न ध्वनि **'खिर्र' 'थर्र' 'पर्र'** कहलाता है।

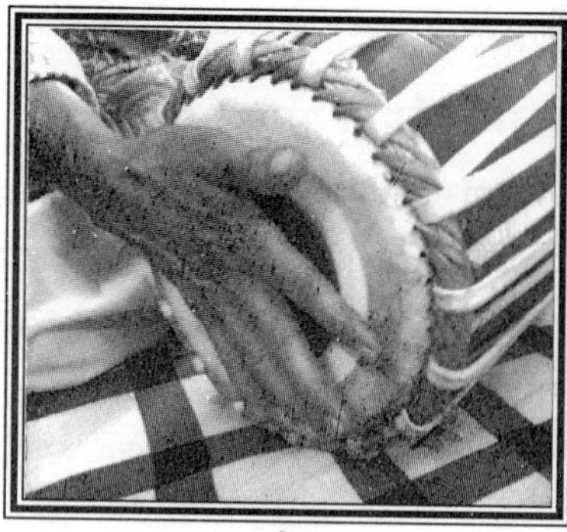

'झें'

'रा'

प्रस्तुत पखावज के वर्णों की छाया चित्र पं० डालचंद शर्मा जी की है।

ताल शब्द की व्याख्या

किसी विद्वान ने ठीक ही कहा है कि अनिबद्ध या तालविहीन संगीत आरण्यक संगीत है तथा निबद्ध या तालयुक्त संगीत सामाजिक संगीत है। बिना ताल के केवल स्वरों का आनन्द हृदय में उल्लास व उत्तेजना करने में असमर्थ होता है एवं अनिबद्ध संगीत के निरन्तर श्रवण से उदासीनता छा जाती है। ध्रुपद या ख्याल गायकों के विस्तृत तालहीन अलापों में 'लीयते परमानन्दे यथात्मा सा पर कला' की अभिव्यक्ति हेतु ही सम्भवतः पखावज या तबले की थाप पर अनिबद्धता की समाप्ति दर्शाते हैं एवं ज्योंहि ताल एवं स्वरों का समन्वय होता है, रसिक मन उल्लासित एवं उत्तेजित हो उठता है। काल क्रिया के नाप को ही ताल कहा जाता है, जैसा कि अमरकोष में उल्लिखित है–

'तालः काल क्रियामानम्'

ताल संगीत को निश्चित नियम या समय के बंधन में बाँधता है। जिस प्रकार जीवन में निश्चित समय क्रम का अभाव सुख और समृद्धि का अभाव है, उसी प्रकार तालहीन विश्रृंखल संगीत में सार्थकता नहीं। ताल संगीत में विभिन्न सौन्दर्यपूर्ण चलन शैलियों का विकास करता है जिससे संगीत के संयम की रक्षा होती है। ताल के द्वारा ही प्राचीन एवं वर्तमान संगीत को स्वर एवं बोललिपि द्वारा भविष्य के लिए सुरक्षित रख पाना संभव हो सका है।

निश्चित ताल गति के फलस्वरूप ही संगीत के क्रमिक आरोह, अवरोह, विराम आदि अत्यन्त प्रभावोत्पादक हो जाते हैं। तालों में गति भेद उत्पन्न कर रस निष्पत्ति सम्भव होती है। करूण, श्रृँगार रौद्र, वीभत्स आदि रसों के लिये तालों की विभिन्न गतियों का बड़ा महत्व है। 'संगीतरत्नाकर' व 'नारदार्थ रागमाला' के निम्न

श्लोक के माध्यम से कहा गया है कि जिस प्रकार देह में प्रधान मुख है और मुख में नासिका उसी प्रकार तालविहीन संगीत नासिकाविहीन मुख के समान है–

मुख प्रधान देहस्य नासिका मुख मध्यके।
तालहीनमं तथा गीतं नासाहीनं मुखं यथा।।

गीत वाद्य एवं नृत्य की तुलना मदमत हाथी से कर ताल को अंकुश की उपमा दी गई है। ताल शब्द की व्युत्पत्ति में ऐसे अनेक तथ्यों का आधार लिया गया है, जिनके लक्षण प्राचीन ग्रंथों में उपलब्ध होते हैं। ता, धित्, थू, ना आदि शब्दों के द्वारा अखण्ड कालगति को छन्द या पदों में विभाजित करने के जो प्रयोग हुये, उन्हें ही ताल कहा गया है–

कालस्य एकद्वित्रयादिमात्रोच्चारण नियमितस्य।
क्रियाया: परिस्पन्दनाभिकाया: परिच्छेदहेतुस्ताल:।।

(मृदंग मंजरी, पृ० 27)

संगीतावर्ण संस्कृत ग्रंथ में तांडव (पुरूष नृत्य से 'ता' तथा लास्य (स्त्री) नृत्य से 'ल' वर्णों के संयोग से ताल शब्द की व्युत्पत्ति दर्शाई गई है–

तांडवस्याद्यवर्णेन लकारो लास्य शब्दभाक्।
यदा संगच्छते लोके तदा ताल: प्रकीतित:।।

(मृदंग मंजरी, पृ० 27)[1]

ऐसा प्रतीत होता है कि भारतीय संगीत में लय निर्वाह की सबसे प्राचीन प्रणाली हाथ से ताल देने की रही होगी एवं साथ ही पदचाप द्वारा लय के निर्वाह का प्रयास किया गया होगा। भारत की नहीं बल्कि विश्व में लयात्मकता का यही क्रम रहा होगा। अन्य देशों का संगीत केवल लय साम्यों की विविधता में ही सीमित रह गया, किन्तु भारतीय संगीत की विभिन्न धाराओं में इसी लयात्मकता का ताल शास्त्र के रूप में जो व्यवस्थित व वैज्ञानिक विकास हुआ, उसके समान दृष्टान्त अन्य देशीय स्वरूपों में दृष्टिगोचर नहीं होता है।

प्राचीन ग्रंथों के आधार पर ताल को विभिन्न प्रकार से परिभाषित करने का प्रयास किया गया है। प्राचीन ग्रंथकारों ने भी अपने-अपने शब्दों में ताल की विस्तृत व्याख्या की है।

पखावज के प्रमुख ताल

चारताल 12 मात्रा

उत्तर भारतीय संगीत में आज चारताल का प्रयोग सर्वत्र दिखाई पड़ता है। डॉ०

अरूण कुमार सेन के अनुसार इस ताल का प्रचलन गोपाल नायक, बैजू बावरा एवं तानसेन के युग में भी था। सुबोध नन्दी कृत बंगला पुस्तक 'भारतीय संगीत ताल और छन्द' के पृष्ठ 57 पर संगीत भाष्य के अनुसार द्वापर युग में इसे 'रास ताल' तथा 'मोहन ताल' के नाम से जाना जाता था।

ध्रुपद गायकी के साथ इस ताल का अधिक प्रयोग होने के कारण कुछ लोग इसे ध्रुपद ताल के नाम से भी संबोधित करते हैं। जिस प्रकार तबले के स्वतंत्र वादन के लिये तीनताल को उचित माना गया है, ठीक उसी प्रकार से पखावज में स्वतंत्र वादन के लिये चारताल को उपयुक्त माना गया है।

पखावज के इस प्रारम्भिक ताल को अनेक नामों से जाना जाता है जैसे—चारताल, चौताल, चन्दनाग, मंजी, बहट और बंगाल में बड़ा चौताल। स्वतंत्र वादन के क्रम में इसके अन्तर्गत रेला, चक्रदार, विभिन्न प्रकार के परण एवं तिहाईयाँ बजाई जाती है। यह चतुरस्य जाति का ताल है तथा इस ताल का छन्द 2, 2, 2, 2, 2, 2 है।

"ध्रुपद गायकी और मृदंग का द्वादसा मात्रा का चौताल। एक पाँच नव ग्यारह ताली तीन सात पर निश्चित खाली। गुणियों ने निश्चित कर दी है षट अंगों में इसके भाग। बहुधा मध्य लय में बजता चौताले का ठेका जान।"

संगीतरत्नाकर में वर्णित तालों के क्रम 100 पर वर्णायति ताल है। इसका 'लक्षण लौ द्वौ वर्णायति भवेत्' अर्थात् 2 लघु और 2 द्रुत दिये गये हैं, जो वर्तमान चारताल के समान ही है।

ठेका विलम्बित लय

मात्रा 12 विभाग 6 ताली 1, 5, 9, 11 एवं खाली 3 और 7 पर।

धा	धा	दिं	ता	किट	धा	दिं	ता	तेटे	कत	गदि	गन
×		0		2		0		3		4	

डेढ़गुन की लय

धाऽधा	ऽदिंऽ	ताऽकि	टधाऽ	दिंऽता	ऽतेटेऽ	कतग	दिगन
×		0		2		0	
धाऽधा	ऽदिंऽ	ताऽकि	टधाऽ	दिंऽता	तेटेऽ	कतग	दिगन
3		4		×		0	
धाऽधा	ऽदिंऽ	ताऽकि	टधाऽ	दिंऽता	ऽतेटेऽ	कतग	दिगन
2		0		3		4	

दुगुन की लय

धाधा	दिंता	किटधा	दिंता	तेटेकत	गदिगन
×		0		2	
धाधा	दिंता	किटधा	दिंता	तेटेकत	गदिगन
0		3		4	

तीगुन की लय

धाधादिं	ताकिटधा	दिंतातेटे	कतगदिगन
×	0	2	0
धाधादिं	ताकिटधा	दिंतातेटे	कतगदिगन
3	4	×	0
धाधादिं	ताकिटधा	दिंतातेट	कतगदिगन
2	0	3	4

चौगुन की लय

धाधादिंता	किटधादिंता	तेटेकतगदिगन	धाधादिंता
×		0	
किटधादिंता	तेटेकतगदिगन	धाधादिंता	किटधादिंता
×		0	
तेटेकतगदिगन	धाधादिंता	किटधादिंता	तेटेकतगदिगन
3		4	

गणेश परण (7 वीं मात्रा से)

गणपति	सुरमुनि	वंऽदेऽ	बुऽद्धिवि
0		3	
नायक	गजमूख	चत्रभूज	विघनह
4		×	
रणशुभ	करणस	हाऽयक	दींगतक
0		2	

थुंगतक	किटतकधदिगन	थेऽईथे	ऽईथेऽ	ईथेऽई	थेईकिटतक
0		3		4	
थुंगतक	किटतकधदिगन	थेऽईथे	ऽईथेऽ	ईथेऽई	थेईकिटतक
×		0		2	
थुंगतक	किटतकधदिगन	थेऽईथे	ऽईथेऽ	ईथेऽई	थेईकिटतक
0		3		4	

बजन्त के बोल

धेटेधेटे	धेटेधेटे	थेत्ताऽ	थीत्तक
0		3	
कताकिट	धेटेधेटे	धेटेधेटे	तगिन्धि
4		×	
किटधिट	तगिन्धि	ताऽकिट	किटतक
0		2	

गदिगन	किटतकधदिगन	धाऽनधा	ऽनधाऽ	नधाऽन	धाऽकिटतक	
0		3		4		
गदिगन	किटतकधदिगन	धाऽनधा	ऽनधाऽ	नधाऽन	धाऽकिटतक	
×		0		2		
गदिगन	किटतकधदिगन	धाऽनधा	ऽनधाऽ	नधाऽन	धाऽकिटतक	धा
0		2		3		×

मध्य लय का प्रस्तार

धाऽदींऽताऽगदि	गनधाऽदींऽताऽ	
×		
क्रिऽधाऽदींऽताऽ	किटतकगदिगन	
0		
धाऽदींऽताऽकत्	कत्धिकिटधाऽन	
2		
धाऽऽऽगदिगन	धाऽदींऽताऽकत्	
0		
कत्धिकिटधाऽन	धाऽऽऽगदिगन	
3		
धाऽदींऽताऽकत्	कत्धिकिटधाऽन	धा
4		×

इस बंदिश का विस्तार कलाकार अपनी-अपनी क्षमता के अनुसार विभिन्न प्रकार से करते हैं। पं० डालचंन्द्र शर्मा जी के अनुसार इस बंदिश की चलन पीपिलीका यति के समान होती है।

रेला

धाऽकिट	तकिटत	काऽकिट	धुमकिट	तकिटता	काऽकिट
×		0		2	
तकधुम	किटतकि	टतकाऽ	किटधुम	किटतक	धदिगन
0		3		4	

विस्तार

1.	धाऽऽऽ	धाऽकिट	तकिटत	काऽकिट	धाऽऽऽ	धाऽकिट
	×		0		2	
	त.किटत	काऽकिट	धाऽऽऽ	धाऽकिट	तकिटत	काऽकिट
	0		3		4	
2.	किटतक	दींऽकिट	तकिटत	काऽकिट	किटतक	दींऽकिट
	×		0		2	
	तकिटत	काऽकिट	किटतक	दींऽकिट	तकिटत	काऽकिट
	0		3		4	
3.	किटतक	नन्किट	तकिटत	काऽकिट	किटतक	नन्किट
	×		0		2	
	तकिटत	काऽकिट	किटतक	नन्किट	तकिटत	काऽकिट
	0		3		4	
4.	किटतक	ताऽकिट	तकिटत	काऽकिट	किटतक	ताऽकिट
	×		0		2	
	तकिटत	काऽकिट	किटतक	ताऽकिट	तकिटत	काऽकिट
	0		3		4	
5.	धाऽकिट	तकिटत	काऽकिट	धुमकिट	तकिट	तकाकिट
	×		0		2	
	धाऽकिट	तकिटत	काऽकिट	धुमकिट	तकिट	तकाकिट
	0		3		4	
6.	धुमकिट	धुमकिट	तकिटत	काऽकिट	धुमकिट	धुमकिट
	×		0		2	
	तकिटत	काऽकिट	धुमकिट	धुमकिट	तकिटत	काऽकिट
	0		3		4	

7.

तकिटत काऽकिट	तकिटत काऽकिट	तकिटत काऽकिट
×	0	2
तकिटत काऽकिट	तकिटत काऽकिट	तकिटत काऽकिट
0	3	4

तिहाई

धाऽकिट तकिटत	काऽकिट धाऽकिट	तकिटत काऽऽऽ	
×	0	2	
धाऽकिट तकिटत	काऽऽऽ क्राऽनऽ	धाऽऽऽ ऽऽऽऽ	
0	3	4	
किटतक धदिगन	धाऽऽऽ ऽऽऽऽ	किटतक धदिगन	
×	0	2	
धाऽऽऽ किटतक	धदिगन धाऽऽऽ	किटतक धदिगन	धा
0	3	4	×

चक्रदार परण

धुमकिट धुमकिट	तकिटत काऽकिट	धुमकिट धुमकिट	तकिटत काऽकिट
×	0	2	0
धुमकिट तकिटत	काऽकिट धुमकिट	तकिटत काऽकिट	धुमकिट तकिटत
3	4	×	0
काऽकिट तकिटत	काऽकिट धुमकिट	तकधुम किटतक	धदिगन ताऽऽऽ
2	0	3	4
धाऽऽऽ धुमकिट	तकधुम किटतक	धदिगन ताऽऽऽ	धाऽऽऽ धुमकिट
×	0	2	0
तकधुम किटतक	धदिगत ताऽऽऽ	धा	
3	4	×	

साधारण परण

धागेतेटे धागेतेटे	तागेतेटे तागेतेटे	क्रिधेतेटे धागेतेटे
×	0	2
गदिगन नागेतेटे	क्रिधेतेटे धागेतेटे	गदिगन नागेतेटे
0	3	4

किधेतेटे धागेतेटे	गदिगन नागेतेटे	कतेटेता गीनधागे
×	0	2
तेटेकत गदिगन	धाऽऽऽ तेटेतेटे	कतेटेता गीनधागे
0	3	4
तेटेकत गदिगन	धाऽऽऽ तेटेतेटे	कतेटेता गीनधागे
×	0	2
तेटेकत गदिगन	धा	
3	×	

धकिट का प्रकार

धकिटध किटकिट	धाधाकिट क्रिधाकिट	धकिटधा किटतकधदिगन
×	0	2
धाऽकिट धकिटधा	तेटेकतगदिगन धाऽकिट	धाऽकिटधाऽ तेटेकगदिगन
0	3	4
धा		
×		

धकिटध किटधागे	दींऽताऽ क्रिधाऽन	ताऽधाऽ कतधाऽ	किटतकधाऽदिगन
×	0	2	0
धाऽकत्	धाऽकिटतक धादिगनधाऽ	कत्धाऽ किटतकधाऽदिगन	धा
	3	4	×

धकिटध किटधागे	दींऽताऽ क्रिधाऽन	ताऽधाऽ कतधाऽ
×	0	2
किटतकधदिगन	धाऽकत धाऽ	किटतक धदिगन
0	3	4

धकिटध किटधागे	दींऽताऽ क्रिधाऽन	ताऽधाऽ कतधाऽ
×	0	2
किटतकधदिगन	धाऽकत धाऽ	किटतक धदिगन
0	3	4

ताल धमार 14 मात्रा

''ताल धमार मृदंग की शोभा गज सम इसकी चाल निराली। चारचाल से अधिक दो मात्रा पर है चार विभागां वाली। एक छ: ग्यारह पर ताली और निश्चित है आठ पर खाली। संगत हो या सोलो वादन सभी में है यह अति निराली।''

प्राचीन तालों के अन्तर्गत धमार ताल का अपना एक महत्वपूर्ण स्थान है। पखावज का यह एक अति प्राचीन ताल है तथा वर्तमान में भी प्रचलित है। कुछ विद्वान इसे द्वापर युग में गाया जाने वाला होली गायन शैली के साथ प्रयुक्त होने वाला ताल मानते हैं। धमार एक विशेष प्रकार की गायन शैली का भी नाम है जिसकी रचना ब्रज भाषा में होती है और उसमें होली का वर्णन होता है। इसलिए कुछ लोग इस ताल को होली ताल भी कहते हैं। धमार 14 मात्रे का मिश्र जाति का विषम पद ताल है। इसका छंद 5, 2, 3, 4, है। पंजाब में इसका छंद रूप 3, 4, 3, 4 का मानते हैं, जो अधिक स्वाभाविक जान पड़ता है। इसका प्रयोग पखावज के स्वतंत्र वादन एवं संगत में किया जाता है। गायन, वादन तथा नृत्य के साथ भी यह ताल उपयुक्त है। इस ताल में चक्रदार परणें, तिहाईयाँ आदि मुख्य रूप से बजाई जाती है।

ठेका विलम्बित लय

क	धे	टे	धे	टे	धा	ऽ	ग	दि	न	दि	न	ता	ऽ	क
×					2		0			3				×

डेढ़गुन की लय

कऽधे	ऽटेऽ	धेऽटे	ऽधाऽ	ऽऽग	ऽदिऽ	नऽदि	
×					2		
ऽनऽ	ताऽऽ	ऽकऽ	धेऽटे	ऽधेऽ	टेऽधा	ऽऽऽ	
0			3				
गऽदि	ऽनऽ	दिऽन	ऽताऽ	ऽऽक	ऽधेऽ	टेऽधे	
×					2		
ऽटेऽ	धाऽऽ	ऽगऽ	दिऽन	ऽदिऽ	नऽता	ऽऽऽ	क
0			3				×

दुगुन की लय

कधे	टेधे	टेधा	ऽग	दिन	दिन	ताऽ	
×					2		
कधे	टेधे	टेधा	ऽग	दिन	दिन	ताऽ	क
0			3				×

चौगुन की लय

कधेटेधे टेधाऽग दिनदिन ताऽकधे टेधेटेधा | ऽगदिन दिनताऽ
× | 2

कधेटेधे टेधाऽग दिनदिन | ताऽकधे टेधेटेधा ऽगदिन दिनताऽ | क
0 | 3 | ×

ठेके की बढ़त

क धि ट धि ट | धा ऽ | ग ति टे | ति टे ता ऽ |
× | 2 | 0 | 3 |

क धि ट धि ट | धा तेटेकतगदिगन |
× | 2 |

ग ति टे | ति टे ता तेटेकतगदिगन |
0 | 3 |

क धे टतेटेकत गदिगनधा ऽधे | ऐट तेटेकतगदिगन
× | 2

ग दि नतेटेकत | गदिगनधा ऽधे ऐट तेटेकतगदिगन | क
0 | 3 | ×

ठेके का तिहाई

क धे टेतेटेकत गदिगनधा ऽऽधाऽ | नधाऽन धाऽऽऽ | गदिगनधा
× | 2 | 0

ऽऽधाऽ नधाऽन | धाऽऽऽ गदिगनधा ऽऽधाऽ नधाऽन | क
| 3 | ×

तिहाई का एक अन्य प्रकार गोपुच्छा यति में

तेटेकतगदिगन धाऽकतगदि गनधाऽगदि गनधाऽगिन धाऽऽऽऽऽ |
× |

तेटेकतगदिगन धाऽकतगदि | गनधाऽगदि गनधाऽगिन धाऽऽऽऽऽ |
2 | 0 |

तेटेकतगदिगन धाऽकतगदि गनधाऽगदि गनधाऽगिन | क
3 | ×

धेननक का प्रकार

1.	ताऽ धेन नक धेत् धेत्	नक धेत्	धेत् धेन नक	धेन नधि नन तक	
	×	2	0	3	
2.	ताऽ धेन नक धेत् धेत्	नक धेत्	धेत् धेन नक	धेत् धेत् धेन नक	
	×	2	0	3	
	धेन नधि नन तक ताऽ	धेन नधि	नन तक ताऽ	धेन नधि नन तक	क
	×	2	0	3	×

तिहाई

ताऽधेन नकधेत् धेननक धेत्धेत् धेननक	धेननधि ननकतक	
×	2	
ताऽधेन नधिनन तकताऽ	धेननधि ननतक ताऽऽऽ धेननधि	
0	3	
ननतक ताऽधेन नधिनन तकताऽ धेननधि	ननतक ताऽऽऽ	
×	2	
धेननधि ननतक ताऽधेन	नधिनन तकताऽ धेननधि ननतक	क
0	3	×

साधारण परण

ताऽकिट तकधुम किटतक ताऽकिट तकधुम	किटतक ताऽकिट	तकधुम
×	2	0
किटतक ताऽकिट	तकधुम किटतक तकतक धुमकिट	तकतक तकधुम
	3	×
किटतक तकतक धुमकिट	तकतक तकधुम	किटतक किड़नग ऽऽकिट
	2	0
कत्ताकिट तकतकि टधिकिट तकधेत्	ताऽऽऽ केड़नग ऽऽकिट किटतक धेड़नग	
3	×	
तकधिंऽ नगधिंऽ	नाऽतक् धदिगन धाऽऽऽ	तकाधदि गनधाऽ ऽऽतक धदिगन
2	0	3

धेत्किट किटधेत् किटधुम किटतक धेड़नग | क्राऽनऽ तकतक | धुमकिट तकतक
× | 2 | 0

किटतक | ऽऽधेन् तड़ाडन् धाऽदिंऽ ताऽकत | धाऽऽत कऽथूँऽ गाऽधदि गनधाऽ
| 3 | ×

धेड़नग | धेत्तक घिड़ाऽन | धाऽकिट तकतक धुमकिट | तकतकि टतकाऽ
| 2 | 0 | 3

किटतक धदिगन | धाऽऽऽ धदिगन धाऽऽऽ धदिगन धाऽऽऽ |
| × |

धेत्किट किटधेत् | किटधुम किटतक धेड़नग | क्राऽनऽ तकतक धुमकिट तकतक |
2 | 0 | 3 |

किटतक ऽऽधेन् तड़ाऽन् धाऽदिंऽ ताऽकत | धाऽऽत कऽथूँऽ | गाऽधदि गनधाऽ
× | 2 | 0

घेड़नग | धेत्तक घिड़ाऽन् धाऽकिट तकतक | धुमकिट तकतकि टतकाऽ
| 3 | ×

किटतक धदिगन | धाऽऽऽ धदिगन | धाऽऽऽ धदिगन धाऽऽऽ |
| 2 | 0 |

धेत्किट किटधेत् किटधुम किटतक | घेड़नग क्राऽनऽ तकतक धुमकिट
3 | ×

तकतक | किटतक ऽऽघेन् | तड़ाऽन् धाऽदिंऽ ताऽकत | धाऽऽत कऽथूँऽ गाऽधदि
| 2 | 0 | 3

गनधाऽ | घेड़नग धेत्तक घिड़ाऽन् धाऽकिट तकतक | धुमकिट तकतकि |
| × | 2 |

टतकाऽ किटतक धदिगन | धाऽऽऽ धदिगन धाऽऽऽ धदिगन | क
0 | 3 | ×

ता दीं थुं ना का विस्तार

तातातातां ताकिटकिटतक तातातातां ताकिटकिटतक
×

तातातातां | ताकिटकिटतक तातातातां | ताऽकिटकिटतक
| 2 | 0

ताताताकिट किटतकताता | ताकिटकिटतक ताताताकिट
| 3

किटतकताता ताकिटकिटतक | ताताकिटतक ताताकिटक
| ×

तातािकटत तातािकटक तािकटतकता | किटतकतािकट तकतािकटतक |
| 2

दींदींदींदीं दींकितटक दींदींदींदीं | दींकिटतक
0 | 3

दींदींदींदीं दींकिटतक दींदींदींदीं | दींकिटतक
| ×

दींदींदींकिट किटतकदींदीं दींकिटकिटतक दींदींदींकिट |

किटतकदींदी दींकिटकिटतक | दींदींकिटतक दींदींकिटतक
2 | 0

दींदींकिटतक | दींदींकिटतक दींकिटतकदीं किटतकदींकिट
| 3

तकदींकिटतक | थुंथुंथुंथुं थुंकिटकिटतक थुंथुंथुंथुं थुंकिटकिटतक
| ×

थुंथुंथुंथुं | थुंकिटकिटतक थुंथुंथुंथुं | थुंकिटकिटतक
| 2 | 0

थुंथुंथुंकिट किटतकथुंथुं | थुंकिटकिटतक थुंथुंथुकिट
| 3

किटतकथुंथुं थुकिटकिटतक | थुंथुंकिटक थुंथुंकिटक
| ×

थुंथुंकिटतक थुंथुंकिटतक थुंकिटतकथुं | किटतकथुंकिट तकथुंकिटतक |
| 2

नानानाना नाकिटकिटतक नानानाना | नाकिटकिटतक
0 | 3

नानानाना नाकिटकिटतक नानानाना | नाकिटकिटतक
| ×

नानानाकिट किटतकनाना नाकिटकिटतक नानानाकिट |

किटतकनाना नाकिटकिटतक | नानाकिटतक नानाकिटतक
2 | 0

नानाकिटतक | नानाकिटतक नाकिटतकना किटतकनाकिट तकनाकिटतक | ता
| 3 | ×

तिहाई

तकिटकिटतक	धदिगनधातीत्	धाऽधातीत्	धाऽधातीत्	धाऽऽऽ
×				
तकिटकिटतक	धदिगनधातीत्	धाऽधातीत्	धाऽधातीत्	धाऽऽऽ
2		0		
तकिटकिटतक	धदिगनधातीत्	धाऽधातीत्	धाऽधातीत्	क
3				×

तीवरा ताल 7 मात्रा

ध्रुपद धमार गायकी के साथ एवं पखावज के स्वतंत्र वादन के लिये यह ताल उपयुक्त माना गया है। यदा कदा इस ताल का प्रयोग भजनों के साथ भी सुनने को मिलता है। कुछ कलाकार इस ताल को तेवरा एवं गीतांगी के नाम से भी संबोधित करते हैं। इस ताल का छंद 3, 2, 2, का है।

मात्रा 7 विभाग 3 ताली 1, 4 तथा 6 पर है।

ठेका विलम्बित लय

धा	दिं	ता	तेटे	कत	गदि	गन
×			2		3	

डेढ़गुन की लय

धाऽदिं	ऽताऽ	तेटेक	तगदि	गनधा	ऽदिंऽ	ताऽते
×			2		3	
टेकत	गदिग	नधाऽ	दिंऽता	ऽतेटे	कतग	दिगन
×			2		3	

दुगुन की लय

धाऽदिंऽ	ताऽतेटे	कतगदि	गनधाऽ	दिंऽताऽ	तेटेकत	गदिगन
×			2		3	
धाऽदिंऽ	ताऽतेटे	कतगदि	गनधाऽ	दिंऽताऽ	तेटेकत	गदिगन
×			2		3	

चौगुन की लय

धाऽदिंऽताऽतेटे	कतगदिगनधाऽ	दिंऽताऽतेटेकत	गदिगनधाऽदिंऽ
×			2

ताऽतेटेकतगदि	गनधाऽदिंऽताऽ	तेटेकतगदिगन	धाऽदिंऽताऽतेटे
	2		×
कतगदिगनधाऽ	दिंऽताऽतेटेकत	गदिगनधाऽदिंऽ	ताऽतेटेकतगदि
		2	
गनधाऽदिंऽताऽ	तेटेकतगदिगन	धा	
3		×	

ठेके का प्रकार

धिकि	टत	गन	धिकि	टता	गदि	गन	
×			2		3		
कते	टेत	गन	कते	टेता	गदि	गन	
×			2		3		
नगि	नन	गिन	तेटे	कता	गदि	गन	
×			2		3		
दीग	दींऽ	ताऽ	तक	थूथू	किटतक	गदिगन	धा
×			2		3		×

पंच स्तुति परण

ताऽक्रधागेतेटे	धगेनधागेदीं	दिंऽतदींनदींन	धाऽतधातेटे
×			2
धेऽटेघेघेतेटे	धात्रकधेटेनग	कऽतकत्तेटे	कतेटेताकत्
	3		×
कतेटेताकत्	कतेटेताकत्	कऽतदीगीन	थुंऽतधाऽदिंन्
		2	
दिनकधाऽदिंन्	दिनकधागेत्रक	थुंऽगधागेत्रक	थुंगऽधाऽऽऽ
3		×	
पंऽचगणपति	पंचपांऽऽव	नटनरायऽण	नटनरेऽहर
	2		3
पुऽष्पचन्दन	मुकुटझकझक	धनितद्रगनन्	धनितधाऽकिटतक
	×		
तंत्रऽमंऽतर	जपतिगणपति	फणीतधड़कड़	फणीतधाऽगति
2		3	

नाऽदअपरम पाऽरगतिनित देऽखनितनित | धत्ऽधड़ाधऽ
×   2

धड़कजमधड़ | जगनधड़धड़ तांऽगतड़धड़ | नगिनधागेतेटे
3   ×

नगिनधाऽऽऽ दुऽग्रदुग्रतिऽ | नाशनीऽदल असुरदलदल |
2

दलमजितदल सुम्भसुम्भऽ | काऽटमाऽरप छाऽरडाऽलत
3   ×

तनिकऽमेरहें | भुवनऽत्रिभुवन जयतिजयतय | जपतिजयजय
2   3

जपतिजयसुर | सकलनिरभयऽ जाऽनमाऽवत तालदेऽदेऽ | देऽमृदंगन
×   2

तऽक्रनगदिंग | दिणतनगदिंन् दिंऽतनगदिन् | धाऽतनगदिंन दिणतनगदिन् |
3   ×

दिंऽतनगदिंन | धाऽतनगदिंन दिणतनगदिन | दिंऽतलगदिंन् धाऽतनगदिंन | ता
2   3   ×

साधारण परण

धाऽदिंऽ	धाऽकिट	तकिटत	काऽकिट	धुमकिट	तकिटत	काऽकिट	
×			2		3		
धिधिकिट	धुमकिट	तकिटत	काऽकिट	धुमकिट	तकिटत	काऽकिट	
×			2		3		
तक्किट	धुमकिट	तकिटत	काऽकिट	धुमकिट	तकिटत	काऽकिट	
×			2		3		
तकतक	धुमकिट	तकिटत	काऽकिट	धुमकिट	तकिटत	काऽकिट	
×			2		3		
धदिगन	नाऽकिट	तकिटत	काऽकिट	धुमकिट	तकिटत	काऽकिट	
×			2		3		
तकधेत्	ताऽधुम	किटतक	धदिगन	धाऽऽऽ	तकधेत्	ताऽधुम	
×			2		3		
किटतक	धदिगन	धाऽऽऽ	तकधेत्	ताऽधुम	किटतक	धदिगन	धा
×			2		3		×

चक्रदार परण

धागेनधि	किटधागे	तेटेतागे	तेटेतागे	नधिकिट	धागेतेटे	धदिगन	
×			2		3		
नागेनाना	गेननागे	तेटेधदि	गनदिन	दींऽताऽ	किटतक	धदिगन	
×			2		3		
धाऽतेटे	कत्ताधदि	गनधाऽ	तेटेकत्ता	धदिगन	धाऽदिंऽ	ताऽतेटे	
×			2		3		
कत्ताधदि	गनधाऽ	तेटेकता	धदिगन	धाऽतेटे	कत्ताधदि	गनधाऽ	
×			2		3		
दींऽताऽ	तेटेकता	धदिगन	धाऽतेटे	कत्ताधदि	गनधाऽ	तेटेकता	
×			2		3		
धादिगन	धाऽऽऽ	ऽऽऽऽ	धागेनधि	किटधागे	तेटेतागे	तेटेतागे	
×			2		3		
नधिकिट	धागेतेटे	धदिगन	नागेनाना	गेननागे	तेटेधद्	गनदिग	
×			2		3		
दींऽताऽ	किटतक	धदिगन	धाऽतेटे	कत्ताधदि	गनधाऽ	तेटेकत्ता	
×			2		3		
धदिगन	धाऽदिंऽ	ताऽतेटे	कत्ताधदि	गनधाऽ	तेटेकता	धदिगन	
×			2		3		
धाऽतेटे	कत्ताधदि	गनधाऽ	दींऽताऽ	तेटेकता	धदिगन	धाऽतेटे	
×			2		3		
कत्ताधदि	गनधाऽ	तेटेकता	धादिगन	धाऽऽऽ	ऽऽऽऽ	धागेनधि	
×			2		3		
किटधागे	तेटेतागे	तेटेतागे	नधिकिट	धागतेटे	धदिगन	नागेनाना	
×			2		3		
गेननागे	तेटेधदि	गनदिग	दींऽताऽ	किटतक	धदिगन	धाऽतेटे	
×			2		3		
कत्ताधि	गनधाऽ	तेटेकत्ता	धदिगन	धाऽदिंऽ	ताऽतेटे	कत्ताधदि	
×			2		3		
गनधाऽ	तेटेकता	धदिगन	धाऽतेटे	कत्ताधदि	गनधाऽ	दींऽताऽ	
×			2		3		
तेटेकता	धदिगन	धाऽतेटे	कत्ताधदि	गनधाऽ	तेटेकता	धादिगन	धा
×			2		3		×

सूलताल 10 मात्रा

भारतीय संगीत में यह ताल कई नाम से प्रचारित है जैसे–सूलताल, सुलफाक ताल और सूलफाख्ता। आचार्य बृहस्पति ने अपनी पुस्तक संगीत चिंतामणि में इस ताल का उल्लेख करते हुये लिखा है कि उसूल और फाखता दोनों अरबी भाषा के शब्द हैं। उसूल का अर्थ सिद्धांत और फाखता का अर्थ है पंडुक या गुलगुचया नामक पक्षी। इस पक्षी की ध्वनि के अनुसार इस ताल की रचना कुछ इस प्रकार से हुई है–कू ऽ ऽ ऽ कू ऽ ऽ ऽ।

ऐसा प्रतीत होता है कि कालांतर में 'उसूले फाख्ता' शब्द बिगड़ कर सूलताल या सूलफाख्ता हो गया। मोहम्मद करम इमाम ने अमीर खुसरो द्वारा रचित सत्रह तालों में इस ताल की भी गणना की है। संगीतरत्नाकर में चतुर्थ ताल का स्वरूप 'लघु द्वयं द्रुतश्चैक:' अर्थात् दो लघु और एक द्रुत 1, 1, 0 दिया गया है जो कि वर्तमान सूलताल के छंद से अलग 2, 2, 2, 2, 2, से भिन्न है।

सूलताल पखावज का एक सम पद ताल है। इसका प्रयोग अधिकतर मध्यलय में और ध्रुपद अंग की गायकी के साथ संगत करने में तथा पखावज पर स्वतंत्र वादन के लिये किया जाता है। इसमें पड़ाल, रेला, परण, चक्रदार आदि बजाया जाता है।

मात्रा 10 विभाग 5 ताली 1, 5 और 7 खाली 3 और 9 पर।

ठेका विलम्बित लय

धा	धा	दिं	ता	किट	धा	तेटे	कत	गदि	गन
×		0		2		3		0	

डेढ़गुन की लय

धाऽधा	ऽदिंऽ	ताऽकिट	ऽधाऽ	तेटेऽकत
×		0		2
ऽगदिऽ	गनऽधा	ऽधाऽ	दिंऽता	ऽकिटऽ
	3		0	
धाऽतटे	ऽकतऽ	गदिऽगन	ऽधाऽ	धाऽदिं
×		0		2
ऽताऽ	किटऽधा	ऽतेटेऽ	कतऽगदि	ऽगनऽ
	3		0	

दुगुन लय की

धाधा	दिंता	किटधा	तेटेकत	गदिगन	धाधा
×		0		2	
दिंता	किटधा	तेटेकत	गदिगन		
3		0			

चौगुन लय की

धाधा	दिंता	किटधा	तेटेकत	गदिगन	धाधा	दिंता	किटधा	तेटेकत	गदिगन
×		0		2		3		0	
धाधा	दिंता	किटधा	तेटेकत	गदिगन	धाधा	दिंता	किटधा	तेटेकत	गदिगन
×		0		2		3		0	

बोल परण

धागेतेटे	धागेतेटे	तागेतेटे	तागेतेटे	धेटेधेटे
×		0		2
धागेतेटे	धेटेधेटे	धागेतेटे	धेटेधेटे	धागेतेटे
	3		0	
धागेदींऽ	नागेतेटे	कताधदि	गनधाऽ	धाऽतेटे
×		0		2
कताधदि	गनधाऽ	धाऽतेटे	कताधदि	गनधाऽ
	3		0	
धेत्धेत्	धेत्धेत	त्रकधेत्	धेटेधेटे	धागेतेटे
×		0		2
धागेतेटे	तागेतेटे	तागेतेटे	घेतिरकिटतक	तागेतेटे
	3		0	
घेतिरकिटतक	तागेतेटे	घेतिरकिटतक	तागेतेटे	घेतिरकिटतक
×		0		2
तकिटधा	घेतिरकिटतक	तकिटधा	घेतिरकिटतक	तकिटधा
	3		0	
ऽऽघेन्	तड़ाऽन्	धाऽऽऽ	घेतिरकिटतक	तकिटधा
×		0		2
घेतिरकिटतक	तकिटधा	घेतिरकिटतक	तकिटधा	ऽऽघेन्
	3		0	

तड़ाऽन्	धाऽऽऽ	घेतिरकिटतक	तकिटधा	घेतिरकिटतक	
×		0		2	
तकिटधा	घेतिरकिटतक	तकिटधा	ऽऽघेन्	तड़ाऽन्	धा
	3		0		×

रेला (त्रस्य जाति)

धाऽदिंऽताऽ	धाऽकिटकिट	तकधुमकिट	तकधुमकिट	तकधदिगन
×		0		2
धाऽदिंऽताऽ	धाऽकिटकिट	तकधुमकिट	तकधुमकिट	तकधदिगन
	3		0	
धाऽदिंऽताऽ	धाऽकिटकिट	तकधुमकिट	तकधुमकिट	तकतकतक
×		0		2
तकधुमकिट	तकतकतक	तकधुमकिट	तकधुमकिट	तकधदिगन
	3		0	
धाऽदिंऽताऽ	धाऽकिटकिट	तकधुमकिट	तकधदिगन	धाकिटकिट
×		0		2
तकधुमकिट	तकधदिगन	धाऽकिटकिट	तकधुमकिट	तकधदिगन	धा
	3		0		×

गजझम्पा ताल 15 मात्रा

जिस प्रकार तबला वादन के लिये पंचम सवारी उपयुक्त माना गया है, ठीक उसी प्रकार पखावज के लिये गजझम्पा ताल को उपयुक्त माना गया है। यह ताल 15 मात्रे की विषमपद ताल है, तथा इसका छंद स्वरूप 4, 4, 3, 4 का है। इस ताल के बोल खुले तथा जोड़दार होते है। ध्रुपद गायकी के साथ इस ताल की संगति बहुत ही कम सुनने को मिलती है, परन्तु विद्वान पखावज वादक इस ताल में स्वतंत्र वादन प्रस्तुत करते हैं। वर्तमान में इसकी गणना अप्रचलित तालों की श्रेणी में होती हैं मात्रा 15 विभाग 4 ताली 1, 5 एवं 12 पर तथा खाली 9 पर।

ठेका विलम्बित लय

धा	धिन	नक	तक	धा	धिन	नक	तक
×				2			
तिन	नक	तक	तेटे	कत	गदि	गन	
0			3				

डेढ़गुन की लय

धाऽधि	ननक	तकधा	ऽधिन	नकत	कतिन	नकत	कतेटे	कतग	दिगन
×				2				0	

धाऽधि	ननक	तकधा	ऽधिन	नकत	कतिन	नकत	कतेटे	कतग	दिगन
	3				×				2

धाऽधि	ननक	तकधा	ऽधिन	नकत	कतिन	नकत	कतेटे	कतग	दिगन	धा
			0			3				×

दुगुन की लय

धाऽधिन	नकतक	धाऽधिन	नकतक	
×				
तिननक	तकतेटे	कतगदि	गनधाऽ	
2				
धिननक	तकधाऽ	धिननक		
0				
तकतिन	नकतक	तेतेकत	गदिगन	धा
3				×

चौगुन की लय

धाऽधिननकतक	धाऽधिननकतक	तिननकतकतेटे	कतगदिगनधाऽ	
×				
धिननकतकधाऽ	धिननकतकतिन	नकतकतेटेकत	गदिगनधाऽधिन	
2				
नकतकधाऽधिन	नकतकतिननक	तकतेटेकतगदि		
0				
गनधाऽधिननक	तकधाऽधिननक	तकतिननकतक	तेटेकतगदिगन	धा
3				×

ठेके का प्रकार

धा	धिन	नक	तक	धा	धिन	नक	तक
×				2			

तिन	नक	तक	तेटे	कत	गदि	गन	धा
0			3				×

धेत	धेन	नक	धेत्	धेत्	धेन	नक	धेत्
×				2			
धेत	धिन	नक	धेन	नधे	नन	तक	धा
0			3				×

धेत्धिन	नकधेत्	धिननक	धेत्धेत्
×			
धिननक	धेत्धेत्	धिननक	धिननक
2			
धिननक	धिननक	धिननक	
0			
धिननधि	ननतक	ताऽतक	ताऽऽऽ
3			

तिहाई

धिननधि	ननतक	ताऽतक	ताऽतक	ताऽऽऽ	
×				2	
ऽऽधिन	नधिनन	तकताऽ	तकताऽ	तकताऽ	
			0		
ऽऽऽऽ	धिननधि	ननतक	ताऽतक	ताऽतक	ता
	3				ऽ

परण

धागेतेटे	धागेतेटे	तागेतेटे	तागेतेटे	क्रिधाकिट	धागेतेटे	गदिगन
×				2		
नागेतेटे	क्रिधाकिट	धागेतेटे	गदिगन	नागेतेटे	क्रिधाकिट	
	0			3		
धागेतेटे	गदिगन	नागेतेटे	कतेटेत	गिनधागे	तेटेकत	गदिगन
		×				2
धाऽऽऽ	कतेटेत	गिनधागे	तेटेकत	गदिगन	धाऽऽऽ	कतेटेत
			0			3
गिनधागे	तेटेकत	गदिगन	धा			
			×			

तेटेकत गदिगन धाऽऽऽ तेटेकत |
×

गदिगन धाऽऽऽ तेटेकत गदिगन |
2

धाऽऽऽ ऽऽऽऽ ऽऽऽऽ | तेटेकत गदिगन धाऽऽऽ तेटेकत |
0 | 3

गदिगन धाऽऽऽ तेटेकत गदिगन | धाऽऽऽ ऽऽऽऽ ऽऽऽऽ
× | 2

तेटेकत | गदिगन धाऽऽऽ तेटेकत |
| 0

गदिगन धाऽऽऽ तेटेकत गदिगन | धा
3 | ×

चक्रदार परण

धेत्धेत् धेटेधेटे धागेतेटे तागेतेटे | धागेदींऽ गीनधागे
× | 2

तेटेकत गदिगन | धाधा त्रकधेत् तागिऽन | धाऽऽऽ धाऽत्रक
| 0 | 3

धेत्तागि ऽनधाऽ | ऽऽधाऽ त्रकधेत् तागिऽन धाऽऽऽ | ऽऽऽऽ
| × | 2

ऽऽऽऽ धेत्धेत् धेटेधेटे | धागेतेटे तागेतेटे धागेदींऽ | गीनधागे
| 0 | 3

तेटेकत गदिगन धाधा | त्रकधेत् तागिऽन धाऽऽऽ धाऽत्रक |
| ×

धेत्तागि ऽनधाऽ ऽऽधाऽ त्रकधेत् | तागिऽन धाऽऽऽ ऽऽऽऽ |
2 | 0

ऽऽऽऽ धेत्धेत् धेटेधेटे धागेतेटे | तागेतेटे धागेदींऽ गीनधागे
3 | ×

तेटेकत | गदिगन धाधा त्रकधेत् तागिऽन | धाऽऽऽ धाऽत्रक
| 2 | 0

धेत्तागि | ऽनधाऽ ऽऽधाऽ त्रकधेत् तगिऽन | धा
| 3 | ×

सन्दर्भ

1. भारतीय तालों का शास्त्रीय विवेचनः डॉ० अरूण कुमार सेन पृष्ठ 47
प्रस्तुत बंदिशें पं० डालचंद्र शर्मा द्वारा प्रदत है एवं ताल संबंधी व्याख्या ताल परिचय भाग 3 से अवतरित है।

5

पखावज के वादन शैलियों का अध्ययन

वादन शब्द का अर्थ

वादन शैली का अर्थ किसी वाद्य के बजाने के ढंग या (*Style*) से है। जब कोई वादक अपना वादन आरम्भ करते हैं, तब वह अपने घराने या परम्परा के अनुसार वादन शैली का अनुकरण करते हुये अपने वादन का आरम्भ करते हैं और यही अनुकरण या ढंग बाज के नाम से भी जाना जाता है अर्थात् बजाने के ढंग या विशेषता को ही बाज भी कहा जाता है।

पखावज पर बजने वाले वर्णों को पाटाक्षर कहा जाता है तथा यह सभी घरानों में एक समान ही होता है। सभी घरानों में 'धा' को 'धा' और 'धेत्' को 'धेत्' ही कहा जाता है। परन्तु कुछ घरानों में इनके निकालने की विधि अलग-अलग होती है। प्रत्येक घराने की अपनी-अपनी कुछ मौलिक रचनाएँ होती है और इन रचनाओं की निकालने की विधि भी अलग-अलग होती है। इसी से विभिन्न घरानें अलग-अलग अस्तित्व में आयें।

पखावज की वादन शैली के अन्तर्गत विभिन्न प्रकार की रचनाएँ बजाई जाती है, विशेष रूप से स्तुति परण प्राय: सभी घराने के पखावज वादक बजाते हैं। ऐसा अवलोकित होता है कि पखावज का आध्यात्म से संबंध होने के कारण प्राय: देवी देवताओं की स्तुति की जाती है, जिसमें विशेष रूप से गणेश जी को प्रधानता दी गई है। पखावज वादक वादन के आरम्भ में गणेश वन्दना एवं किसी अन्य देवी देवता के वन्दना से प्राय: पखावज वादन का प्रारम्भ करते हैं। जिसमें लयकारी, छंद का काम, बोलों की काट तराश, विभिन्न प्रकार के चक्रदार, परण, एवं रेला आदि मुख्य हैं।

विभिन्न घरानों की वादन शैलियाँ

कुदऊ सिंह घराने की वादन शैली

1. कुदऊ सिंह सिद्ध पुरुष थे। वे शक्ति के परम उपासक थे। अतः उनके बाज में गाम्भीर्य, ओज, प्रबलता एवं भक्ति उपासना स्पष्ट दृष्टिगोचर होती थी। गुरु प्राप्त विद्या के उपरान्त उन्होंने स्वयं अनेक परणों की रचना करके पखावज को समृद्ध किया।
2. इस घराने के बाज में परणों की क्लिष्टता, बंदिशों की विचित्रता प्रचुर मात्रा में सुनने को मिलती है।
3. पखावज का पार्श्व पाणी बाज है। इनकी परम्परा में इसी बाज की प्रधानता है।
4. इस घराने में हाथ की रखावट, शुद्धता, ध्वनि एवं बोलों की स्पष्ट निकास पर विशेष ध्यान दिया जाता हैं।
5. इनके बाज में पाँच, सात, दस, बीस, चौबीस आवृतियों की परणें साधारण बात हुआ करती है।
6. इस घरानों की बंदिशों में मेघपरण, घटाटोप परण, इन्द्रधनुषी परण, जो कि अनेक आवृत्तियों की होती है, विशेष रूप से बजाई जाती है।
7. बोलों की बनावट भी साहित्य की दृष्टि से सौन्दर्य प्रधान होते हैं।
8. इस घराने का बाज नाना पानसे घराने की बाज की अपेक्षा कड़ा बाज है। इसमें घड़ान्न, धडण्ण, तड़न्न, धिलांग, धुमकिट, धेत्ता, तक्का, थूंगा, आदि बोलों की प्रधानता होती है।

ऐसा अनुमान किया जाता है कि शक्ति स्वरूप माँ जगदम्बा के परम भक्त होने के कारण उन्हें ओजपूर्ण तथा गम्भीर बाज प्रिय रहा।

नाथद्वारा घराने की वादन शैली

पं० डालचंद शर्मा जी के अनुसार नाथद्वारा घराने की जो वादन शैली है, वह इस प्रकार से है–

1. इस घरानें में पखावज वादन का प्रारम्भ प्रायः गणेश वंदना से किया जाता है कभी-कभी विशेष परिस्थिति में पंचदेव स्तुति परण, शिव स्तुति परण तथा सरस्वती स्तुति परण से भी पखावज वादन आरम्भ किया जाता है।
2. स्तुति परण के पश्चात् 'धिननक' का बाज बजाया जाता है। यह बाज इस घरानें की विशेष बंदिश है, जिसे प्रायः इसी घरानें के कलाकार

बजाते हैं। इसके विस्तार के क्रम में बराबर डेढ़ी, तिगुन, चौगुन के लय में काम करते हुय छंदात्मक रूप से इसमें बढ़त किया जाता है। यह बंदिश सोलो एवं संगत दोनों में ही समान रूप से बाजाया जाता है।

मूल बंदिश

ता ऽ	धिन नक	धेत् धिन	नक धेत्	धेत् धिन	नक धेत्
×	0	2	0	3	4
धेत् धिन	नक धेत्	धिन नक	धेत् धिन	नक धिन	
×	0	2	0	3	
नाधि नक	ता				
4	×				

इस बंदिश को कलाकार अपनी क्षमता के अनुसार सौन्दर्यात्मक रूप देते हुये इसका विस्तार करते हैं।

3. 'धिननक' बाज के वादन के पश्चात् लयकारी का काम किया जाता है। इसके अन्तर्गत लय के विभिन्न रूपों को पखावज के वर्णों के माध्यम से प्रदर्शित किया जाता है।

परम्परागत शैली में एक उदाहरण बराबर के लय में–

धाऽ किट	तक धुम	किट तक	धेऽत् ताऽ	किट तक	धादि गन	धा
×	0	2	0	3	4	×

इसी बंदिश को यदि क्रमशः बराबर, डेढ़, दुगुन, तिगुन, चौगुन, छहगुन तथा अठगुन लय में बजाया जाये, तो यह गोपुच्छा में लय का प्रकार कहलाता है।

4. वृहत् लयकारी के अन्तर्गत एक दूसरी बंदिश है, जिसमें कि लय के सूक्ष्म रूप को प्रदर्शित किया जाता है।

पाव लय 1/4

क ऽ	ता ऽ	क ऽ	ता ऽ	क ऽ	ता ऽ	क
×	0	2	0	3	4	×

आधी लय 1/2

धाऽ ऽऽ	कऽ तऽ	धाऽऽ ऽऽ	कऽ तऽ	धाऽऽ ऽऽ	कऽ तऽ	धा
×	0	2	0	3	4	×

पौनी लय

धा ऽ ध	दि ग न	धा ऽ ध	दि ग न	धा ऽ ग	दि ग न	धा
×	0	2	0	3	4	×

बराबर लय

धा ऽ त क	ध दी ग न	धा ऽ त क	ध दी ग न	धा ऽ त क
×	0	2	0	3
ध दी ग न	धा			
4	×			

सवागुन की लय

धाऽतेटेक तगदिगन	धाऽतेटेक तगदिगन	धाऽतेटेक तगदिगन	
×	0	2	
धाऽतेटेक तगदिगन	धाऽतेटेक तगदिगन	धाऽतेटेक तगदिगन	धा
0	3	4	×

डेढ़गुन की लय

धाऽधा ऽतेटे	कतग दिगन	धाऽधा ऽतेटे	कतग दिगन
×	0	2	0
धाऽधा ऽतेटे	कतग दिगन	धा	
3	4	×	

पौनदुगुन की लय

धाऽकिटतकधा दिगनधादिगन	धाऽकिटतकधा दिगनधादिगन	
×	0	
धाऽकिटतकधा दिगनधादिगन	धाऽकिटतकधा दिगनधादिगन	
2	0	
धाऽकिटतकधा दिगनधादिगन	धाऽकिटतकधा दिगनधादिगन	धा
3	4	×

दुगुन की लय

धाऽकिटतकधुम किटतकधादिगन	धाऽकिटतकधुम किटतकधादिगन	
×	0	
धाऽकिटतकधुम किटतकधादिगन	धाऽकिटतकधुम किटतकधादिगन	
2	0	
धाऽकिटतकधुम किटतकधादिगन	धाऽकिटतकधुम किटतकधादिगन	धा
3	4	×

इसी प्रकार से इसमें अठगुन तक की लयकारी की जाती है।

5. लयकारी के पश्चात् काट तराश नाम से एक बंदिश है जिसे छंदात्मक रूप में बजाया जाता है। पं० पुरूषोतम दास जी के अनुसार वह इसे लय ताल तोरने का कांटा कहते थे अर्थात् कांटा से यहाँ उनका तात्पर्य दो अर्थों से था–

   (क) जब शरीर में सुई या कांटे की चुभन होती है, तब उस समय जो अनुभव होता है।

   (ख) दूसरे कांटे का अर्थ मापने के सन्दर्भ में है।

मूल बंदिश

कते टेता	ऽधे टेता	कते टेता	ऽधे टेता	कते टेता	ऽधे टेता	क
×	0	2	0	3	4	×

इस बंदिश को लय के विभिन्न प्रकारों के द्वारा काट तराश की जाती है। इसीलिये इस बंदिश का नाम काट तराश की बंदिश पड़ा।

लय निराकार है, जिसे हम देख नहीं सकते हैं किन्तु सिद्धहस्ता विद्वता और तपस्या के कारण लय का निराकर रूप से दर्शन होता है, जिसे मात्र अनुभव के द्वारा साक्षात्कार किया जा सकता है। जब कोई मूर्तिकार एक पत्थर को लेकर उसे काट तराश करते हुय एक मूर्ति का रूप देता है, ठीक उसी प्रकार लय छंद द्वारा बोलों को काट तराश करते हुये बोलों में लय के अमूर्त रूप को मूर्त रूप दिया जाता है। लिखित रूप से इसे हम नहीं समझ सकते हैं, बल्कि इसे मात्र अनुभव के आधार पर ही अनुभव किया जा सकता है।

6. इसके पश्चात् तिहाईयों का काम किया जाता है। जिसमें एक से छह तक की गिनती की तिहाईयाँ तथा परणें बजाई जाती है।

   इसके पश्चात् लड़न्त की परणें बजाई जाती है, जिसे कि बाज बहेरी परण के नाम से भी जाना जाता है।

7. इसके पश्चात् पड़ाल बजाई जाती है। पड़ाल का नाथद्वारा परम्परा में बोलों के उस लर गुथाव से है, जिसमें बोल एक दुसरे से पिरोये हुये होते हैं। उदाहरण स्वरूप एक बोल <u>ताऽताऽ</u> <u>ताऽताऽ</u> <u>ताऽकिट</u> <u>किटतक</u> <u>ताऽताऽ</u> <u>ताऽकिट</u> <u>किटतक ताऽताऽ</u> <u>किटकिट</u> <u>ताकताऽ</u> <u>किटकिट</u> <u>तकताऽ</u>।

इनके विस्तार के क्रम में दीं, थू तथा ना वर्णों का लर गुथाव किया जाता है।

8. इसके पश्चात् झाला गतकारी का काम किया जाता है, जिसका परम्परागत नाम 'थपिया' का बाज है। इस बंदिश के वादन में कल्पना यह होती है कि जिस प्रकार झरने की पानी एक लय के साथ झर-झर की ध्वनि उत्पन्न करती है, ठीक उसी प्रकार से पखावज के वर्णों के द्वारा झरने की झर-झर की ध्वनि को प्रदर्शित करने की कोशिश की जाती है। इसके बोल इस प्रकार से है–

ता	**गे**	**गे**	**गे**	**दीं**	**गे**	**गे**	**गे**
ना	**गे**	**गे**	**गे**	**ता**	**गे**	**गे**	**गे**

इसका विस्तार विभिन्न प्रकार से होता है तथा इसमें में जो मुख्य बात ध्यान देने की है वह यह कि इसमें दायें का 'ता' और बायें का 'ग' इन दोनों की ध्वनि की निरन्तरता बनी रहनी चाहिए। विद्वान इस बंदिश में धुमकिट तथा अन्य छोटे वर्णों का चमत्कारिक प्रयोग करते हुये इसकी ध्वनि की निरन्ता को कायम रखते हैं।

अन्त में प्राय: पारम्परिक परणें एवं रेला का विस्तार करते हुये पखावज वादन का समापन किया जाता है।

नाना पानसे घराने की वादन शैली

पं० रमाकांत पाठक जी के अनुसार नाना पानसे घराने की जो वादन शैली है, वह इस प्रकार से है–

1. सर्वप्रथम इस घराने में जिस ताल को बजाना होता है, उसके शुद्ध ठेका के द्वारा लय के विभिन्न प्रकारों को दिखाया जाता है।

2. इसके पश्चात् छोटी-छोटी परणें बजाई जाती है, जिसे कि सार्थक परण कहा जाता है। परण के बाद पड़ाल बजाया जाता है, जिसमें कि धागे तेटे, तागे तेटे जैसे बोलों की प्रमुखता होती है उनका वादन किया जाता है।

3. नाना पानसे घराने कि वादन शैली मुलायम बाज के लिये विशेष रूप से जानी जाती है। इस घराने के आद्य पुरुष नाना साहब पानसे ने मुलायम बोलों पर विशेष ध्यान देकर अपने पखावज वादन में प्रयोग कर

एक पृथक घराने का निर्माण किया जो कि आगे चलकर नाना पानसे घराने से विख्यात हुआ।

4. प्रत्येक मात्रे से चक्रदार परणें बजाना इस घराने की प्रमुख विशेषता है।
5. इसके पश्चात् आड़, कुआड़, बिआड़, की लयकारी को दिखाते हुये विभिन्न प्रकार की बंदिशे बजाई जाती है।
6. लयकारी का काम करने के बाद 'घुमकिट' के बोलों का प्रस्तार किया जाता है, जिसे कि 'रंग रेला' भी कहा जाता है। अंत में तिहाई के विभिन्न प्रकारों को बजाते हुये, जिसके अन्तर्गत 27 तथा 84 धा से युक्त चकदार तिहाई होते हैं, उसे बजाकर पखावज वादन का समापन किया जाता है।

अवधी घराने की वादन शैली

डॉ॰ राजखुशी राम जी ने अपने साक्षात्कार के समय अवधी घराने की जो वादन शैली का वर्णन किया वह इस प्रकार से है–

1. सर्वप्रथम इस घराने में पखावज वादन का प्रारम्भ देवी देवताओं की स्तुति से किया जाता है, जो स्तुति परण के नाम से जाना जाता है।
2. स्तुति परण के पश्चात् ठेका के विभिन्न प्रकारों को बजाया जाता है।
3. ठेका के विभिन्न प्रकारों के बजाने के बाद विभिन्न प्रकार की तिहाईयाँ, रेला एवं परणें बजाई जाती है।
4. इस घराने की मुख्य विशेषता यह है कि यहाँ बोल परण की बाहुलता होने के कारण पहले पढ़न्त किया जाता है, उसके पश्चात् बोल परण की व्याख्या करते हुये, उसका वादन किया जाता है।
5. इस घराने में गणेश परण, दुर्गा परण, शिव परण, विष्णु परण, विशेष रूप से बजाये जाते हैं।
6. अवधी भाषा की बाहुलता होने के कारण यहाँ का बाज भक्ति भाव से अधिक ओत प्रोत होता है। पखावज वादन का समापन देवी देवताओं की स्तुति परण बजाकर किया जाता है।

ग्वालियर परम्परा में पखावज वादन की विशेषता

पं॰ बाल किशन शर्मा जी के अनुसार ग्वालियर की पखावज वादन की विशेषता कुछ इस प्रकार से है–

1. इस परम्परा में सर्वप्रथम ताल का विस्तार किया जाता है, जिसके अन्तर्गत ताल के विभिन्न रूपों को दिखाते हुये विभिन्न लय प्रदर्शित की जाती है।
2. इसके पश्चात् छोटी-छोटी परणें बजाई जाती है, जो कि सम से सम तक की, दो आवर्तन की तथा अधिक से अधिक चार आवर्तन तक की होती है। छोटी परणें विशेष रूप से तीगुन, चौगुन तथा छहगुन के लय में बजाई जाती है।
3. छोटी परणें बजाने के बाद बड़ी परणें बजाई जाती है। इन परणों के वादन में हस्त को कमल के समान रखते हुये, इन परणों का शुद्ध रूप से वादन किया जाता है।
4. इसके पश्चात् रेला का वादन किया जाता है जिसके अन्तर्गत धिननक, गदिगननागेतेटे, धुमकिटतक, तेटेकतगदिगन आदि बोलों का विस्तार किया जाता है।
5. इस परम्परा में पखावज वादन का समापन चक्रदार परण बजाकर किया जाता है।

पखावज के पारिभाषिक शब्द

बोल

पखावज के वर्णों द्वारा निर्मित जिन शब्दों को बजाया जाता है, संगीत की भाषा में उसे ही बोल कहा जाता है। इसके अन्तर्गत छोटा से छोटा बड़ा से बड़ा जोरदार एवं मुलायम वर्णों का समूह होता है। स्तुति परण, चक्रदार रेला आदि इसी के अन्तर्गत आते हैं। यह शब्द पखावज में सर्वाधिक प्रचलित है।

ठेका

ताल को प्रदर्शित करने के लिये पखावज पर जो मुख्य बोल बजाये जाते है, उसे ही संगीत की भाषा में ठेका कहा जाता है। चारताल के ठेके का उदाहरण जो कि पखावज के बोलों द्वारा निर्मित है, इस प्रकार से है–

धा धा	दीं ता	किट धा	दिं ता	तेटे कत	गदि गन	धा
×	0	2	0	3	4	×

आवर्त्तन या आवृति

ताल या किसी भी बंदिश की प्रथम मात्रा से लेकर अंतिम मात्रा तक के क्षेत्र को आवर्त्तन या आवृति कहते हैं जैसे चारताल का एक आवर्त्तन 12 मात्राओं का

होता है, अगर इसे पुनः प्रथम मात्रे से बोला जाये तब वह दूसरा आवर्त्तन कहलायेगा। इसी प्रकार ताल या बंदिश को जितनी बार बोला जाएगा उतनी ही आवृत्ति या आवर्त्तन उस ताल या बंदिश की होती जायेगी। जैसे चारताल की एक आवृति 12 मात्रे की, दो आवृत्ति 24 मात्रे की, 3 आवृत्ति 36 मात्रे की होगी। ऐसा करने के क्रम में गिनती प्रथम मात्रे से लेकर 12 मात्रे तक की बार-बार गिनी जायेगी।

तिहाई

हमारे भारतीय शास्त्रीय संगीत में इसका बहुत ही महत्वपूर्ण स्थान है। संगीत के सभी विधा के लोग इसकी महत्ता को मानते हैं। पखावज के वर्णों में प्रभावयुक्त वर्ण 'धा' माना गया है। इसलिये तिहाई को प्रभावी बनाने के लिये किसी भी बोल समूह के साथ 'धा' वर्ण से जोड़ते हुये पुरा पुरा तीन बार बजाने के बाद जब अंतिम 'धा' सम पर आता है, तब इस क्रिया को तिहाई कहा जाता है। तिहाई दो प्रकार के होते है—दमदार तिहाई तथा बेदमदार तिहाई।

दमदार तिहाई

जब किसी भी बोल समूह के बाद एक धा जोड़ने के उपरांत एक या उससे कुछ अधिक मात्रे का दम दिया जाये अर्थात् रूका जाये तब इस क्रिया को दमदार तिहाई कहते है। यह क्रिया दो आवर्त्तन तक ही होता है, अंतिम आवर्त्तन का धा सम पर ही समाप्त होता है।

चारताल में दमदार तिहाई का एक उदाहरण

धेटेधेटे	धागेतेटे	क्रिधेतेटे	धेतेटेता	गीनतक	तेटेकत	
×		0		2		
गदिगन	धाऽ1ऽ	ऽऽधेटे	धेटेधागे	तेटेक्रिधे	तेटेधेते	
0		3		4		
टेतागीन	तकतेटे	कतगदि	गनधाऽ	ऽऽऽऽ	धेटेधेटे	
×		0		2		
धागेतेटे	क्रिधेतेटे	धेतेटेता	गीनतक	तेटेकत	गदिगन	धा
0		3		4		×

बेदमदार तिहाई

प्रत्येक बोल समूह के साथ धा जोड़ने के उपरान्त दम या ठहराव नहीं दिया जाता है, तब इस क्रिया को बेदमदार तिहाई कहते है।

नौहक्का

जब किसी एक तिहाई को तीन बार बाजने के बाद अंतिम अर्थात् नवां धा सम पर समाप्त होता हो, तो उसे नौहक्का कहते हैं। एक अन्य मतानुसार जब किसी बेदम तिहाई को बिना रूके तीन बार बजाने के पश्चात् तीसरा धा सम पर समाप्त हो जाये, तब उसे नौहक्का तिहाई कहते हैं। यह भी दमदार तथा बेदमदार तिहाई की तरह होता है। उपर्युक्त पहली परिभाषा के अनुसार धमार ताल में एक नौहक्का का एक उदाहरण–

क्रधातेटे ×	धाऽक्रधा	तेटेधाऽ	क्रधातेटे	धाऽऽऽ |
क्रधातेटे 2	धाऽक्रधा |	तेटेधाऽ 0	क्रधातेटे	धाऽऽऽ |
क्रधातेटे 3	धाऽक्रधा	तेटेधाऽ	क्रधातेटे	| धा | ×

रेला

रेला ऐसे बोलों का समूह होता है, जिसे की बिना किसी कठिनाई के असानी से तेज लय में बजाया जा सके। यद्यपि धीमी गति में रेला सुनने में प्रिय नहीं लगता है, किन्तु जब यह चौगुन, अठगुन की लय में बजता है, तब धारा प्रवाह के समान प्रतीत होता है। यही इसकी सबसे बड़ी विशेषता है।

पखावज के कुछ बोल स्वतः द्रुत लय में आसानीपूर्वक बजाये जाते हैं, जैसे–धाऽ किट तकिट किटतक धुमकिट धेर धेर आदि। रेले में इस तरह के बोलों को अनिवार्य रूप से प्रधानता दी गई है। तबले पर बजने वाले रेले के बोलों में खाली भरी होता है अर्थात् एक बार धा से तथा दुसरी बार ता से बजाया जाता है तथा इसके प्रस्तार भी किये जाते है। परन्तु पखावज पर बजने वाले रेले में खाली भरी नहीं होता है। उसमें प्रायः मुख्य बोल को बार-बार बजाया जाता है।

उठान

स्वतंत्र वादन के साथ-साथ गायन, वादन नृत्य के साथ प्रारम्भ में छोटे-छोटे बोलों की बढ़त करते हुये पहले बराबर लय को दिखाया जाता है फिर उसके बाद दुगुन की लय उसके पश्चात् आड़ लय तथा अंत में आड़ का दुगुन या दुगुन का दुगुन करके जब कोई रचना बजाई जाती है, तब उसे उठान कहते हैं।

दूसरे अर्थ में जब छोटे-छोटे बोलों की बढ़त करते हुय अंत में एक चक्रदार टुकड़ा या परण बजाकर जब तबला या पखावज वादक सम पर आते हैं, तब इस क्रिया को उठान कहा जाता है।

परण

यह पखावज का अत्यधिक लोकप्रिय शब्द है। परण जोड़दार त्र खुले बोलों के द्वारा निर्मित रचना को कहते हैं, जिसके लक्षण इस प्रकार से है–

1. परण के बोल प्रायः दुहारते हुये चलते हैं जैसे-धेटे धेटे, धागे तेटे।
2. परण को कम से कम दो आवर्त्तन का होना अनिवार्य होता है।
3. अधिक से अधिक यह कई आवर्त्तन का हो सकता है।
4. परण तिहाई युक्त तथा बिना तिहाई के भी होते हैं।
5. अधिक आर्वत्तन के परणों में बहुत से बोल बार-बार बजाये जाते हैं।
6. परण में प्रयुक्त होने वाले बोल कुछ इस प्रकार से है—धागेतेटे, तागेतेटे, क्रधातेटे, क्रधान, धेत्ता, घेड़नग, तगिन्न आदि।

चक्रदार

जब किसी तिहाई सहित बोल को तीन बार बजाने के बाद जब अन्तिम धा सम पर समाप्त होता हो, तब उसे चक्रदार कहते हैं। इसे चक्रदार टुकड़ा, तिहाई, परण के नाम से भी संबोधित किया जाता है।

चक्र शब्द का अर्थ है घुमना अर्थात् जब तिहाई सहित बोल समूह को दो चक्र पुरा करते हुय तीसरे चक्र का धा सम पर आये, तब यह क्रिया चक्रदार कहलाता है। इसके निम्नलिखित तीन भेद हैं–

1. साधारण चक्रदार
2. फरमाईसी चक्रदार
3. कमाली चक्रदार

पखावज एवं उसके अंग

1. स्याही
2. चाँटी
3. लव
4. गजरा
5. बद्धी

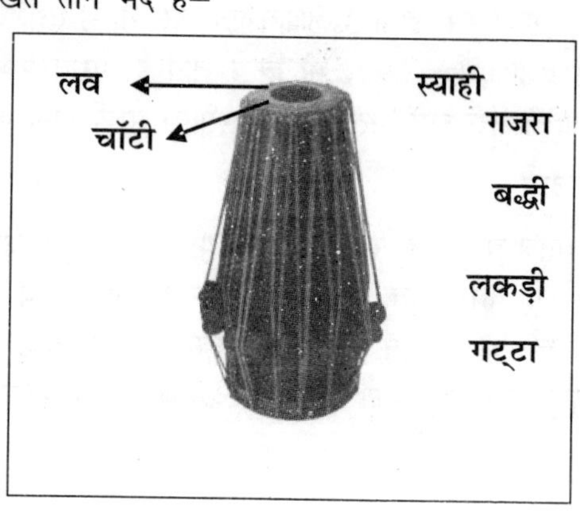

6. लकड़ी
7. गट्टा
8. पूरी

पखावज को लेटाकर बजाया जाता है। यह लकड़ी के द्वारा निर्मित होता है। इसके निर्माण में जिन लकड़ियों का उपयोग किया जाता है, उनके नाम इस प्रकार हैं–विजयसार, खैर, शीशम, नीम, आम, बबूल तथा कटहल आदि। विजयसार, खैर, नीम तथा शीशम की सुखी लकड़ी से निर्मित पखावज का उपयोग अधिक होता है। पखावज की लकड़ी अन्दर से खोखली होती है, जिसके कारण इसकी ध्वनि में गूँज अधिक होती है।

पूरी

पखावज पर मढ़े गये चमड़े या खाल को पूरी कहते हैं। यह बकड़े के चर्म का होता है। इसके अन्तर्गत चाँटी लव तथा स्याही होती है। उसे पूरी कहते हैं। पखावज की दायें पूरी पर लौहचूर्णयुक्त स्याही लगाया जाता है, जिससे कि स्वर स्थिर रहता है तथा बायें पूरी पर स्याही के स्थान पर गीले ऑटे का लेप लगाया जाता है।

चाँटी

पूरी के किनारे-किनारे मुख्य पूरी के अतिरिक्त चमड़े की एक पट्टी सी लगी रहती है, जिसे चाँटी कहते हैं।

लव

चाँटी के बाद तथा लव के पहले जो खाली स्थान होता है, उसे लव कहा जाता है।

स्याही

पूरी में काले रंग का चंद्रकार सा बना होता है, उसे स्याही कहते हैं। लौहचूर्ण के राख को चावल के दाने के साथ मिश्रित कर इसे तैयार किया जाता है। इसे पखावज के दायें मुख पर लगाया जाता है।

गजरा

चमड़े के पट्टी द्वारा निर्मित पूरी को किनारे-किनारे हार के समान जो कि पूरी को चारों तरफ से बंधी रहती है, गजरा कहलाता है। इस गजरे में 16 छिद्र होते हैं।

गट्टा

लकड़ी के टुकड़ों से निर्मित गुल्ली के भांति करीब चार ईंच लम्बी व गोल होती है, जिसे गट्टा या गुल्ली कहते हैं। इसे ही उपर नीचे करने से स्वर में अन्तर आता है।

बद्धी

चमड़े की डोरी या पट्टी, जो कि पूरी के गजरे के छिद्र से होता हुआ गट्टे को दबाये हुय लकड़ी के नीचे वाले गजरे द्वारा पूरी को कसे रखता है, उसे बद्धी कहते हैं।[2]

पखावज मिलाने की विधि

पखावज वादन के पहले इसे किसी निश्चित स्वर में मिलाना आवश्यक होता है। स्वर के बिना मिले हुये पखावज संगीतोपयोगी नहीं होता है। पखावज को दो विधियों के द्वारा मिलाया जाता है–

1. इस विधि के द्वारा पखावज के आमने-सामने वाले घाट को मिलाते हैं। जैसे पूरी के गजरे में पहले घाट के बाद 9 वां घाट एवं इसी प्रकार सभी 16 घाट को मिलाते हैं।
2. इस विधि में पखावज की पूरी के गजरे में किसी एक घाट को मिलाकर सभी घाट को मिलाया जाता है। मिलाने के क्रम में यदि पखावज का स्वर अधिक चढ़ा या उतरा होता है, तब उस स्थिति में पखावज के गट्टे के द्वारा सही किया जाता है। पखावज मिलाने से पूर्व पखावज वादक को गायक या वादक के स्वर को ध्यान से सुनकर पखावज के ऊपर हथेली से आघात करके उसकी ध्वनि की आस द्वारा यह अनुमान कर लेना चाहिए कि गायक या वादक स्वर से पखावज का स्वर कितना ऊँचा या नीचा है। यदि इन स्वरों में केवल एक या आधा स्वर का अंतर हो तब गजरे से ही स्वर को सही कर लेना चाहिए और यदि स्वरों का अंतर अधिक हो तब गट्टे पर आघात करके स्वर को ऊँचा या नीचा करना चाहिए। जब गायक या वादक के स्वर के पास पखावज का स्वर पहुँच जाये तब गजरे पर आघात करके सही स्वर में मिला लेना चाहिए। विशेष रूप से पखावज वादक को यह ध्यान देना चाहिए कि गजरे पर अधिक आघात न करें क्योंकि इससे पूरी के फटने या खराब होने का भय रहता हैं।[3]

सन्दर्भ

1. पखावज कलाकारों के साक्षात्कार पर आधारित।
2. ताल प्रसुन: पं० छोटे लाल मिश्र, पृ० 16–35।
3. ताल प्रबंध: पं० छोटे लाल मिश्र, पृ० 55।

6

पखावज के प्रचलित घरानों का अध्ययन

घराना

परिवर्तनशील जगत में संगीत के साथ-साथ विभिन्न प्रकार के वाद्य यंत्रों ने भी समानांतर गौरव प्राप्त कर लिया है। शास्त्रकारों ने भी इसे मान्यता दी है। सम्पूर्ण नाट्यशास्त्र को भी विभिन्न अध्यायों में बाँटा गया है। जिसके अन्तर्गत स्वर, लय, ताल, वाद्य आदि के ऊपर विशेष चर्चा करते हुये इन सभी के अलग-अलग अध्याय है। संगीतरत्नाकर में वाद्याध्याय, नृत्याध्याय आदि दो विशिष्ट एवं पृथक अध्याय के अध्ययन से ज्ञात होता है कि शारंगदेव के समय में वाद्य एवं नृत्य का संगीत जगत में महत्वपूर्ण स्थान था।

घराना की व्याख्या करते हुये संगीत शास्त्रियों ने भिन्न-भिन्न विचार कतिपय भावात्मक समानता के साथ प्रस्तुत किये हैं। इनके अनुसार घराने का जन्म स्वयं होता है। गायक या वादक उन्हें सोंचकर नहीं बनाते। संगीतज्ञों की सृजनात्मक अभिव्यक्ति के द्वारा ही किसी विशेष शैली का जन्म होता है। स्वर या बंदिशों के कलात्मक संगठन को ही हम शैली के नाम से पुकारते है, जो कि एक विशेष तकनीक पर आधारित होती है। किसी भी घराने की विशेषता उसकी अपनी शैली में होती है और इसी विशेषता से किसी भी घराने की पहचान होती है।[1]

जब कोई कला विधा विकसित व परिष्कृत होते-होते इतनी सुसंस्कृत एवं समृद्ध हो जाती है, कि कला मर्मज्ञ एवं जनसमाज में उसकी विशेष मान्यता व प्रतिष्ठा हो जाती है, तब उसकी एक परम्परा चल पड़ती है। कला विधाओं के इस परम्परा में जहाँ कलाकारों का इतिहास और उनकी कलात्मक उपलब्धियों का समावेश रहता है वहीं पीढ़ी-दर-पीढ़ी कला के प्रायोगिक उन्नति के आधार

पर भिन्न-भिन्न शैलियों की सृष्टि और उनकी प्रगति भी समाविष्ट रहती है। इस दृष्टि से भारतीय संगीत में गायन, वादन और नृत्य विधाओं की परम्परा अलग-अलग समय पर विविध रूपों में प्रस्फुटित होती रही है। कालान्तर में यही परम्पराएँ संगीत के विभिन्न घरानों के रूप में विकसित हुई।[2]

पखावज के घरानों के विषय पर काफी खोज बीन किया गया, जब कोई साकारात्मक बातें सामने न आई, तब उस स्थिति में मैंने पखावज के कलाकारों के साक्षात्कार एवं अबान ए मिस्त्री के अनुसार विभिन्न घरानों की चर्चा करना उचित समझा, जो इस प्रकार से है–

भारतीय संगीत में पखावज के घराने और इनके वादकों का क्रमबद्ध इतिहास 18वीं सदी से ही प्राप्त होता है। इसके पूर्व भी अनेक उच्य कोटि के मृदंगवादक थे, जिनका उल्लेख विभिन्न पुस्तकों में मिलता है। आइने-ए-अकबरी में अकबर युग के कलाकारों का विवरण है पर किसी पखावज वादक का उल्लेख नहीं मिलता है। इस क्षेत्र में वाजिदअली शाह के युग में लिखी गई हकीम मोहम्मद करम इमाम की पुस्तक मऊदन् उल मूसिकी मुगल युग के बाद के कलाकारों का प्रमाणित परिचय देने वाली महत्वपूर्ण ग्रंथ है। इस पुस्तक के उपरान्त फकीरऊल्लाह की राग दर्पण पुस्तक में भी कुछ पखावज वादकों का उल्लेख मिलता है। राग दर्पण के दशवें अध्याय में ग्रंथकार ने एक शतायु पखावजी भगवान दास की चर्चा की है, जिन्हें तानसेन के साथ संगति करने का अवसर मिला था। इससे इस तथ्य को यह आधार मिल जाता है कि तानसेन के समकालीन पखावजी का नाम भगवान दास था। स्वामी हरिदास, तानसेन, बैजू आदि कलाकार ध्रुपद गाते थे, जिनके साथ संगति करने वाले पखावजी का होना स्वाभाविक है।[3]

मृदंग अति प्राचीन तालवाद्य है, किन्तु ध्रुपद गायकी के साथ बजने वाला (पखावज) को परिमार्जित रूप प्रदान करने का श्रेय सम्भवतः राजा मानसिंह तोमर को जाता है। वैसे देखा जाए तो पखावज के इतिहास में 18वीं सदी के प्रारम्भ से 20 सदी के मध्यकाल तक का करीब 250 साल तक का काल ही अत्यन्त महत्वपूर्ण है। पखावज के जिस बाज और घरानें से आज हम सुपरिचित हैं, उन सभी घरानों एवं शैलियों का प्रारम्भ, विकास और चरमोत्कर्ष उसी काल में हुआ है। यद्यपि 18वीं सदी के पूर्व भी पखावज की परम्परा हमारे देश में व्याप्त थी। ऐसा प्रतीत होता है कि स्वामी हरिदास के शिष्यों में से कोई उच्य कोटि के पखावज वादक रहे हों, क्योंकि ध्रुपद गायकी एवं पखावज का आपस में घनिष्ठ संबंध रहा है, लेकिन इस सन्दर्भ में हमें कोई प्रामाणिक जानकारी प्राप्त नहीं होती है।

अकबर कालीन दो उच्च्य कोटि के पखावज वादकों का उल्लेख मिलता है, जगपत पखावजी और लाला भगवान दास। जगपत पखावजी के शिष्य परम्परा एवं उनकी वादन शैलियों आदि के सन्दर्भ में विशेष जानकारी उपलब्ध नहीं हो पाती है। लाला भगवान दास के लिए ऐसी मान्यता है, कि ये कदाचित् स्वामी हरिदास जी के शिष्य परम्परा से संबंधित थे।

आधुनिक विद्वानों के मतानुसार सन् 1700 ई० के पश्चात् हुए लाला भवानीदीन अथवा भगवान दास पखावज के सभी प्रचलित घरानों के आद्य पुरूष माने गये हैं।[4]

जावली घराना

अकबर के काल में लाला भगवान दास नाम के एक विख्यात मृदंगवादक हुये। ये तानसेन के समकालीन थे तथा सम्राट अकबर के आग्रह पर स्थायी रूप से दिल्ली में रहने लगे थे। आयोध्या के पखावज वादक स्वामी पागल दास एवं बरेली के डॉ० रमावल्लभ मिश्र ने एक साक्षात्कार में ऐसा संदेह व्यक्त किया है कि भगवान दास स्वामी हरिदास के शिष्य रहे हों किन्तु यह तथ्य सत्य प्रतीत नहीं होता, क्योंकि स्वामी हरिदास के शिष्यों की सूची में मृदंग वादक भगवान दास का नाम कहीं नहीं मिलता।

नाथद्वार के मृदंग वादक पं० मूलचंद जी के अनुसार वे ब्रज के श्याम जी के शिष्य थे, जिन्हें दास जी भी कहा जाता था। इनके अनुसार प्राचीन काल के अनेक विद्वान एवं गुणी मृदंगवादक भगवान दास को ब्रज परम्परा से संबंधित बताते हैं। परन्तु इस कथन में भी संशय है क्योंकि ब्रज की हस्तलिपि पोथी जिसे पं० छेदाराम मृदंग वादक ने लिखा था, उसमें कहीं भी श्यामजी मृदंग वादक का उल्लेख नहीं मिलता। भारत के सभी मृदंग घरानों का उद्गम स्थल ब्रज भूमि है, इस बात का प्रमाण हमें अवश्य मिलता है परन्तु भगवान दास के विषय में कोई उल्लेख नहीं मिलता है। अगर ये मान लिया जाए कि ब्रज परम्परा के आदि पुरूष, जो कि कोढ़िया थे और उनका नाम पोथी में उल्लेखित नहीं है, वह भगवान दास जी ही हों, जिन्होंने महाप्रभु बल्लभाचार्य जी के आशीर्वाद से स्वथ्य हो जाने के बाद मृदंग वादन में निपुणता प्राप्त कर ली हो एवं दिल्ली दरबार में तानसेन के साथ संगति करने लगे हों, किन्तु भगवान दास की परम्परा दिल्ली में और कोढ़िया की परम्परा मथुरा में विकसित हुई है, उपर्युक्त तथ्य भी सारहीन प्रतीत होती है।

कहा जाता है कि लाला भगवान दास के दो पुत्र थे। अकबर बादशाह ने

प्रसन्न होकर इन्हें 'सिंह' की उपाधि प्रदान की थी। तब से उनके वंश में प्रत्येक कलाकार के आगे 'सिंह' विशेषण लगाने की प्रथा चल निकली। लाला भगवान दास जी को अकबर सम्राट ने जावली ग्राम उपहार स्वरूप दिया था, फलतः उनका घराना जावली घराने के नाम से विख्यात हो गया। अकबर के शासन काल में लाला भगवान दास मृदंग वादक द्वारा आरम्भ हुई जावली घराने की वह परम्परा उनके पश्चात् उनके विद्वान प्रतापी एवं प्रतिभाशाली शिष्यों द्वारा प्रसारित हुई।

लाला भगवान दास के प्रशिष्यों में कृपाल राय का नाम आता है। कृपाल राय को औरंगजेब ने 'मृदंगराय' की उपाधि से सम्मानित किया था। कृपाल राय के शिष्यों में घासीराम तथा लाला भवानीदीन अथवा भवानीसिंह का नाम आता है। कदाचित् लाला भवानीदीन या भवानी सिंह भगवान दास जी के वंशज भी हो सकते हैं। आधुनिक संगीत शास्त्री लाला भवानीदीन को मृदंग की आधुनिक समस्त परम्पराओं के प्रेरणास्त्रोत मानते हैं।

आज से दो शती पूर्व लाला भगवान दास की वंश या शिष्य परम्परा में पहाड़ सिंह नाम के एक उच्यकोटि के पखावज वादक हुये। अनुमानतः ये भवानीदीन तथा घासीराम के समकालीन थे। पहाड़ सिंह जोधपुर के दरबारी कलाकार थे। वे कुछ वर्षो तक नाथद्वार के मंदिर में श्रीनाथ जी की सेवा में रत रहें। इनके पुत्र जौहार सिंह भी कुशल मृदंग वादक थे, जो अपने पिता के साथ जोधपुर दरबार में नियुक्त थे। नाथद्वार के मृदंगाचार्यों की परम्परा में पहाड़ सिंह की भी विद्या का कुछ अंश संचित है, क्योंकि नाथद्वार के पं० रूपराम जी ने उनसे शिक्षा प्राप्त की थी।

लाला भवानीदीन के उत्तर भारत में अनेक प्रतिभा सम्पन्न एवं प्रसिद्ध शिष्य हुए जिनमें ताज खाँ डेरेदार, कादिर बख्श (प्रथम), हद्दु खाँ लाहौर वाले, अमीर अली, कई पंजाबी शिष्य तथा कुदऊ सिंह जैसे समर्थ मृदंग वादक और बाबू जोधसिंह जैसे विद्वानों का नाम आता है। भवानीदीन जी के पश्चात् कुदऊ सिंह ने अपनी नवीन वादन शैली एवं परम्परा का आविष्कार किया, जो उनके शिष्य प्रशिष्यों में प्रसारित होकर 'कुदऊ सिंह' घराने के नाम से प्रसिद्ध हुई। ताज खाँ तथा कुछ अन्य पंजाबी शिष्यों से पंजाब की परम्परा का उद्‌भव हुआ तथा जोधसिंह के शिष्य नाना पानसे ने एक नवीन घराने की नींव डाली, जो कि आगे चलकर नाना पानसे घराना के नाम से विख्यात हुआ।

फकीरूल्लाह कृत 'राग दर्पण' के दशम अध्याय के आधार पर आचार्य बृहस्पति जी लिखते हैं 'भगवान पखावजी अकबर दरबार के पखावजी थे और उन्होंने तानसेन के साथ संगति की थीं'। वे शतायु हुये।

नवाब वाजिदअली शाह के युग में लिखी गई हकीम मोहम्मद करम इमाम की पुस्तक 'मऊदन् उल मूसिकी' सन् 1855 के आधार पर श्री भगवतशरण शर्मा लिखते हैं–तानसेन के साथ पखावज संगति करने वाले कलाकार भगवान दास पखावजी थे।

इस प्रकार यह तो सिद्ध हो जाता है कि तानसेन के समकालीन भगवान दास नाम के कोई मृदंग वादक थे। इनके तथा इनके शिष्यों द्वारा पखावज के विभिन्न घरानों की नींव पड़ी। यह बात अलग है कि जावली घराने के विषय में किसी ग्रंथ में कोई प्रामाणित तथ्य प्राप्त नहीं होता है। इसके अतिरिक्त किसी कलाकार से भी इस सन्दर्भ में कोई विशेष जानकारी प्राप्त नहीं होती है। 'मृदंग सागर' में भी जावली घराने के संबंध में कोई जानकारी प्राप्त नहीं होती है।

दिल्ली अहमदाबाद राजमार्ग पर राजस्थान के मेवाड़ और फालना के बीच में जावली नाम का एक छोटा सा गाँव आज भी है, जो दिल्ली से 620 किलोमीटर की दूरी पर है, किन्तु वही जावली ग्राम अकबर सम्राट ने भगवान दास मृदंग वादक को दिया था, इस विषय में कोई प्रामाणिक उल्लेख प्राप्त नहीं होता है।

भगवान दास के वंशज पहाड़ सिंह तथा जौहार सिंह वर्षों तक जोधपुर दरबार में रहे, अतएव यह भी सम्भव है कि वे जावली गाँव जो कि राजस्थान में हैं, उनके मूल निवासी रहे हों और वहीं से जोधपुर दरबार में पहुँचे हों।

जावली नाम के चार अलग-अलग गाँव चार जगहों पर बसे मिले हैं, जिनमें से राजस्थान स्थित जावली गाँव हैं, दुसरा जावली गाँव भारत के उत्तरपश्चिम क्षेत्र के गुजरात में स्थित है, तीसरा महाराष्ट्र में पुणे के पास है, जबकि चौथा जावली हिमाचल प्रदेश के चंडीगढ़ चैल-शिमला मार्ग पर पहाड़ी प्रदेश में आया है। किन्तु यह सिद्ध करना कठिन है कि इन चारों में कौन सा जावली गाँव का अस्तित्त्व उन दिनों रहा होगा तथा किसे सम्राट अकबर ने भगवान दास को भेंट स्वरूप दिया होगा। साक्ष्य के अभाव में जावली घराने की यह कथा प्रमाणिक सिद्ध नहीं हो पाती है किन्तु इतना तो अवश्य है कि जावली घराने के संस्थापक लाला भगवान दास जी थे तथा उनके पश्चात् ही पखावज के विभिन्न घरानों का उदय हुआ।

जावली घराने की वंश परम्परा

संस्थापक

लाला भगवान दास (16वीं शताब्दी अकबर युग)

↓

दो पुत्र नाम अज्ञात

प्रथम पुत्र (नाम अज्ञात) द्वितीय पुत्र (नाम अज्ञात)

↓ ↓

प्रथम पुत्र के वंशज या शिष्य का नाम अज्ञात

↓

कृपाल राय 'मृदंग राय' (औरंगजेब युगीन) खुशहाल खाँ 'गुण समन्दर' (औरंगजेब युगीन)

↓ ↓ ↓

पहाड़ सिंह जोधपुर घासी राम लाला भवानी दीन

↓ ↓ ↓

जौहार सिंह पुत्र (मो. शाह रंगीले युगीन) (सन् 1750 ई० के पश्चात्)

↓

लाला भवानी दीन जी की शिष्य परम्परा

↓

रतन सिंह, मुकुटबिहारी सिंह, ताज खाँ डेरेदार, हद्दू खाँ लाहौर वाले, कादिर बख्श प्रथम, कुदऊ सिंह, बाबू जोधसिंह।

ताज खाँ डेरेदार, हद्दू खाँ लाहौर वाले, कादिर बख्श प्रथम इन तीनों ने 1775 ने निकट

↓

पंजाब घराने की नींव डाली।

1800 ईस्वी के निकट कुदऊ सिंह जी ने

↓

कुदऊ *सिंह* घरानें की नींव डाली।

बाबु जोधसिंह जो कि कुदऊ सिंह जी के समकालीन थे

↓

नाना पानसे घराने की नींव डाली।[5]

पंजाब घराना

लाला भवानीदीन जिन्हें पंजाब घराने के कलाकार भवानीदास के नाम से सम्बोधित करते हैं, पंजाब घराने के आदि प्रवर्तक माने जाते है। 'पोथी' में भी पंजाब घराने की मृदंग परम्परा के संस्थापक का नाम भवानीदास बताया गया है। मध्य युग से ही पंजाब के अनेक हिन्दु एवं मुसलमान मृदंग वादक अपनी वादन निपुणता के कारण देश भर में प्रसिद्ध हो गये थे। पंजाब में आज भी कुछ गिने-चुने मृदंग वादक विद्यमान हैं, जो भजन-कीर्तन के साथ ही ध्रुपद धमार गायकी के साथ भी संगत करते हैं।

पंजाब में मृदंग वादन की परम्परा काफी प्राचीन है, जो कि भारत एवं पाकिस्तान दोनों देशों में व्याप्त है। परन्तु पाकिस्तान के मृदंग वादकों का इतिहास उपलब्ध नहीं हो पाता है। पंजाब घराने के कलाकारों की मान्यता के अनुसार वर्तमान समय का पंजाब घराना लाला भवानीदास से ही संबंधित है। इनसे संबंधित एक घटना है, जो कलाकारों में इस प्रकार प्रसिद्ध है-

एक बार लाहौर के सूबेदार ने भवानीदास को निमंत्रण देकर अपने यहाँ बुलाया। सूबेदार उनके मृदंग वादन से इतने खुश हुये कि वे चाहने लगे कि वहाँ के कुछ स्थानीय कलाकारों को उनसे पखावज की शिक्षा मिले। उन्होंने लाला भवानीदास के समक्ष अपनी इच्छा प्रकट की। भवानीदास जी उनकी यह इच्छा सुनकर असमंजस में पड़ गयें। लोगों का कहना है कि वे अपनी परम्परागत विद्या को सिखाना नहीं चाहते थे, परन्तु यह बात कुछ सत्य प्रतीत नही होती है। इतने प्रकाण्ड विद्वान और महान व्यक्तित्त्व के धनी पुरूष इतनी संकीर्ण मानसिकता के नहीं हो सकते। उनके ना कहने का कारण कुछ और ही रहा होगा। उन दिनों पखावज की क्रियात्मक शिक्षा देने के पूर्व शिष्यों को ताल शास्त्र का पूर्ण ज्ञान कराया जाता था, किस प्रबन्ध के साथ कौन-सी ताल बजेगी, उसे बजाने की कौन-सी विधि होगी, इसका निर्णय निश्चित ताल के प्रयोग के द्वारा किस प्रकार और कब किया जा सकता है, तथा बोलों एवं वर्णों में लघु, गुरू, प्लुत का प्रमाण किस गणित से बैठाया जायेगा, आदि अनेक शास्त्रीय बातें पखावज वादक को क्रियात्मक ज्ञान के साथ-साथ सिखाई जाती थी। विधर्मी एवं अशिक्षित लोग अपने शास्त्र की इन विशेषताओं को एवं गहनताओं को समझ सकने में असमर्थ होंगे, ऐसा सोंच करके उन्होंने कदाचित् उन लोगों को शिक्षा देना उचित नहीं सोंचा होगा। तत्पश्चात् परदेश में शासक वर्ग का कोपभाजन बनने से कदाचित् जान खोना पड़े, इस भय से उन्होंने उन लोगों को सिखाना स्वीकार किया होगा। इस प्रकार कुछ वर्ष लाहौर में रहने के पश्चात् भवानीदास जी ने वहाँ के स्थानीय

कलाकारों को पखावज की शिक्षा दी। उन्होंने वहाँ के लोक वाद्य दुक्कड़ पर एक नवीन बाज का भी आविष्कार किया और अपने पंजाबी शिष्यों को इसकी शिक्षा दी, ऐसा प्रतीत होता है कि जो आगे चलकर जोड़ी वाद्य के रूप में प्रचलित हुआ। आज भी कुछ गुरूद्वारे में जोड़ी वाद्य बजाने की प्रथा है।

यद्यपि यह सिद्ध हो चुका है कि कुदऊ सिंह तथा पंजाब इन दोनों परम्पराओं के मूल प्रवर्तक लाला भवानीदीन जी ही थें, तथापि कुछ लोगों में यह धारणा व्याप्त है कि इन दोनों घरानों के प्रवर्तक दो अलग-अलग लोग रहे होंगे। पंजाब घराने के कलाकार उस्ताद अल्लारखा खाँ साहब, लाला भवानीदीन को भवानीदास कहते है–इनके अनुसार ये नाम इन्होंने अपने गुरू के मुख से सुनी थी तथा इन्हें ही अपने पंजाब घराने का आद्य पुरूष मानते हैं।

विविध ग्रंथों से प्राप्त सूचनाओं के अनुसार जो ऐतिहासिक प्रमाण हमारे पास उपलब्ध हैं, उनमें कहीं भी ऐसा उल्लेख नहीं मिलता कि भवानीदास और भवानीदास एक ही व्यक्ति के दो नाम हों। ऐसा सम्भव हो सकता है कि दिल्ली और उत्तर प्रदेश की और भवानीदीन नाम से सम्बोधित किया जाता रहा हो और पंजाब की और उनके शिष्यगण या उनके चाहने वाले उन्हें भवानीदास कहते रहे हो, इस प्रकार हो सकता है कि भवानीदीन, भवानीदास, भवानीसिंह, एक ही व्यक्ति के दो अलग-अलग नाम हो, जिनसे कि पखावज के विभिन्न घरानें एवं परम्पराएँ अस्तित्व में आई है।

पन्द्रहवीं, सोलहवीं, सत्रहवीं, शताब्दी में मृदंग पर कौन-सा बाज बजाया जाता था, वह किस प्रकार बजता था, उसमें स्वतंत्र वादन किया जाता था या नहीं और अगर किया जाता था, तब उसकी प्रस्तुतीकरण किस प्रकार की होती थी, इन सभी बातों से हम लोग अनिभिज्ञ है। प्रमाणिक रूप से मृदंग के जिन कलाकारों का उल्लेख हकीम मोहम्मद करम इमाम की पुस्तक 'मऊदन् उल मूसिकी' सन् 1855 ई० में मिलता है, उसमें किरपा मृदंग वादक एवं घासीराम मृदंग वादक के नाम प्रमुख हैं। अतः औरंगजेब युगीन किरपा मृदंग वादक या मो० शाह रंगीले के दरबारी कलाकार घासीराम मृदंग वादक किस प्रकार का वादन करते थें, इनकी कोई जानकारी प्राप्त नहीं होती है, केवल अनुमान ही कर सकते हैं। आज हमारे पास मृदंग की जो संचित जानकारी बोल बंदिश के रूप में है, ऐसा प्रतीत होता है कि वह केवल दो शती पूर्व का है।

श्री बाबू लाल गोस्वामी के अनुसार लाला भवानीदीन ने दिल्ली के सुल्तान मो० शाह रंगीले को लक्ष परणें सुनाकर प्रसन्न किया था। आचार्य बृहस्पति ने

भी रंगीले के दरबारी कलाकार के रूप में भवानीदीन का उल्लेख किया है। बादशाह मोहम्मदशाह का शासन काल सन् 1719 से 1748 ई० तक था अत: लाला भवानीदीन का समय 18वीं सदी का मध्य काल रहा होगा। इससे यह निष्कर्ष निकलता है कि आज का पंजाब घराना 18वीं सदी के मध्य से प्रारम्भ हुआ। इस घराने में पहले केवल पखावज की शिक्षा दी जाती थी। परन्तु पिछले 100 वर्षों से वहाँ तबला एवं पखावज दोनों का प्रचलन प्रारम्भ हुआ और उसी समय से वहाँ तबले को भी महत्व मिलने लगा। आज स्थिति ये है कि इस घराने में पखावज वादन नाम मात्र का रह गया है और यहाँ के कलाकार तबला वादक के रूप में यश अर्जित कर रहे हैं।

पंजाब घराने का विकास लाला भवानीदीन के शिष्य प्रशिष्यों के योगदान से हुआ है। ताज खाँ डेरेदार, हद्दू खाँ लाहौर वाले, कादिर बख्श प्रथम तथा अमीर अली आदि भवानीदास के प्रमुख शिष्य हुये, जिनसे पंजाब की परम्परा चली। इसी परम्परा के अन्तर्गत अमीर अली ने पंजाब में भवानीदीन द्वारा आविष्कृत दुक्कड़ बाज का प्रचार किया और अनेक शिष्य तैयार किये।

इन उल्लेखों से यह स्पष्ट होता है कि पंजाब घराने के उस्ताद प्रकाण्ड विद्वान एवं गुणी रहे होंगे। इन्हीं लोगों के प्रयास से पंजाब घराना विस्तृत हुआ जो बाद में उ० हुसैन बख्श, उ० फकीर बख्श, उ० करम इलाही, मियाँ मलंग, मियाँ कादिर बख्श आदि के प्रयत्नों से विशाल वृक्ष बन कर विस्तृत हुआ। पंजाब घराने के विकास में इन उस्तादों के वंशजों व शिष्यों का अमूल्य योगदान रहा है।

पखावज की पंजाब परम्परा में लाला भवानीदीन के पाँच प्रमुख शिष्य हुये। उ० कादिर बख्श प्रथम जिनके पुत्र मियाँ हुसैन बख्श, पौत्र मियाँ फकीर बख्श तथा प्रपौत्र मियाँ कादिर बख्श थे।

दूसरे उ० ताज खाँ डेरेदार जिनके पुत्र नासिर खाँ उत्कृष्ट कलाकार थे। वे मथुरा के पं० जानकी प्रसाद के भी शिष्य थे। नासिर खाँ दीर्घकाल तक जियाजी राव गायकवाड़ के राज्य काल में बड़ौदा दरबार में रहें तथा बड़ौदा के कलावन्त कारखाने में रहकर अनेक शिष्य तैयार किये, जिनमें पं० कान्ता प्रसाद प्रमुख हैं। इनकी वंश परम्परा में इनके पुत्र नासिर हुसैन पौत्र नाजीर खाँ आदि अच्छे कलाकर थे। तीसरे शिष्य एक अज्ञात हिन्दु व्यक्ति थे, जिनके शिष्य पं० भवानी प्रसाद से ब्रज के मक्खन लाल ने कुछ शिक्षा ग्रहण की थी। चौथे शिष्य हद्दू खाँ लाहौर वाले थे। पाँचवें शिष्य अमीर अली थे, जो खब्बे हुसैन ढोलकिया के पुत्र थे। ऐसी मान्यता है कि भवानीदीन ने खब्बे हुसैन ढोलकिया को वादन में हराकर उनके पुत्र को अपना शिष्य बनाया था।

इन पाँच शिष्यों के अतिरिक्त भी पंजाब की परम्परा में लाला भवानीदीन के अनेक शिष्य हुये किन्तु उनके विषय में विशेष जानकारी उपलब्ध नहीं हो पाती है। पंजाब घराना भारत एवं पाकिस्तान दोनों ही देशों में फैला है। अत: लाला भवानीदीन के शिष्य परम्परा पाकिस्तान में भी विस्तृत हुई होगी, जिसके इतिहास से हम अनभिज्ञ हैं।[6]

पंजाब घराने की वंश परम्परा

संस्थापक लाला भवानीदास

↓

इनके शिष्यों की परम्परा

1720 से 1750 के बीच

↓

हद्दु खाँ, मियाँ कादिर बख्श 1, हिन्दु शिष्य, अमीर अली,

ताज खाँ डेरेदार, लाहौर वाले

हद्दु खाँ लाहौर वाले के शिष्यों की परम्परा

↓

शिष्यों की परम्परा विशेषरूप से पाकिस्तान में फैली

मियाँ कादिर बख्श प्रथम के शिष्यों की परम्परा

↓

मियाँ हुसैन बख्श (पुत्र)

↓

फकीर बख्श (पुत्र)

↓

कादिर बख्श (पुत्र)

↓

हिन्दु शिष्य नाम अज्ञात

↓

भवानी प्रसाद

↓

माखन लाल मथुरा 1876-1951

ताज खाँ डेरेदार के पुत्र

↓

नसीर खाँ की शिष्य परम्परा

कान्ता प्रसाद, नरहरि शंभुराव भावे, गोविन्द प्रसाद, विष्णु पन्त जोशी, हिम्मतराव बख्शी, गणपत राव वसईकर, कृष्णकान्त शिलेधर बड़ौदा।

निसार हुसैन पुत्र

↓

नजीर खाँ पुत्र

कुदऊ सिंह घराना

महाराज कुदऊ सिंह का घराना पखावज वादन के क्षेत्र में अपना महत्वपूर्ण स्थान रखता है। ये महान तेजस्वी लाला भवानीदीन के प्रतिभावान शिष्य थे, जिनका योगदान पखावज के क्षेत्र में सर्वाधिक है। कुदऊ सिंह के गुरु लाला भवानीदीन, भगवान दास की परम्परा के शिष्य थे। भगवान दास के पुत्रों को शहंशाह अकबर ने 'सिंह' की उपाधि दी थी और तब से उनके वंश के सभी कलाकार अपने नाम के आगे 'सिंह' लगाने लगें। इसी कारण बहुत से विद्वान लाला भवानीदीन को भवानी सिंह के नाम से भी जानते हैं।

मुगल सम्राज्य के बाद हमारे देश पर अंग्रेजी शासन का राज हुआ। यह समय 18वीं शताब्दी के पूर्वाद्ध का था। अंग्रेजी शासन ने हमारे देश की कला, संस्कृति, सभ्यता सभी को प्रभावित किया। देश छोटी-छोटी रियासतों में बँट गया। संगीत अपना राजाश्रय खो चुका था। ऐसे विकट समय में हमारे कलाकारों को महाराज, नवाब तथा ठाकुरों का संरक्षण नहीं मिला होता, तो आज हम लोग संगीत के क्षेत्र में बहुत कुछ खो दिये होते। भारत की सांगीतिक परम्परा उन गुणग्राही सामन्तों का सदा ऋणी रहेगा।

ऐसे ही एक कला पारखी नरेश भवानीसिंह के राज दरबार में महान मृदंग केसरी कुदऊ सिंह महाराज अनन्य कला रत्नों में से एक थे। अपने जीवन काल में कुदऊ सिंह जी ने अनेक राजा महाराजाओं की महफिलों को सजाया था, किन्तु दतिया नरेश की उदारता प्यार एवं कला परस्ती पर वे इस तरह मुग्ध थे, कि एक बार दतिया जाकर बस जाने के पश्चात् जीवन के अंतिम क्षण तक वहीं रहे। अपनी बहुमुखी प्रतिभा एवं सिद्धि के बल पर इस कला स्वामी ने पखावज

को अत्यन्त गौरवान्वित किया। कुदऊ सिंह अपने युग के सर्वाधिक सुविख्यात एवं श्रेष्ठ पखावज वादक थे। प्रभावशाली व्यक्तित्त्व तथा भक्ति भावना से ओत-प्रोत स्वाभिमानी विचारों के स्वामी कुदऊ सिंह को पखावज का युग पुरूष कहा जाता है। भारतीय संगीत समाज और तालज्ञ संगीत प्रेमीजन आज भी उनका नाम बड़े श्रद्धा एवं आदर के साथ लेते हैं।

मृदंग वादन की शास्त्रीय परम्परा को उन्होंने स्वनिर्मित परणों से विकसित किया था। उन्होंने हजारों परणों की रचना की। उनकी बाज बहेरी परण, गज परण, शिव ताण्डव परण, समुद्री परण, दहेज परण, अश्व परण, मन मोर परण, बिजली परण, घटातोप परण, दुर्गा परण, गणेश परण आदि विशेष रूप से प्रसिद्ध है। ऐसा कहा जाता है कि जब वे जल पंच देवी स्तुति परण देवी के सामने बजाते थे, तब रखा हुआ नारियल स्वत: टुट जाता था। इन्होंने अपनी पुत्री को दहेज में चौदह सौ परणें अपने दामाद श्री काशीप्रसाद को दी थी, जिन्हें कुदऊ सिंह ने पुत्री धन समझ कर आजीवन नहीं बजाया। ऐसी मान्यता है कि इन्हें बाइस सौ परणें याद थी तथा प्रत्येक परण कम से कम 24 आवृतियों की होती थी। इनकी परणें अनोखे ढंग तथा वादन शैली मौलिक होने के कारण उनकी परम्परा एक स्वतंत्र घराने के रूप में प्रसिद्ध हुई।

कुदऊ सिंह महाराज ने जीवन पर्यन्त मुक्त मन से विद्यादान किया था, तथा सैकड़ों शिष्य तैयार किये थे। विशेष उल्लेखनीय बात यह है कि सभी शिष्यों को उनके अनुसार शिक्षा देते थे। निधन विद्यार्थियों को स्वयं धन देकर उनका पालन-पोषण भी करते थे। उनकी विशाल शिष्य परम्परा सम्पूर्ण भारत में फैली हुई है। उनके प्रमुख शिष्यों में पं० मदन मोहन उपाध्याय, आयोध्या के बाबा रामकुमार दास, दरभंगा के पं० भईया लाल, राजस्थान के श्री जगन्नाथ पारीक, बंगाल के श्री दिलीप चन्द्र भट्टाचार्या, बनारस के पर्वत सिंह, टीकमगढ़ के लाला झल्ली, दतिया के खिल्ली नागर्च, पंजाब के ज्ञानी हरनाम सिंह तथा रागी फुग्गन सिंह, महाराष्ट्र के बलवन्त राव ताने, मथुरा के चिरंजी लाल, (प्रेम बल्लभ के दादा) सिंध हैदराबाद के चेतन गिरी, पं० मदन मोहन सोरोंवाले के नाम उल्लेखनीय है।

इनकी दो बेटियाँ थीं। इनके दामाद काशीप्रसाद ने भी इनसे सीखा था। इनके नाती का नाम शंभु प्रसाद तिवारी था। ये अपने समय के बहुत ही गुणी तथा विद्वान पखावज वादक माने जाते थे। ये बांदा मध्य प्रदेश के रहने वाले थे।

कुदऊ सिंह के छोटे भाई पं० राम प्रसाद की परम्परा में भी उनकी विद्या फैली। राम प्रसाद जी स्वयं उत्कृष्ट पखावजी थे, जिन्हें अपने पिता ईश्वर प्रसाद

एवं बड़े भाई पं० कुदऊ सिंह महाराज की विद्या विरासत में मिली थी। उनके पुत्र गया प्रसाद भी उच्च कोटि के कलाकार हुये, वे दतिया दरबार में रहे। कहा जाता है कि भतीजे गया प्रसाद को कुदऊ सिंह ने स्वयं तालीम दी थी। गया प्रसाद के पुत्र आयोध्या प्रसाद अपनी परम्परा के समर्थ कलाकार हुये। ये राष्ट्रीय पुरस्कार 'पदम्श्री' सम्मान से अलंकृत किये गये। वे एक लम्बी अवधि तक रामपुर दरबार की सेवा में रहें। इनके चार पुत्र थे। शीतल प्रसाद, नारायण प्रसाद, कुन्दन प्रसाद तथा रामजी लाल शर्मा।

कुदऊ सिंह के सैंकड़ों प्रशिष्य हुये, जिनमें देवकी नन्दन पाठक, मुंशी भृगुनाथ लाल शर्मा, स्वामी रामदास, मन्नू जी मृंदगाचार्य, राम मोहिनी शरण, मक्कखन खाँ, मिट्टू खाँ, रहमत खाँ, अन्नत बुआ साधले, बापू साहब शालीग्राम, भगवान दास, स्वामी राम शंकर दास उर्फ पागल दास, शंकर राव शिंदे अपेगांवकर, उध्ध्वराव शिंदे अपेगांवकर, ठाकुर जगदीश सिंह 'दीन', ठाकुर भिखम सिंह, बलीराम पन्त पाण्डे तथा कोकल बाजी पिंपलखंडे आदि प्रमुख हैं। इन विद्वान कलाकारों के भी सैकड़ों शिष्य आज इस परम्परा को आगे बढ़ा रहे हैं। महाराज कुदऊ सिंह जी पखावज के साथ ही गायन एवं तबले के भी सिद्धहस्त कलाकार थे। इनके अनेक शिष्यों ने विशेष रूप से मदन मोहन उपाध्याय ने पखावज के आधार पर तबले की अनेक बंदिशों की रचना कर अपने शिष्यों को सिखाया था।

कुदऊ सिंह जी का व्यक्तित्व इतना प्रभावशाली था कि उनके समकालीन सभी कलाकारों पर उनके बाज का प्रभाव एवं प्रभुत्व देखने को मिलता था। सन् 1907 में 95 वर्ष की अवस्था में उनका देहान्त हुआ। कुछ लोग उनकी उम्र 120 वर्ष की बताते है, तो कुछ लोगों के अनुसार गज को वश में करने के कारण बह्माण्ड फट जाने के कारण उनकी मृत्यु हुई किन्तु ये सब बातें अप्रमाणित है, कहीं भी इन बातों का कोई प्रमाण प्राप्त नहीं होता। *(कुदऊ सिंह वंश परम्परा का चार्ट पेज 153 पर दिया जा रहा है।)*

नाना पानसे घराना

संगीत वाङ्मय में कुदऊ सिंह महाराज ने अपनी कला साधना वादन वैशिष्ट्य प्रभावशाली व्यक्तित्व से पखावज के क्षेत्र में ऐसा प्रभुत्व जमा लिया था, कि दूसरे सौ साल तक पखावज के क्षेत्र में किसी दूसरे घराने की कल्पना नहीं की जा सकती थी। परन्तु इनके जीवन काल में ही एक अलौकिक प्रतिभा का उदय हो चुका था। कला संसार को उज्वलित करने वाले चौमुखी प्रतिभा के धनी पुरुष ने एक नवीन घराने की नींव डाली, जो 'नाना पानसे घराने' के नाम से जाना गया।

वंश परम्परा

ईश्वर प्रसाद मृदंगाचार्य

कुदऊ सिंह पुत्र → पुत्री एवं दामाद → शम्भु तिवारी पुत्र → पुत्री एवं रामदास शर्मा (दामाद)

राम प्रसाद पुत्र → गया प्रसाद पुत्र → आयोध्या प्रसाद पुत्र → रामजी लाल शर्मा, शीतल प्रसाद, नारायण प्रसाद एवं कुन्दन प्रसाद[7]

महाराष्ट्र के उत्साही होनहार बालक नाना पानसे में बचपन से ही संगीत के संस्कार विद्यमान थे। नाना का जन्म महाराष्ट्र के वाई के पास बावधन में हुआ था। बाल्यावस्था में ही पिता से पखावज सीख कर मन्दिरों में भजन के साथ सुन्दर संगत किया करते थे। पिता के उपरान्त नाना को पुणे के दरबारी कलाकार मन्याबा जी कोडीतकर, वाई के चौण्डे बुआ एवं मार्तण्ड बुआ से सीखने का मौका मिला। बाद में ये बाबू जोधसिंह के पास काशी चले गयें।

तत्कालीन संगीत समाज के मुख से उस महान संत की विद्या की चर्चा सुनकर एक दिन नाना उनसे मिलने उनके घर पहुँच गये। उस समय जोधसिंह महाराज लय में लीन होकर माँ भगवती के चरणों में अर्ध्य अर्पण कर रहे थे। ऐसे कलाविद् भक्त का अनोखा वादन सुनकर नाना दंग रह गये। विद्या प्राप्ति की अकाँक्षा से आत्म विभोर होकर उनके चरणों में गिर पड़े। गुरु ने शिष्य की भक्ति और प्रतिभा को पहचान कर, उन्हें पखावज की परम्परागत शिक्षा दी। काशी में गुरू के चरणों में बारह वर्षों तक शिक्षा ग्रहण करने के पश्चात् इनके गुरु ने प्रयाग के परम सन्त योगीराज माधव स्वामी के पास भेज दिया था। योगीराज स्वामी पखावज के प्रकाण्ड विद्वान थे। इनके शिष्यत्व में नाना बारह साल रहें। अन्त में शिक्षा पूर्ण के बाद माधव स्वामी ने नाना पानसे को अपनी बहुमूल्य पुस्तक, पखावज तथा आशीर्वाद देकर स्वयं जल समाधि ले ली।

पखावज में पूर्ण दक्षता प्राप्त करके नाना इन्दौर चले आये। इन्दौर में राजाश्रय प्राप्त होने के पश्चात् नाना पानसे ने अपनी प्रज्ञा प्रतिभा एवं मौलिक सृजन शक्ति

के अनुसार गुरुमुखी विद्या में अनेक परिवर्तन किये। उन्होंने ग्रंथों का अध्ययन किया, जिससे उन्हें एक नवीन दृष्टि मिली। इस अध्ययन के आधार पर गणित शास्त्र के अनुसार परणों का नवीनीकरण किया। नवीन ठेकों का आविष्कार किया। अनेक तालों में नवीन बंदिशों की रचनाएँ की तथा संगीत शिक्षण को सरल बनाने हेतु मात्राबद्ध पद्धति का निर्माण करके, उँगलियों पर गिनने की रीति को उन्होंने शास्त्राधार दिया। ताल विद्या में यह उनकी अत्यन्त महत्वपूर्ण देन है। नाना पानसे अद्वितीय विद्वान होने के साथ-साथ एक उच्चकोटि के शिक्षक भी थे। उन्होंने खुले मन तथा विशाल हृदय से सैकड़ों शिष्यों को शिक्षा दी।

नाना पानसे बड़े ही विनम्र सरल विशाल हृदयी एवं अत्यन्त निराभिमानी व्यक्ति थे। अपने जीवन में उन्होंने कभी किसी कलाकार का अपमान नहीं किया। वे सभी बड़े-छोटे कलाकारों की इज्जत करते थे। तथा उनकी कला का यथोचित सम्मान किया करते थे। शायद यही कारण रहा होगा कि उनके विषय में कभी भी ऐसा सुनने को नहीं मिला कि किसी कलाकार के साथ उनकी प्रतियोगिता हुई थी या किसी कलाकार को उन्होंने हराया था। उनके विषय में कहा जाता है कि ऐसा ताल पारंगत विद्वान सदियों में इस धरा पर अवतरित होते हैं।

कुदऊ सिंह के विषय में जैसे अनेक किंवदन्तियाँ प्रसिद्ध है, उसी प्रकार नाना पानसे से भी जुड़ी अनेक आख्यायिकाएँ सुनने को मिलती हैं। कहा जाता है कि नाना पानसे का नाम नारायण थोरपे था। ये बचपन में पानसे नाम के एक सुप्रसिद्ध कीर्तनकार के साथ पखावज की संगति किया करते थे। उनकी संगति इतनी सुन्दर हुआ करती थी, कि लोग विशेष रूप से उनका पखावज सुनने के लिये कीर्तन में आया करते थे। तब से लोगों को 'पानसे का पखावज' सुनने जा रहें, कहने की आदत पड़ गई। तब से इनका नाम पानसे के नाम से प्रचलित हो गया। एक मत यह भी है कि उनके पाँच सौ शिष्य थे, जिसे मराठी भाषा में पानसे कहा जाता है।

उनकी शिष्य तथा प्रशिष्यों की परम्परा विशाल वृक्ष के समान हैं। उनके शिष्यों में उनके पुत्र बलवन्तराव पानसे, नाती शंकर भैया पानसे, पं० सखाराम बुआ आगले आदि के नाम लिये जाते हैं तथा प्रशिष्यों में पं० अम्बादास पन्त आगले, पं० गोविन्दराव बुरहानपुरकर, पं० सखाराम, राजा छत्रपति सिंह आदि प्रमुख हैं।

नाना पानसे घराने की वादन विशेषता

1. नाना पानसे निराभिमानी एवं कोमल हृदय के व्यक्ति थे। छोटे-बड़े

सभी कलाकारों के सम्मान की रक्षा हेतु उन्होंने 'सुदर्शन' नामक एक नवीन ठेके का निर्माण किया था। जब किसी कलाकार के किलिष्ठ गायकी को पखावज या तबला वादक समझ नहीं पाते थे, तब अपमान से बचने के लिय सुदर्शन ठेका वादक के लिये अत्यन्त उपयोगी सिद्ध होता था।

2. इस घरानें का बाज सरल एवं मुलायम है। यहाँ लम्बी परणें एवं कठिन बोलों का प्रयोग नहीं किया जाता है। यहाँ कि बंदिशों में तिरकिट, किटतक, तकतक, धुमकिट, घेड़नग, नगिन्न, गदिगन, धिरधिर आदि सरल बोलों का प्रयोग देखने को मिलता है। प्राय: बंदिशों में प्रत्येक शब्दों का समावेश देखने को मिलता है किन्तु आसान तरीके से बजने वाले बोलों पर विशेष ध्यान दिया जाता है।
3. इस घराने की बंदिशें सरल होती है जिसके कारण बंदिशों को द्रुत लय में बजाना आसान होता है। रेला, चक्रदार आदि वादन के दृष्टि से मधुर एवं सरल होने के साथ सुनने में धारा प्रवाह से प्रतीत होते हैं।
4. इस घराने की विशेषता 'ताल का बंध' माना जाता है। सर्वप्रथम यहाँ बंदिशों को ताल देकर अभ्यास किया जाता है। जब तक बंदिश लय में सही न हो जाए, तब तक साज छूने नहीं दिया जाता है। बाज में गणित की बातें ऐसी सुन्दर रीति से सजी होती हैं कि वादक की विद्धता से लोग मंत्र मुग्ध हो जाते हैं।
5. यहाँ की बंदिशों में तीन-तीन मात्राओं के शब्दों का खंड विशेष रूप से होता है।[8]

नाथद्वारा घराना

इस परम्परा से संबंधित तीन भाईयों का नाम विशेष रूप से उल्लेखनीय है, जो इस प्रकार से है–श्री तुलसी जी, श्री नरसिंह दास जी और हालू जी।

राजस्थान के केकटखेड़ा ग्राम में कुछ असमाजिक तत्त्वों द्वारा विद्रोह होने की स्थिति में तीनों भाई उस ग्राम को छोड़कर जंगल की ओर चले गये। ये तीनों भाई जंगल में भ्रमण करते रहें तथा भक्ति में लीन हो गये। जिससे यह कहा गया कि भक्ति मार्ग से इन भाईयों को संगीत की शक्ति प्राप्त हुई। दो भाई भक्ति में ही विलीन हो गये और तीसरे भाई श्री हालू जी आमेर (राजस्थान) आ गये, जहाँ से इनकी वंश परम्परा चली।

स्वामी जी तथा छबील दास इनके दो पुत्र हुयें, जिनमें छबील दास से परम्परा आगे बढ़ी।[9]

वंश परम्परा

श्री हालू जी

↓

श्री छबील दास

↓

श्री फकीर दास

↓

श्री चन्द्रभान जी

↓

श्री मान जी

↓

श्री रूपराम जी

↓

श्री बल्लभ दास जी

↓

श्री चर्तुभुज जी	श्री शंकर जी	श्री खेम जी
	↓	↓
	श्री घनश्याम जी	श्री श्याम लाल जी
	↓	↓
	श्री पुरूषोतम दास जी	श्री रघुनाथ जी
	↓	
	श्री डालचंद शर्मा	

अवधि घराना

अवधि घराना कुदऊ सिंह घराने की ही एक शाखा है। मृदंग सम्राट कुदऊ सिंह से शिक्षा प्राप्त कर लेने के पश्चात् उनके दो प्रमुख शिष्य पं० मदन मोहन उपाध्याय और बाबा राम कुमार दास सन् 1930 के आसपास आयोध्या चले गये। वहाँ उन्होंने पखावज का काफी प्रचार-प्रसार किया तथा अपने अनेक शिष्य तैयार

किये। पं० मदन मोहन उपाध्याय ने स्वामी रामदास नाम के एक प्रतिभावान शिष्य को पखावज की शिक्षा देकर, उन्हें आयोध्या में पखावज के प्रचार का दायित्व सौंपकर बंगाल चले गये। किन्तु बाबा रामदास आयोध्या में ही रहकर पखावज का यथेष्ठ प्रचार-प्रसार किया तथा अनेक शिष्यों को तैयार करके 'अवधि घराने की नींव डाली।'

अवधि घराने के कलाकार अपने घराने के आद्य पुरूष के रूप में 'कुदऊ सिंह' जी को ही सम्मान देते हैं। यद्यपि बाबा राम कुमार दास ने अवधि घराने की अप्रत्यक्ष कल्पना की थी तथापि उसे साकार करने का महत्वपूर्ण कार्य पखावज महर्षि स्वामी भगवान दास ने किया जो बाबा राम दास और स्वामी राम दास की शिष्य परम्परा में आते हैं। उन्हीं के प्रयत्नों के फलस्वरूप इस परम्परा में पखावज और तबला के सैकड़ों शिष्य तैयार हुये, जिन्होंने अवधि घराने का नाम रौशन किया। इसी घराने के स्वामी रामशंकर दास उर्फ पागल दास ने विश्वव्यापी ख्याति अर्जित की। इन्होंने अपने गुरु स्वामी भगवान दास और दादा गुरु बाबा राम कुमार दास की परम्परा को आगे बढ़ाया।

अवधि धराने की वादन विशेषता

1. अवधि घराना एक आध्यात्मिक घराना है। इस घराने में कुदऊ सिंह घराने की रचनाओं की पारम्परिकता से हटकर 'गणित अंग' पर विशेष महत्त्व दिया गया।
2. इस घराने में गणित द्वारा 'ता' और 'धा' के वादन में चमत्कार उत्पन्न करना मुख्य विशेषता है।
3. बन्दिशों की रचनाओं में साहित्य पक्ष पर विशेष ध्यान दिया जाता है, जिसके फलस्वरूप बन्दिशों में उच्यकोटि की अनेक स्तुतियाँ एवं श्लोक परण सुनने को मिलती हैं।
4. इस घराने के कलाकार संगीत के तीनों विधाओं के साथ संगत करने में दक्ष होते हैं।

व्याख्यात्मक ढंग से स्वतंत्र वादन के विभिन्न पक्षों पर प्रकाश डालते हुये श्रोताओं को उसका महत्व समझाने का प्रयत्न करना इस घराने की मुख्य विशेषता है।

अवधि घराने की पखावज परम्परा (*कुदऊ सिंह महाराज*)

इस परम्परा की नींव कुदऊ सिंह के दो शिष्य पं० मदन मोहन उपाध्याय एवं

बाबा राम कुमार दास जी ने रखा जिसमें पं० मदन मोहन उपाध्याय की शिष्य परम्परा इस प्रकार से है–

पं० मदन मोहन उपाध्याय (शिष्य कुदऊ सिंह)

↓

केशव जी, स्वामी रामदास, बाबा ठाकुर दास (सभी शिष्य)

↓ ↓

जमुना प्रसाद श्याम सुंदर द्विवेदी, अजीत सिंह, कल्लू उस्ताद, रामहरख दास, जानकी रसिक शरण, अवध बिहारी दास, गोविन्द दास, रामध्यान दास तथा माणिक दास सभी शिष्य।

बाबा राम कुमार दास (शिष्य कुदऊ सिंह)

↓

राम दास (उज्जैन) राम मोहिनी शरण बाबा ठाकुर दास

↓

स्वामी भगवान दास, रामचरण दास,
महन्त रघुवीर प्रसाद,
प्रेमदास, भरतजी व्यास सभी शिष्य।

बाबा ठाकुर दास जी की शिष्य परम्परा

महावीर प्रसाद, गोपाल दास महन्त, स्वामी तत्वबोधानंद, रामानुजदास, गोपाल दास पहलवान, किशोरी शरण दास, स्वामी रामाशंकर दास (पागल दास) सभी शिष्य।[10]

इस परम्परा में सभी शिष्यों की एक लम्बी श्रृंखला है यहाँ पर प्रमुख शिष्यों की ही सूची दी जा रही है।

सन्दर्भ

1. हिन्दुस्तानी संगीत परिवर्तनशीलता: डॉ० असित कुमार बनर्जी, पृ० 59।

2. ताल प्रसुनः पं० छोटे लाल मिश्र।
3. पखावज और तबला के घरानें एवं परम्पराएँः डॉ० अबान ए मिस्त्री, पृ० 30।
4. वही, पृ० 33।
5. वही, पृ० 36-39।
6. वही, पृ० 56-58।
7. वही, पृ० 56-60।
8. वही, पृ० 66।
9. मृदंग वादनः पं० पुरूषोतम दास।
10. पखावज और तबला के घरानें एवं परम्पराएँः डॉ० अबान ए मिस्त्री, पृ० 59-61।

7

प्रमुख पखावज वादकों की जीवनी

कुदऊ सिंह

कुदऊ सिंह के जन्म एवं मृत्यु के सन्दर्भ में संगीतशास्त्रियों में तीव्र मतभेद है। कुछ संगीतशास्त्रियों का मानना है कि उत्तर प्रदेश के बांदा जिले में सन् 1812 में हुआ, जबकि दूसरी ओर कुछ अन्य संगीतशास्त्रियों का मानना है कि उनका जन्म संवत् 1872 में तथा मृत्यु 1966 में हुई थी। छेदाराम जी द्वारा लिखित 'पोथी' के अनुसार कुदऊ सिंह कान्यकुब्ज बाह्मण थे। बचपन में ही मातृ-पितृ की छाया उठ जाने से इनका बाल्यकाल बड़ा कष्टमय बीता। पखावज सीखने की तीव्र इच्छा से वे मथुरा पहुँच गये। उस समय के तत्कालीन पखावजी बाबू केवल किशन दास जी से पखावज सीखने की इच्छा प्रकट की। कुछ दिनों तक परखने के बाद केवल किशन दास जी ने इन्हें अपना गंडाबन्ध शिष्य बना लिया। केवल किशन जी उन दिनों काफी वृद्ध हो चले थे अत: उन्होंने कुदऊ सिंह जी के शिक्षा का भार अपने पौत्र भवानी दास पर छोड़ा। भवानीदास ने कुदऊ सिंह जी को पुत्रवत् पाला एवं पखावज की विधिवत शिक्षा दी। गुरु सेवा असीम लगन एवं कठोर तपस्या के कारण वे धीरे-धीरे पखावज में पारंगत होते चले गये। ऐसा कहा जाता है कि गुरु भक्ति से प्रसन्न होकर इनके गुरु ने इन्हें माँ काली की सिद्धि हेतु उपाय बताये थे।

भवानी दास जी की मृत्य के पश्चात् ये मथुरा छोड़कर दतिया चले गये। ऐसा सुना जाता है कि दतिया के नरेश राजा भवानी सिंह ने इनके पखावज वादन से प्रसन्न होकर इन्हें 'सिंह' की उपाधि दी थी।

पोथी के अनुसार दतिया दरबार में तत्कालीन दुसरे महान पखावज वादक बाबू जोधसिंह के साथ कुदऊ सिंह की सात दिन तक प्रतिस्पर्धा होती रही। अपनी लाज बचाने के लिये कुदऊ सिंह ने माँ काली का आवाहन किया और उनकी कृपा से एक अद्वितीय परण का निर्माण किया, जिसमें तीन 'धा' था, दरबार में बजाते समय इस चक्रदार परण के दो 'धा' तो उन्होंने स्वयं बजाये किन्तु तीसरा 'धा' बजाते समय उन्होंने पखावज को हवा में उछाल दिया, तब तीसरा 'धा' स्वयं ही ऊपर बजा। बाबू जोधसिंह ने भी इस बंदिश को बजाने का प्रयास किया परन्तु तीसरा 'धा' नहीं बजा सकें।

आचार्य बृहस्पति ने इस प्रतिस्पर्धा को दतिया नरेश के दरबार में नहीं बल्कि वाजिद अली शाह के दरबार में होने का उल्लेख किया है। कुछ संगीतशास्त्रियों का मानना है कि कुदऊ सिंह एवं खब्बे हुसैन ढोलकिया के मध्य प्रतियोगिता हुई थी। पराजित होने पर खब्बे हुसैन को अपनी अँगुलियाँ कटवानी पड़ी थी।

कुदऊ सिंह जी के विषय में और भी किंवदन्तियाँ प्रसिद्ध है, जो इस प्रकार से है—मदमस्त हाथी को वश में करना, लगभग डेढ़मन का पखावज 'धुमकिट' के लपेट में ऊपर उठा लेना तथा ऊपर उछालने पर पखावज का बोलना, प्रतियोगिता में जहाँ बड़े-बड़े गायक वादक तथा नर्तक मौन धारण कर लेते थे, उस जगह पर सवालाख रुपयों का इनाम पाना तथा उसे समस्त गुणीजनों में बाँट देना इनकी विद्वता एवं उदारता का परिचायक था।

वादन शैली

कुदऊ सिंह की वादन शैली अत्यन्त गम्भीर एवं ओजपूर्ण थी। अपनी रचनाओं में उन्होंने कड़ान, धड़ान, धित्तान, धिलांग, तड़न्न, धड़न्न आदि गम्भीर बोलों का प्रयोग किया था। इस प्रकार उनकी बाज अन्य घरानों की अपेक्षा कठिन है। चक्रदार परणों के वे सिद्ध रचनाकार थे। उनकी रचनाओं में बोलों की लम्बाई एवं तालों की प्रचुरता देखने को मिलती है। इन रचनाओं को शुद्ध रूप से बजाने के लिये बेहद तैयारी की आवश्यकता होती है। इनकी प्रमुख रचनाओं में गज परण, शिव ताण्डव परण, बाज बहेरी परण, घटा टोप परण, दुर्गा परण, गणेश परण, समुद्री लहर परण, दहेज परण, गान मोर की परण, बिजली परण, मेघपरण, इन्द्रधनुषी परण आदि प्रमुख हैं।

प्रमुख शिष्य

इनके प्रमुख शिष्यों में राम सिंह (भाई), काशी प्रसाद (दामाद), जानकी प्रसाद (भतीजा), बड़े पर्वत सिंह, लाला हरिचरण झल्ली (टीकमगढ़), दिलीप चन्द्र भट्टाचार्या, श्री देवकीनन्दन पाठक (बलिया), श्री विशुनदेव पाठक, श्री यमुना चौधरी (दरभंगा), श्री आयोध्या प्रसाद (रामपुर), बड़े आयोध्या प्रसाद जी, श्री बासुदेव उपाध्याय एवं श्री बलदेव उपाध्याय (गया), श्री जानकी दास, श्री ललन बाबू (आरा), दुली बाबु, रागी फुम्मन सिंह, खिल्ली नागार्च, सनि गुरु आदि जाने जाते हैं।[1]

कुदऊ सिंह से संबंधित कुछ जानकारियाँ दतिया के श्री रामभरोसे पाठक ने दी है, जो कि सन् 1984 जुलाई माह के संगीत पत्रिका में उपलब्ध है, वह इस प्रकार से है–

उषःकाल था। चैत मास की शीतल वायु मंथर गति से चल रही थी। निर्जन वन में शिव जी के मंदिर में चबुतरे पर बैठा एक युवक पखावज पर अभ्यास कर रहा था। अभ्यास में वह इतना तल्लीन था, कि आंखे बंद किये कुछ गुनगुनाते हुये, दिन दुनिया की वस्तुस्थिति से एकदम परे था। उसे अपने आस-पास की सुधि नहीं थीं–कौन आया! कौन गया।

'यह क्या ढमढम कर रहे हों'? ध्वनि मुखरित हुई, युवक ने सुना, उसने आँखें खोली देखा सामने एक साधु वेष व्यक्ति खड़े थे। साधु का ललाट अप्रतिम था, हाथ में त्रिशुल था, युवक ने बिना अभ्यास बंद किये ही कहा–"महाराज पालागन (प्रणाम) यह ढमढम तो मेरा प्राण है, तथा यही आजीवन व्रत तथा चरम ध्येय है।"

"अच्छा ऐसा है, तब चलते जाओ इस पथ पर, प्रकाश मिलेगा मंजिल मिलेगी।" कहकर साधु अपने पथ पर आगे बढ़ गयें तथा युवक पुनः उसी तन्मयता में डूब गया।

युवक जीवन में अभ्यास करता गया, करता गया, समय के साथ युवक का पखावज-वादन उत्तरोतर प्रगति करता गया। पखावज वादन उसका प्राण बन गया। आगे चलकर यही युवक 'कुदऊ सिंह' के नाम से विख्यात हुयें।

पूर्णिमा की रात्रि थी। आकाश अपनी पूरी कलाओं से धरती पर स्निध चाँदनी बिखेर रहा था। उद्यानों में नाना प्रकार की सुगंधों से वातावरण अधिक मादक हो रहा था। दतिया नगर के प्रतापगढ़ दुर्ग में आज भारी भीड़ थी। हर जन के लोगों में उमंग उमड़ रही थी। दतिया की आबालवृद्ध जनता दुर्ग के 'सोरा छिड़िया'

प्रासाद के सामने विशाल मैदान में एकत्रित हो रही थी। महिलायें भी बड़ी संख्या में आयी थीं। मैदान के बीचों-बीच एक खुला स्थान था। उसके चारों ओर वितान तने हुये थे, जहाँ पुरूषों एवं महिलाओं के बैठने का अलग-अलग प्रबंध था। नर-नारी शांत से बैठकर किसी की प्रतीक्षा कर रहे थे। रात के ग्यारह बजे का समय था। नागरिकों में बैचेनी थी। उनके मन में कला के प्रति उमंगे उथल-पुथल कर रही थी। दतिया नरेश की प्रतीक्षा की जा रही थी।

बात यह थी कि आज बाहर से किसी कलाकार का आगमन था और दतिया के ठाकुर कुदऊ सिंह पखावजी के साथ उनका सितार वादन होना तय हुआ था। नागरिकों के मन में कुदऊ सिंह की कला पैंतरेबाजी देखने सुनने की तीव्र उमंगे उठ रही थीं। नकीब ने डुग्गी पर थाप दी—सावधान! महाराजाधिराज सभा में पधार रहें हैं। महाराज दतिया अपने परिवार सहित अपने मंत्रियों के साथ सभा में पधारे। नकीब ने थाप दी—अब काशी के नामी सितार वादक श्री जोशी जी तथा दतिया के कलाकार श्री कुदऊ सिंह जी सभा में पधार रहे हैं। दोनों कलाकार अलग-अलग दरवाजे से आए। उनके पीछ-पीछे नौकर सितार व पखावज लेकर सभा में आए और वाद्यों को यथा स्थान रखकर वापस चले गए। जोशी जी ने खड़े होकर महाराज का अभिवादन करते हुये कहा—"महाराज दतिया की कला ग्राहकता व यहाँ के नागरिकों की कलाप्रियता एवं ठाकुर कुदऊ सिंह जी के पखावज वादन की ख्याति सुनते आ रहा था और ठाकुर साहब के पखावज के साथ अपने सितार वादन की संगति करने की इच्छा मन में थी! आज में उसी के लिये यहाँ आया हूँ, आप सबके दर्शन करके में धन्य हुआ"—कहकर जोशी जी बैठ गए।

अब कुदऊ सिंह ने खड़े होकर कहा—महाराज की जय हो! जोशी जी को प्रणाम एवं नागरिकों को नमस्कार। मैं ब्रहुत भाग्यशाली हूँ! जो जोशी जी ने मुझे सेवा का अवसर दिया। सभी का अभिवादन करते हुये वह अपने स्थान पर बैठ गए। सभा में सन्नाटा छा गया।

वाद्य मिलाये गए। कुदऊ सिंह ने पखावज को सितार के पंचम स्वर में मिलाया। तानपूरा और सितार को भी सावधानी से मिलाया गया। मैदान के बीच में जो एक बड़ा तखत लगाया गया था, उस पर दोनों कलाकार आमने-सामने बैठ गये। दोनों में परस्पर नमस्कार हुआ। तानपुरा वादक जोशी जी के बगल में बैठा। वाद्य को धीरे-धीरे स्वर में छेड़ा गया। सभा में शांति इतनी थीं, कि सुई गिरने तक की आवाज सुनी जा सकती थी।

जोशी जी ने सितार पर राग दरबारी छेड़ा। ताल आड़ाचौताल था। जोशी जी ने राग की एक आवृति की और कुदऊ सिंह सावधानी से सितार का साथ देने लगे। क्रमशः दरबारी की बढ़त हुई और कलाएँ तंद्रा छोड़कर अँगुलियों के माध्यम से सितार व पखावज पर चलने लगीं। राग की बढ़त में कुदऊ सिंह को कुछ परेशानी हुई फिर भी पखावज पूरा साथ दे रही थी। कुदऊ सिंह ने भी मौका पाकर आड़े होकर पखावज पर परण छेड़ दी। अब जोशी जी झाला बजाने लगे। कारण यह था कि जोशी जी को ताल की खाली भरी का ही पता नहीं चल रहा था। वे गुम-सुम सितार साध रहे थे। ठाकुर साहब ने स्थिति को भांप लिया और सामन्यतया सम पर आ गए। दर्शकों ने हर्ष से तालियाँ बजा दी, जोशी की आवाक् रह गये। जोशी सावधान हुये और कुदऊ सिंह से बोले, आइये अब बढ़त की जाये आप साथ दीजिए। जोशी जी ने आक्रामक रूख अपनाया और राग को आड़े हाथ लिया। एक और चालाकी बरती कि राग कि गत की सम चुरा ली। जोशी जी अन्तरा पर अन्तरा और गत में नाना प्रकार की कांट-छांट कर रहे थे। ठाकुर साहब को सम का पता ही नहीं लग रहा था। कुदऊ सिंह को लगा कि आज उनकी हार हुई और दतिया का नाम डूबा। जोशी जी सितार पूरे वेग से सोलहगुनी लय में बजा रहे थे। जोशी जी बोल पड़े-"ठाकुर साहब थक गये क्या?" और वह हँस पड़े। कुदऊ सिंह शरमा गए। मन में कुछ ध्यान करके उन्होंने अचानक पखावज को आसमान की ओर उछाल दिया। लोगों ने तथा जोशी जी ने आकाश में पखावज पर सम की थाप सुनी। दर्शकों ने हर्षातिरेक में तालियाँ बजा दीं। पखावज कुदऊ सिंह के हाथ में आकर बज रहा था, वे उत्साह से जोशी जी का साथ दे रहे थे तथा जोशी जी को लय बढ़ाने की चुनौती दे रहे थे। जोशी जी ने सितार बजाना बंद कर दिया तथा वे चुप होकर बैठ गये। महाराज ने पूछा-"क्या बात है पंडित जी, आप खामोश क्यों हो गये?" महाराज मैं आदमी से तो होड़ लगा सकता हूँ, मगर देवता से नहीं। जिनके पखावज को आकाश में देवता बजाएँ, सम पर थाप दें, वह मेरी समझ में आदमी नहीं हो सकता बल्कि एक महान कलाकार ही हो सकता है। यह कहकर जोशी कुदऊ सिंह जी के चरणों की तरफ बढ़े। कुदऊ सिंह विद्युत् वेग से तखत से नीचे कूद पड़े और जोशी जी से बोले-"पंडित जी आप मुझे पाप में न डालिये।" आप ब्राह्मण कुल के तुंबरू ऋषि के संतान हैं। आप सभी रूप से मुझसे पूज्य हैं, वंदनीय हैं। मैंने बड़ा पाप किया, जो आपको श्रम करवाया, आपकी बराबरी की। आप तो हमारे गुरु तुल्य हैं।

"अभय होय जो तुमहिं डराई"

कहकर कुदऊ सिंह ने जोशी जी के चरण पकड़ लिए। जोशी जी ने उठाकर उन्हें गले से लगा लिया। दोनों की आखों में हर्ष के आँसू थे। जीत किसकी हुई कहना कठिन था। दर्शकों ने एक बार और हर्ष से तालियाँ बजा दीं। महाराज के संकेत पर जोशी जी तथा कुदऊ सिंह जी को पुनः तखत पर बैठा दिया गया। महाराज बोले–जोशी जी! कला कभी नहीं हारती है और न कभी जीतती है। कला तो रियाज चाहती है आप जैसे कलाकार का वादन सुनकर दतियावासी तथा मैं धन्य हुआ। मैंने आज तक ऐसा सितार वादन नहीं सुना था। आप की कला की जितनी भी प्रशंसा की जाये, वह कम है। ठाकुर साहब तो दतिया के अपने हैं, आज आप दोनों को सुनकर धन्य हुआ। सभा समाप्त हुई। दतियावासी दोनों कलाकारों की प्रशंसा करते हुये, अपने घर की ओर वापस चल दिये। कई दिनों तक जोशी जी दतिया महाराज के अतिथि रहे। चलते समय राजा ने उन्हें प्रचुर धन देकर विदा किया। जोशी जी जब वापस जाने लगे, तब कुदऊ सिंह ने हाथ जोड़कर कहा–''पंडित जी आज शरत्पूर्णिमा है, आप यदि मुझपर प्रसन्न हैं, तो वरदान दें कि आप हर वर्ष शरत्पूर्णिमा पर दतिया आकर मेरे घर को पुनित किया करेंगे।'' कुदऊ सिंह ने उनके चरण छुए! जोशी जी ने तथास्तु कहा और नमस्कार करके आगे बढ़ गए।

राजा के कान और नारी की जीभ बड़ी होती है। कुदऊ सिंह की यश कीर्ति और प्रतिष्ठा से दतिया राज के कुछ ठाकुर लोग उनसे नाराज होने लगे थे। जिसका परिणाम यह हुआ कि ठाकुर लोग महाराज के कान भरने लगे। महाराजा दतिया भी कुदऊ सिंह की ओर से कुछ उदासीन हो गए। ठाकुरों की चुगली काम कर गई। एक दिन जब कुदऊ सिंह राजा से मिलने गये तो नौकरों ने कह दिया–राजा साहब आराम कह रहे हैं। कुदऊ सिंह वापस लौट आये। दूसरे दिन फिर उनसे मिलने गये तब भी उन्हें नौकरों से वही उत्तर मिला। कुदऊ सिंह यह कहकर वापस आ गये कि अब तो महाराज जब याद करेगें तभी आऊँगा।

संध्या का समय था। कुदऊ सिंह अपना पखावज लेकर घर से चल दिए। रातोंरात पैदल चलकर समथर राज में पहुँचे। समथर में नगर से बाहर राजा का बाग था। बाग में बैठकर वे पखावज बजाने लगे। राजा साहब समथर कलाप्रिय थे। जैसे ही उन्होंने सुना कि नगर में कोई पखावज कलाकार आया है, उन्होंने कुदऊ सिंह को महल में बुलवा भेजा। उनका नाम आदि पुछकर अपने दरबार में रख लिया। कुदऊ सिंह दरबार में रोज नहीं जाते थे बल्कि राज महल के नरसिंह मंदिर में रहकर, भगवान के सामने पखावज का रियाज किया करते थे।

जब महाराज उनको याद किया करते तब वे दरबार में अवश्य जाया करते थे। उनकी भोजन आदि की व्यवस्था राज दरबार से ही थी। भगवत् भजन तथा पखावज वादन ही उनका काम था।

एक दिन नगर में शोर हुआ—महाराज का गजेंद्र नामक हाथी पागल हो गया है, नगर में विनाश मचाये हुये है। महावत व साँटमार भी असहाय से हो गये हैं, राजा ने सुना और हाथी को गोली मारने का आदेश दे डाला। उस समय कुदऊ सिंह राज दरबार में ही बैठे थे। तुरन्त बोले महाराज गजेन्द्र को गोली न मारी जाए बल्कि मुझे आज्ञा दीजिए मैं शायद कुछ कर सकूँ। इतना कहते हुये वे पखावज लेकर वेग से चल दिए। राजा ने स्थिति की गंभीरता को देखकर, अपने कुछ सैनिकों को कुदऊ सिंह के रक्षार्थ उनके पीछे भेज दिया। आगे-आगे कुदऊ सिंह पखावज लिये चल रहें थे और पीछे-पीछे अपार जनता तमाशा देखने को उनके साथ थी। कुदऊ सिंह बाजार में पहुँचे। हाथी को विनाश करते देखा। उन्होंने जनता से हाथ जोड़कर कहा आप लोग तितर-बितर हो जायें, अन्यथा आप लोगों को देखकर हाथी और भी पागल हो जायेगा। जनता दुकानों में जा छिपी। अब कुदऊ सिंह एक ऊँचे चबुतरे पर खड़े होकर पखावज बजाने लगे। हाथी विनाश में और कुदऊ सिंह पखावज बजाने में मग्न थे। हाथी सूँड़ उठाए इधर-उधर दौड़ रहा था विनाश जारी था। पखावज बजाते हुये कुदऊ सिंह को एक घंटा हो गया मगर हाथी प्रभाव शून्य था। कुदऊ सिंह ने रूख बदला और पखावज की लय बदल दी। अब हाथी को होश आया और वह सूँड़ उठाए पखावज की ओर मुड़ा। दर्शकों ने सोंचा कुदऊ सिंह का काल आ गया। मगर कुदऊ सिंह को जरा भी भय नहीं था, वे बराबर पखावज बजाये जा रहे थे। लोग मन में हाय-हाय करने लगे किन्तु शांत थे। न जाने क्या हो जाये! हाथी कुदऊ सिंह के सामने आ गया, अब कुदऊ सिंह चबुतरे के नीचे आ गये। दो पागलों का आमना-सामना था। पखावज अपनी द्रुत गति से बज रहा था। हाथी अब शांत मुद्रा में खड़ा होकर पखावज सुन रहा था। कुदऊ सिंह ने पखावज पर गणेश गज परण छेड़ दी। हाथी मतवाला होकर सुन रहा था। वह धीरे-धीरे सूँड़ हिलाता आगे बढ़ा। पखावज गति से बज रहा था। अब दोनों पागल परस्पर दस गज के फासले पर थे। कुदऊ सिंह बैठ गये और बजाने गये। हाथी भी आगे बढ़ा और सूड़ रखकर बैठ गया। जनता भयमुक्त हो गई थी। दो घंटे हो गये हाथी अब बिल्कुल शांत था। विनाशकारी भावना समाप्त हो चुकी थी, हाथी सामान्य हो चुका था। कुदऊ सिंह ने संकेत दिया और महावत हाथी के गर्दन पर सवार हो गया। अब कोई खतरा नहीं था। कुदऊ सिंह पखावज बजाते हुये राजमहल के दरवाजे पर पहुँचे। हाथी उनके

पीछे-पीछे शांति से चल रहा था। महल के द्वार पर हाथी जा खड़ा हुआ। कुदऊ सिंह राजदरबार में पहुँचे और राजा से कहा—महाराज सँभालिए अपना गजेन्द्र! नमस्कार किया और बैठ गये। ठाकुर साहब अब गजेन्द्र तो आपका है, मेरा नहीं आप ही इसे संभाले-राजा ने कहा।

कुदऊ सिंह—महाराज मैं गजेन्द्र को कहाँ रखूँगा! मेरा तो निवास महज पखावज ही है।

महाराज—जहाँ आप रहेंगे, आपका पखावज रहेगा, वहीं गजेन्द्र भी रहा करेगा। कहकर राजा हँसने लगे।

महाराज की आज्ञा से गजेन्द्र राजकीय हाथिसार में भेज दिया गया। कुदऊ सिंह मंदिर में आ गये। उनका समय पूर्वत बीतने लगा। उनके इस चमत्कार की चर्चा सर्वत्र हुई और उनकी कला की सभी ने प्रशंसा की।

महाराज दतिया ने जब यह चर्चा सुनी तब उन्हें अपनी भूल का एहसास हुआ। अब क्या हो! दतिया में खबर फैल गई कि महाराज दतिया कुछ अस्वस्थ हैं। उन्होंने राजा साहब समथर को पत्र भेजा, अगर आपका कोई अहित न हो तो आप कुछ समय के लिये कुदऊ सिंह को दतिया भेजने की कृपा करें। मैं कुदऊ सिंह से मिलना चाहता हूँ। पत्र पढ़कर राजा समथर ने कुदऊ सिंह को दतिया के लिये रवाना कर दिया। उनके साथ गजेन्द्र भी था। राजा साहब दतिया ने उनका स्वागत किया। दतिया नगर में आनन्द का वातावरण छा गया।

एक दिन जब राजा सभा में बैठे थे, कुदऊ सिंह से कहने लगे अब तो मैं जागृत हो गया और कुदऊ सिंह की और देखकर मुस्करा दिए।

कुदऊ सिंह महाराज आप सोए ही कब थे। मैं ही तंद्रिल हो गया था। भगवती वीणापाणि तथा भगवान आसुतोष की महान कृपा हैं जो हम दोनों की मोह तंद्रा भंग हो गई।

महाराज दतिया प्रसन्न हुये। अब कुदऊ सिंह दतिया में ही रहने लगे। हाँ महाराज समथर जब कुदऊ सिंह को याद करते तब वे समथर अवश्य जाते। ठाकुर कुदऊ सिंह ने अपना जीवन दतिया में ही बिताया और सौ वर्ष की आयु में अपने शरीर का परित्याग किया। आज भी दतियावाशी उन्हें याद करते हैं। उनके नाम से वहाँ शासकीय संगीत विद्यालय हैं। यह था कुदऊ सिंह के पखावज वादन का चमत्कार![2]

बाबू जोधसिंह

इनका जन्म काशी के एक प्रतिष्ठित राजपूत ब्राह्मण परिवार में हुआ था। मध्यमकाल में जो आदर सम्मान और कीर्ति दतिया निवासी कुदऊ सिंह ने प्राप्त की, वही आदर सम्मान काशी के संत पुरूष मृदंग वादक श्री जोधसिंह को प्राप्त है।

आप कुदऊ सिंह के समकालीन पखावज वादक थे। आपके गुरु महान पखावज वादक लाला भवानी दीन जी थे, जिनका समय सन् 1700 ई० के पश्चात् का माना जाता है।

बाबू जोधसिंह प्रसिद्धि एवं प्रदर्शन से दूर रहकर मृदंग की अहंर्निश साधना करने वाले महान साधक एवं सिद्ध संगीतमनीषी थे। राजा-महाराजाओं की महफिल में जाकर पखावज वादन करना आपको पसंद नहीं था। आप प्रायः इस तरह की महफिलों से बचने का प्रयास करते थे। आप प्रतिदिन नियमपूर्वक माँ सरस्वती की विधिवत् पूजा करने के पश्चात् उनके सम्मुख शुद्ध आसन पर बैठकर पखावज का अभ्यास करना आपकी उपासना बन चुकी थी।

कुदऊ सिंह के बाज में जहाँ ओजपूर्ण धड़न्न, तड़न्न, क्रधेतेटे, धेटे, तेटे, धलांग, धेत्ता, तक्का, थूंगा, धुमकिट आदि क्लिष्टयुक्त बोलो की बहुलता थी, वहीं बाबू जोधसिंह के बाज में काशी की मस्ती, शालीनता, माँ गंगा की लहरों की गतिशीलता, कोमलता से युक्त नगतिरकिटतक, धाती क्रिधान, किटतक, ताधिड़नग आदि सरल एवं मुलायम बोलों की प्रचुरता थी। दोनों ही कलाकार अपने-अपने वादन कला में निपुण थे। जोधसिंह जी महाराज का अधिकांश समय देवालय तथा रामचरित मानस पाठ एवं भजन कीर्तन में व्यतीत होता था। यही इनके जीवकोपार्जन का मुख्य साधन था। शेष समय में आप अपने आवास पर पखावज वादन की आलौकिक साधना में व्यस्त रहते थे।

एक समय की बात है–इन्दौर निवासी सुप्रसिद्ध पखावज वादक नाना पानसे को अपने पिता के कीर्तन मंडली के साथ काशी आने का सुयोग मिला। एक मंदिर में इनकी कीर्तन मंडली का कार्यक्रम हुआ, जिसके साथ प्रतिभा सम्पन्न किशोरवय नाना पानसे ने हृदयस्पर्शी पखावज संगत की। इनके वादन से काशी के रसिक श्रोता विशेष प्रभावित हुये और इनके कार्यक्रम में नित्यप्रति श्रोताओं की भीड़ बढ़ती गई।

काशी के कुछ कला मर्मज्ञ ने नाना पानसे को बाबू जोधसिंह के दिव्य आलौकिक पखावज वादन की एकान्त साधना की बात बताई। जिसे सुनते ही नाना पानसे बाबू जोधसिंह के दर्शन, अद्‌भूत वादन एवं दिव्य परमानन्द की प्राप्ति

के लिये व्याकुल हो उठे। आप अपने पिता से विशेष आग्रह के साथ आपने बाबू जोधसिंह के आवास पर जाने की सहर्ष स्वीकृति प्राप्त कर ली। जब आप उनके आवास पर पहुँचे उस समय उनका आवास धूप, दीप, अगरबत्ती, मलयनिल चंदन की सुगंध से जीवन्त हो उठा था। माँ सरस्वती का ध्यान करते हुये, बाबू जोधसिंह ने अपना पखावज वादन आरम्भ किया, जिनके वादन की आलौकिकता में कहीं समुद्रगर्जना, बादलों की गड़गड़ाहट, भ्रमरों की गुँजार नाना पानसे एवं वहाँ उपस्थित श्रोताओं को मंत्र मुग्ध कर रही थी। वादन की समाप्ति के पश्चात् श्रद्धावन्त विनयपूर्वक नाना पानसे ने बाबू जोधसिंह जी से कहा–अपने अद्‌भुत एवं विलक्षण पखावज वादन भंडार से मुझ जैसे तुच्छ सेवक को भी कुछ भिक्षा प्रदान कर दीजिए। यह कहते हुए भावविह्वल नाना पानसे उनके पैरों से लिपट गये। नाना पानसे की अटूट निष्ठा से प्रभावित होकर बाबू जोधसिंह जी ने उनकी प्रार्थना स्वीकर कर, उन्हें अपना शिष्य बनाया।

बाबू जोधसिंह से नाना पानसे ने 12 वर्षों तक अत्यन्त निष्ठा एवं लगन से शिक्षा ग्रहण किया। गुरु के सान्निध्य में घंटों साधना का क्रम क्रियात्मक रूप से चलता रहा। आपकी साधना रंग लाई और सम्पूर्ण भारत में आपके समक्ष अन्य कोई पखावज वादक नहीं था। काशी से शिक्षा प्राप्त कर आप अपने नगर इन्दौर लौट गए। मध्य तथा दक्षिण भारत में काशी के बाबू जोधसिंह द्वारा प्राप्त पखावज वादन कला का प्रचार-प्रसार करने का श्रेय बाबू जोधसिंह जी के परम यस्सवी शिष्य नाना पानसे को जाता है, जिनके शिष्य-प्रशिष्यों की अटूट श्रृंखला ने बाबू जोधसिंह जी के पखावज वादन कला को जीवित रखा है।

नाना साहब पानसे

संगीतशास्त्रियों के अनुसार नाना साहब पानसे का जन्म 1820 के आसपास महाराष्ट्र के वाई के पास बवधन नामक गाँव में हुआ था। पखावज की प्रारम्भिक शिक्षा इन्हें अपने पिता से प्राप्त हुई। तत्पश्चात् पुणे के दरबारी कलाकार मन्याबा जी कोडीतकर एवं वाई के चौण्डे बुआ एवं मार्तण्ड बुआ से प्राप्त किया। परन्तु उनकी इतनी शिक्षा नहीं हो पायी थी कि वे परवर्ती काल में किसी नई घराने की नींव डाल सके।

किशोरावस्था में उन्हें एक बार अपने पिता के साथ काशी जाने का अवसर मिला। उन दिनों कुदऊ सिंह के गुरु भाई तत्कालीन महान पखावजी बाबू जोधसिंह काशी में रहकर सन्यासी जीवन बीता रहे थे। बाबू जोधसिंह के पखावज की ख्याति दूर-दूर तक फैली हुई थी। स्वामी हरिदास जी के समान उन दिनों बाबू जोधसिंह भी केवल माँ भगवती के समक्ष ही पखावज वादन करते थे।

नाना साहब ने बाबू जोधसिंह से ही पखावज सीखने की ठान ली और एक दिन बाबू जोधसिंह के पास पहुँच गये। बाबू जोधसिंह का पखावज वादन सुनकर नाना स्तब्ध रह गये। भाव विभोर होकर बाबू जोधसिंह का पाँव पकड़ लिये और उनसे पखावज की शिक्षा देने का अनुनय-विनय करने लगे। बाबू जोधसिंह ने नाना साहब की प्रतिभा को मन-ही-मन परख लिया था और उन्होंने नाना साहब को शिक्षा देना प्रारम्भ कर दिया। नाना साहब ने गुरु के चरणों में बैठकर 12 वर्षों तक कठिन साधना की।

भारतीय ताल मंजरी के लेखक गोविन्द राव बुरहानपुरकर ने लिखा है कि 12 वर्षों तक नाना को शिक्षा देने के बाद बाबू जी ने उन्हें महान मृदंगाचार्य योगीराज माधव स्वामी के पास प्रयाग भेज दिया। माधव स्वामी ने इस नये शिष्य को काफी दिनों तक शिक्षा दी और शिक्षा पूर्ण होने के पश्चात् अपनी पुस्तक, मृदंग एवं आशीर्वाद देकर योगीराज ने जल समाधि ले ली। इसके बाद नाना इन्दौर लौट आये। इन्दौर नरेश तुकाजी राव होल्कर ने नाना साहब को दरबारी कलाकार के रूप में नियुक्त किया। तुकाजी राव नाना साहब का बहुत आदर सम्मान किया करते थे।

नाना साहब का माधव योगीराज स्वामी से शिक्षा प्राप्त करने के संबंध में इनके शिष्यों में काफी मतभेद हैं।

इन्दौर नरेश के यहाँ रहते हुये नाना साहब ने काफी दिनों तक संगीत के प्राचीन ग्रंथो का अध्ययन किया। इससे उन्हें संगीत के रहस्यों की जानकारी मिली।

वादन शैली

नाना साहब पखावज के साथ ही तबला एवं नृत्य के भी अच्छे ज्ञाता थे। इन्होंने अपने कई शिष्यों को तबले की भी शिक्षा दी थी। नाना साहब द्वारा रचित तबला एवं नृत्य की कई बंदिशे आज भी प्रचलित है।

नाना साहब को लय तथा ताल पर पूर्ण अधिकार था। एकल वादन हो या संगत बंदिशों को इतने सुन्दर ढंग से प्रस्तुत किया करते थे, कि उनके पखावज को सुनने के लिये लोग स्वतः खिंचे चले आते थे। नाना साहब को हमेशा यह बात खटकती कि प्राचीन बंदिशों में प्रयोग किये गये बोल काफी कठिन थे। नाना साहब चाहते थे कि बाज सरल हो, विद्यार्थियों को सीखने में आसानी हो, इस कारण इन्होंने ताल देकर बोल साधने की प्रथा विकसित की। विद्यार्थियों की परेशानी को ध्यान में रखकर इन्होंने छोटे एवं सरल परणों की रचनाएँ की। कठिन बोलों के स्थान पर इन्होंने अपनी रचनाओं में धुमकिट, तकतक, किटतक, गदिगन जैसे मुलायम बोलों का प्रयोग किया। इन्हीं विशेषताओं के कारण यह अन्य घरानों से अलग हैं।

प्रमुख शिष्य

इनके पट शिष्यों में बलवन्त राव पानसे (पुत्र), शंकर भैया पानसे (पुत्र), वामन राव चाँदवडकर, पं० सखाराम तावड़े (पौत्र), सखाराम आगले, केशव बुआ दीक्षित, यशवन्त राव गोडवोले, दत्तात्रेय भोंसले आदि के नाम लिये जाते हैं। इनके कई शिष्यों ने इनके वादन को विधिवत आगे बढ़ाया। ऐसा कहा जाता है, कि नाना साहब के 500 शिष्य थे। कुछ लोगों का कहना है कि 500 सौ को मराठी में पानसे कहा जाता है। इस कारण नाना साहब के नाम के साथ पानसे जुड़ा और आगे चलकर उनकी यह वादन शैली पानसे घराने से प्रसिद्ध हुई।[3]

पं० मन्नू जी मृदंगाचार्य

काशी निवासी श्री मन्नु जी पखावज वादन के क्षेत्र में विलक्षण प्रतिभा थे। आपने मृदंग की शिक्षा विख्यात पखावज वादक पं० मदन मोहन पाठक जी से प्राप्त की।

मन्नू जी ने काशी में अपनी वादन साधना से विशेष सुकीर्ति प्राप्त कर आपने अनेक सुयोग्य शिष्यों को पखावज वादन की शिक्षा देकर, उन्हें सफल पखावज वादक बनाया। जिनमें आपके पुत्र श्री तुलसीराम, श्री बिट्टलदास गुजराती, जमुनादास गुजराती एवं संकट मोचन मंदिर के महंत पं० अमरनाथ मिश्र आदि प्रमुख हैं। श्री तुलसीदास काशी के विशिष्ट वैष्णव सम्प्रदाय के गोपाल मंदिर में कार्यरत रहकर संगीत जगत की सेवा करते रहे हैं।

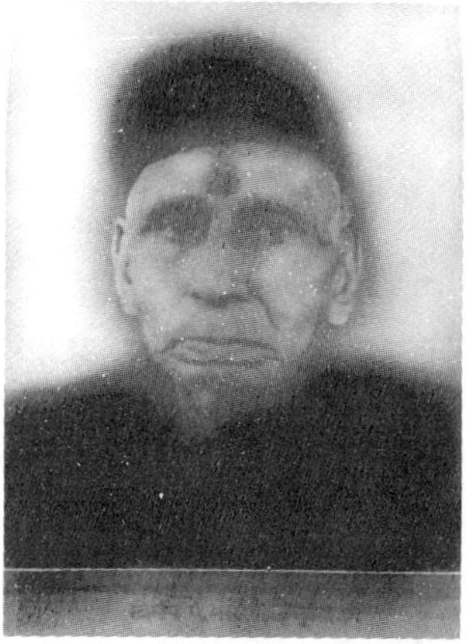

पं० सखाराम मृदंगाचार्य

नाना पानसे घराने के सुप्रसिद्ध पखावज वादक पं० सखाराम मृदंगाचार्य का जन्म 25 अक्टूबर 1879 को विजयादशमी के दिन हुआ था। इनके संगीत प्रेमी पिता का नाम पं० रामचन्द्र तावड़े था। इनके परिवार में संगीत का अच्छा वातावरण होने के कारण, इन्हें जन्म से ही अच्छा संगीत सुनने का मौका मिलता रहा। इनकी शैक्षणिक शिक्षा मराठी स्कूल से हुई। इन्होंने मात्र 3 कक्षा तक की पढ़ाई पूर्ण कर, 10 वर्ष की आयु से संगीत साधना की ओर अग्रसर हो गये। पं० जी की मृदंग की शिक्षा इन्दौर में उस समय के विख्यात पखावज वादक नाना साहब पानसे के पुत्र बाला साहब पानसे तथा दौहित्र शंकर भैया द्वारा सम्पन्न हुई। पं० जी का बाज पानसे घराने का बाज था। इनके बाज में गणित के कार्य तथा प्रत्येक मात्रे से चक्रदार परण बजाने का काम अधिक था।

संगीत के क्षेत्र में पंडित जी ने मात्र 18 वर्ष की आयु में अपना महत्वपूर्ण स्थान बना लिया था। सन् 1898 से 1904 तक आपने अपने "करूणेश प्रसादिक नाटक-कम्पनी" में अपने गुरु शंकर भैया के आज्ञानुसार तबला एवं मृदंग संगति की तथा नाटक कम्पनी के साथ सम्पूर्ण भारत का भ्रमण किया। सन् 1904 में ग्वालियर के तत्कालीन महाराज माधवराज सिंधिया के मन को आप भा गए और इस प्रकार इनका ग्वालियर दरबार में दरबारी मृदंग वादक के रूप में पदार्पण हुआ। ग्वालियर में ही इनकी मुलाकात संगीत स्थापना हेतु आये हुये पं० विष्णुनारायण भातखंडे जी से हुई।

सोलह वर्षों तक ग्वालियर में रहने के पश्चात्, कुछ कारणों से आप सन् 1920 में ग्वालियर छोड़ कर इन्दौर आ गये और यहाँ आप अपना एक निजी विद्यालय चलाने लगे। जब भ्रमण करते हुये भातखंडे जी इन्दौर पहुँचे तब पंडित जी की दुबारा मुलाकात भातखंडे जी से हुई। भातखंडे जी ने पंडित जी से लखनऊ में एक संगीत विद्यालय की स्थापना करने के विषय में पंडित जी से अपना विचार व्यक्त किया। पंडित जी उनके विचार से सहमत हुये तथा उक्त विद्यालय में अपनी सेवाएँ अर्पित करना भी तत्काल स्वीकार कर लिया। इस

प्रकार आप 1929 में इन्दौर से लखनऊ आ गये तथा यहाँ भातखंडे जी द्वारा संस्थापित मैरिस कॉलेज ऑफ हिन्दुस्तानी म्यूजिक वर्तमान में भातखंडे संगीत महाविद्यालय में मृदंग तथा तबला की शिक्षा देने लगे।

किन्हीं विशेष परिस्थितीवश सन् 1944-45 में इन्हें लखनऊ छोड़ना पड़ा और शिवगढ़ नरेश की इच्छानुसार उनके सुपुत्र कुँवर जयराज सिंह को पखावज की शिक्षा देने के लिये शिवगढ़ आना पड़ा। इसी बीच आपके एकमात्र होनहार तबला वादक सुपुत्र सदाशिव राव पर रोगों ने भयानक आक्रमण किये। पाँच वर्ष कठिन दौड़ धूप करने के पश्चात् भी विधि के विधान के आगे पंडित जी को नतमस्तक होना पड़ा और 21 जनवरी 1950 को सदाशिव राव का देहावसान हो गया। इस देवी आघात को तो पंडित जी सह गए परन्तु हृदय विदीर्ण हो गये।

सहृदय सखाराम जी सन् 1950 में भातखंडे संगीत महाविद्यालय के भूतपूर्व प्रधानाचार्य श्री कृष्णनारायण रातांजकर जी के अनुरोध पर पुनः लखनऊ वापस आ गये तथा तब से जीवनपर्यन्त आप तबला एवं पखावज की शिक्षा देते रहें। विशेषरूप से आपके द्वारा रचित भातखंडे संगीत महाविद्यालय के पाठ्यक्रमानुसार मृदंग तबला शिक्षा नामक पुस्तक के दो भाग प्रकाशित हो चुके हैं।

आप भारत के प्रमुख नगरों में आयोजित अनेकानेक विशिष्ठ संगीत समारोहों में भाग ले चुके थे। आकाशवाणी लखनऊ केन्द्र तो अपने स्थापना के समय से ही आपका कार्यक्रम प्रसारित करता रहा। पंडित जी भारत के दिवंगत तथा वर्तमान अनेक प्रमुख ध्रुपद गायकों एवं तंत्रवादकों के साथ संगति कर चुके थे। उन महान विभूतियों के नाम इस प्रकार हैं स्व० नसीरूद्दीन खाँ डागर, रहीमुद्दीन खाँ डागर, सखावत हुसैन खाँ, युसुफ अली खाँ, अलाउद्दीन खाँ तथा हाफिज अली खाँ आदि प्रमुख थे।

आपके पखावज के प्रमुख शिष्यों में कुँवर जयराम सिंह, त्रिभुवन उपाध्याय तथा रमाकांत पाठक हैं तथा तबला के शिष्यों में स्व० सदाशिवराव (पुत्र) विनायकराव दत्रात्रेय, विवेकानन्द भट्टाचार्य तथा कृष्णकांत त्रिपाठी के नाम विशेषरूप से उल्लेखनीय है।

पं० घनश्याम पखावजी

पं० घनश्याम पखावजी का जन्म श्रीनाथ द्वारा (मेवाड़) में सन् 1869 को हुआ था। आपके पिताजी का नाम पं० शंकर लाल जी था, जो कि नाथद्वारा के मंदिर में पखावज वादक थे। इस प्रकार घनश्याम जी को यह विद्या अपने पिता से विरासत में प्राप्त हुई।

पं० घनश्याम पखावजी के चाचा खेमलाल जी लय ताल के प्रकाण्ड विद्वान थे और उन्होंने 'मृदंग सागर' नामक पुस्तक लिखनी प्रारम्भ की थी किन्तु बीच में ही उनकी मृत्यु हो गई तथा पुस्तक आधा ही लिखा पाया। उस समय घनश्याम जी की आयु मात्र 8 वर्ष की थी। इनके पिता शंकर लाल जी ने अर्ध लिखित पुस्तक को पूर्ण करना चाहा, परन्तु इनकी भी मृत्यु 1950 में हो गई। चाचा एवं पिता की मृत्यु के पश्चात् घनश्याम जी ने अपने परिवार की पारम्परिक कला को संयोग कर रखा तथा अपने चाचा एवं पिता की इच्छा को पूर्ण करते हुये 'मृदंग सागर' को पूर्ण कर शंकरजी सुत घनश्याम पखावजी के नाम से प्रकाशित करवाया। इस प्रकार इन्होंने अपने पूर्वजों के स्वप्नों को साकार किया और संगीत सेवा यज्ञ में एक आहुति अर्पित की।

इनके एक मात्र पुत्र पदम्श्री पुरुषोतम दासजी हुये, जिन्होंने अपने पूर्वजों का मान सम्मान रखते हुये अनेक वर्षों तक श्रीनाथजी के मंदिर में सेवारत रहें।

पं० आयोध्या प्रसाद

पं० आयोध्या प्रसाद जी का जन्म संगीतज्ञों के परिवार में 5 अगस्त 1891 में दतिया मध्यप्रदेश में हुआ था। आपके पिता जी का नाम पं० गया प्रसाद था एवं पितामह का नाम श्रीराम सिंह था, जो कि महाराज कुदऊ सिंह के अनुज थे। आपकी पखावज की प्रारम्भिक शिक्षा अपने पितामह से हुई तथा उनकी मृत्यु के पश्चात् आगे की शिक्षा आपने अपने पिता से प्राप्त किया।

पं० आयोध्या प्रसाद 50-60 के दशक में प्राय: सभी संगीत समारोहों में एवं आकाशवाणी संगीत सम्मेलन के माध्यम से संगीत जगत में छाये रहें। आपके जीवन का एक बड़ा भाग रामपुर दरबार में व्यतीत हुआ। आपने रामपुर के उस्ताद वजीर खाँ साहब तथा नवाब छम्मन खाँ साहब से सैकड़ों ध्रुपद सीखे थे।

आपकी ऐसी धारणा थी कि आदर्श संगीत तभी संभव है, जब कलाकार एक-दूसरे के स्वभाव से परिचित हो। इनका वादन संतुलित एवं विद्वतापूर्ण हुआ करता था। अपने पखावज वादन में आप चारताल में एक बंदिश विशेषरूप से सुनाया करते थे जिसमें प्रत्येक मात्रे में लय बदलती थी।

पंडित जी समय-समय पर रामपुर, नेपाल, अजयगढ़ एवं हैदराबाद के राज दरबारों में सभासद के रूप में रहें। पखावज वादन के क्षेत्र में पंडित जी के उल्लेखनीय योगदान के लिए भारत सरकार ने उन्हें ''पदम्श्री'' सम्मान से सम्मानित किया।

इनकी पखावज परम्परा इनके सुपुत्र श्रीरामजी लाल शर्मा ने कायम रखा है तथा सम्प्रति वह लखनऊ आकाशवाणी में विभागीय कलाकार के रूप में कार्यरत हैं।

पं० तोता राम शर्मा

पखावज वादन के क्षेत्र में नाथद्वारा घराने के कुशल पखावज वादक पं० तोता राम शर्माजी का नाम विशेष रूप से उल्लेखनीय है। पुष्टमार्गीय संगीत परम्परा के गुरु तोताराम जी का जन्म आध्यात्मिक नगरी मथुरा में 1947 में हुआ था। आपके पिता पं० लक्ष्मण स्वामी एक कुशल सारंगी वादक एवं ध्रुपद गायक

थे जिसके कारण इन्हें बचपन से ही संगीत सुनने और सीखने का अवसर मिला।

आपकी पखावज की प्रारम्भिक शिक्षा पं० मुरलीधर जी वृंदावन एवं नाथद्वारा घराने के सिद्धहस्त पखावज वादक पं० पुरुषोत्तम दास जी से हुई। आपने बनारस के पं० मन्नुजी मृदंगाचार्य एवं पं० आयोध्या प्रसाद (रामपुर) से भी पखावज की शिक्षा प्राप्त की। इस प्रकार आपके वादन में नाथद्वारा एवं कुदऊ सिंह घराने का अच्छा समन्वय सुनने को मिलता है।

पंडित तोताराम जी ने देश के प्रायः सभी संगीत समारोहों में पखावज वादन कर पखावज का मान सम्मान बढ़ाया। आपने जिन प्रमुख संगीत समारोहों में अपना पखावज वादन प्रस्तुत किया उनमें हरिदास संगीत समारोह, वृन्दावन जयंती, ग्वालियर संगीत समारोह, ध्रुपद मेला बनारस आदि प्रमुख है।

मान सम्मान

सूचना एवं प्रसारण मंत्रालय भारत सरकार आकाशवाणी ने पखावज में आपके विशेष योगदान के लिये 'टॉप ग्रेड' प्रदान किया। सन् 1975 में सुर सिंगार संसद् मुम्बई द्वारा 'ताल मणि' की उपाधि से विभूषित किये गये। सन् 1975 में ही ब्रज संगीत परिषद् द्वारा 'ब्रज संगीत शिरोमणी सम्मान' से सम्मानित किया गया।

वादन शैली

आपके वादन में माधुर्य एवं ओजगुण की प्रधानता है। आपके वादन में स्तुति परण ठेके के प्रकार का विस्तार करते हुये छोटे-छोटे मोहरे, परण, पड़ाल, चक्रदार, रेला आदि मुख्य रूप से सुनने को मिलते हैं। वादन के अन्तर्गत बोलों की शुद्धता, गणित के कार्य पर आपका विशेष ध्यान होता है। आप ब्रज भाषा के अच्छे कवि हैं तथा आपने अनेकों रचनाएँ तैयार की है।

संगति

आपने देश के प्रायः गायन, वादन तथा नृत्य के प्रख्यात कलाकारों के साथ संगति की है, जिसमें गायन के कलाकारों के नाम इस प्रकार से है-डागर बंधु, प्रो० सुम्मति मुट्टाटकर तंत्र में उस्ताद असद अली खाँ प्रमुख हैं।

शिष्य परम्परा

आपके प्रमुख शिष्यों में श्री मोहन श्याम शर्मा, श्री फतेह सिंह गंगानी, श्री डालचंद शर्मा, श्री तेजपाल भारद्वाज एवं जेरी फील्ड आदि प्रमुख हैं।

पं० पर्वत सिंह

पंडित पर्वत सिंह का जन्म ग्वालियर मध्यप्रदेश में सन् 1879 ई० के आस-पास का माना जाता है। आपके पिता सुखदेव सिंह एवं पितामह जोरावर सिंह अपने समय के महान पखावज वादक थे तथा ग्वालियर दरबार के संगीतज्ञ थे।

इनके पिता प्रायः इन्हें अपने सांगीतिक भ्रमण में साथ रखते थे। इससे इन्हें बाल्यकाल से श्रेष्ठ कलाकारों के साथ रहने का अवसर मिला और दिन प्रतिदिन इनका संगीत का अनुभव बढ़ता गया। इसका परिणाम यह हुआ कि किशोर होते-होते पर्वत सिंह जी सिद्धहस्त कलाकार हो गये।

पर्वत सिंह ने अपने युवावस्था के 15 वर्ष महानगर मुम्बई में बिताया। मुम्बई में आपने अनेक प्रतिष्ठित कलाकारों के साथ पखावज वादन किया तथा साथ ही साथ आपने फिल्मों में भी अभिनय का कार्य किया। जिन फिल्मों में आपने काम किया उनके नाम इस प्रकार से है–तीन इक्के, हन्टरवाली आदि। जब आप मुम्बई में निवास कर रहें थे तभी आपके पिता की मृत्यु हो गई और आपको वापस ग्वालियर आ जाना पड़ा तथा 1917 में ग्वालियर दरबार में पखावज वादक के पद पर आपकी नियुक्ति हो गई और तब से आप वहीं रहने लगे।

मान सम्मान

आपकी कला से प्रभावित होकर भारत धर्म मंडल के अध्यक्ष दरभंगा नरेश ने 1926 में आपको 'विद्याकला विशारद' के सम्मान से सम्मानित किया। 1936 में पंडरपुर महाराष्ट्र के मठाधीस ने आपको 'आचार्य' की पदवी से सम्मानित किया था। आप लय ताल के स्तम्भ माने जाते थे। आपने पखावज की अनेक बंदिशें बनाई थी।

साथ संगत

आप नृत्य शैली में भी बहुत ही सुन्दर संगत किया करते थे, आपने कत्थक आचार्य पं० अच्छन महाराज जी, पं० लच्छु महाराज जी, पं० शम्भू महाराज जी के साथ तथा तंत्र एवं गायन में आप उस्ताद हाफीज अली खाँ साहब के प्रिय पखावज वादक थे जिनके साथ मिलकर आपने देश के विभिन्न क्षेत्रों में पखावज

का मान-सम्मान बढ़ाया। साथ ही साथ आपने तानसेन पाण्डे, डागर परम्परा के ध्रुपद गायक बुन्दु खाँ साहब सारंगी दिल्ली, उस्ताद दबीर खाँ, उस्ताद वजीर खाँ साहब, उस्ताद फैयाज खाँ साहब, कृष्ण राव पंडित ग्वालियर आदि कलाकारों के साथ संगति की थी। 1958 तक आपने आकाशवाणी के संगीत कार्यक्रमों में भाग लिया।

आपके पुत्र माधव सिंह जी पखावज के अच्छे आचार्य माने जाते थे, जिन्हें ग्वालियर दरबार का राजाश्रय प्राप्त था। इनके अनुज पुत्र गोपाल सिंह (दिल्ली) पखावज एवं तबले के अच्छे विद्वान थे। साथ-साथ यह शास्त्रीय गिटार वादन के लिये विशेष रूप से जाने जाते थे। पंडित पर्वत सिंह के पखावज परम्परा को इनके पौत्र श्री बालकृष्ण शर्मा जी ने बनाये रखा है।

पं० राममोहिनीशरण मृदंगाचार्य

संत कलाकार श्री राममोहिनीशरण मृदंगाचार्य का जन्म सन् 1869 के उत्तरार्द्ध में बिहार के मुजफ्फरपुर जिलांतर्गत मीनापुर गाँव में एक संभ्रांत ब्राह्मण परिवार में हुआ। बाल्यकाल से ही इनकी रूचि कथा, कीर्तन तथा संगीत संबंधी आयोजनों में बनी रहती थी। साधु-संतों के सत्संग में अनुरक्ति तथा गृह कार्य में विरक्ति देखकर माता-पिता ने इन्हें विवाह बंधन में जकड़ दिया, किन्तु होनी होकर ही रहती है अतः आप ने एक दिन घर छोड़कर चुपचाप जनकपुर में जाकर रत्न सिंहासन के तत्कालीन महंत जी से वैराग्य की शिक्षा ग्रहण कर ली और जनकपुर में रहकर ही संतोचित आचरण से जीवन व्यतीत करने लगे। कुछ समय पश्चात् जब माता-पिता को विश्वस्त सूत्रों से ज्ञात हुआ कि उनका पुत्र जनकपुर धाम में श्री रामानंदीय वैष्णव हो गया है, तब वे चरित्र नायक की पत्नी को जो कि उनके वियोग में कृषकाय हो गई थी, साथ लेकर जनकपुर धाम पहुँच गये और पुनः घर लौट जाने के लिये तीनों ने पृथक-पृथक प्रयास किए। लाख समझाने पर भी श्री राममोहिनीशरण जी का मन वैराग्य से विचलित नहीं हुआ, अंत में उनके माता-पिता एवं पत्नी ने चरित्र नायक के गुरुदेव से प्रार्थना की तब गुरुदेव ने साधिकार आदेश दिया बेटा तुम घर जाओ और एक पुत्र रत्न प्राप्त होने के पश्चात् मेरी सेवा में आ जाना।

श्री राममोहिनीशरण जी ने गुरु आदेश मानकर माता-पिता एवं पत्नी के साथ वापस अपने गाँव मीनापुर लौट आये, किन्तु वहाँ भी वही वैरागियों जैसा रहन सहन रखा, न घर के अन्दर जाना, न किसी के हाथ का बनाया हुआ भोजन करना, बस दिन रात भजन-कीर्तन में निमग्न रहना यही उनकी दिनचर्या थी। एक दिन गुरु आदेश का स्मरण कर इन्होंने एक रात्रि अपनी भार्या के साथ व्यतीत किया और तुम्हारी मनोकामना पूर्ण हो ऐसा कहकर चुपचाप जनकपुर चल दिये। उसी के फलस्वरूप गृहणी को पुत्र तथा माता-पिता को पौत्र रत्न की प्राप्ति हुई।

चरित्र नायक जनकपुर में रहकर ऐसा अनुभव करने लगे कि *"होई हैं भीर सबहिं मोहि जाना"* अतः तीर्थाटन के लिए चल पड़े। इस प्रकार वर्षों भारत के सभी तीर्थों में भ्रमण करके श्री आयोध्या जी में पधारे। श्री अवध में संतो का समागम कीर्तन का बाहुल्य और नित नव मंगलवाली कोशलपुरी को देखकर आप लुभा गए और श्री राम जन्मभूमि के समीप श्री फकीरे राम मंदिर में निवास करने लगे। एक दिन आप रामायण के साथ ढोलक बजाकर संगति कर रहे थे। संयोगवंश मृदंग सम्राट कुदऊ सिंह के शिष्य स्वर्गीय बाबा रामदास ने आपका

वादन सुना और अनुभव किया यदि यह साधु शिक्षा ले तो अच्छा मृदंग बजा सकता है। इस प्रकार बात बढ़ी और आपने वर्षों तक मृदंग की शिक्षा बाबा रामदास जी से ग्रहण की। धीरे-धीरे मृदंग वादन में निष्णात होने के साथ-साथ आप श्री रामचरित मानस के भी प्रकांड विद्वान बन गये। आपकी दिनचर्या अधिक व्यस्त होने के कारण, आपसे अधिक छात्रों को अध्ययन करने का लाभ नहीं मिल सका, किन्तु भगवान दास जी से प्रभावित होकर आपने उन्हें थोड़ा समय देना स्वीकार कर लिया था।

इस प्रकार इनके शिष्यों में श्री भगवान दास एवं बाद में स्वामी पागल दास जी का नाम आता है। एक बार इनसे पूछा गया कि ''आपके शिष्य प्रशिष्यों में किसका वादन श्रवणीय है?'' इन्होंने कहा मेरा एक शिष्य और प्रशिष्य पागल दास है, जो श्रेष्ठ मार्दलिक के लक्षणों से युक्त है। उसे देखकर लगता है कि वह पूर्व का ही संस्कार संचित कलाकार है।''

इनकी महानता पर नि:संदेह यह दोहा चरितार्थ होता है-

धन चाहत निशदिन अधम
मध्यम धन अरू मान
उत्तम चाहत मान ही
चाहत कछु न महान्।[1]

राजा छत्रपति सिंह

राजा छत्रपति सिंह का जन्म मध्यप्रदेश के झांसी जिले के बिजना नामक स्थान में सन् 1919 ई० में हुआ था। यह राज्य संगीतज्ञों के संरक्षण के लिये विशेष रूप से प्रसिद्ध था। आपके पिताजी का नाम हिम्मत सिंह तथा पितामह का नाम मुकुन्द सिंह था।

दस-बारह वर्ष की अवस्था में परिवार के साथ तीर्थाटन पर आयोध्या गये। वहाँ आपने स्वामी रामदास जी का पखावज वादन सुना और उनके पखावज वादन से आप इतने प्रभावित हुये, कि आपने अपना जीवन इसी वाद्य के लिये समर्पित कर दिया। स्वामी रामदास जी कुदऊ सिंह के सुयोग्य शिष्य पं० मदन मोहन जी से पखावज की शिक्षा ग्रहण की थी। इस प्रकार से राज छत्रपति सिंह जी कुदऊ सिंह घराने के प्रतिनिधि पखावज वादक थे।

आप एक सफल सोलो कलाकार के साथ ही उच्च कोटि के सफल संगतकार भी थे। अपने देश के बहुत से मूर्धन्य कलाकारों के साथ पखावज की संगति की है। आप ताल शास्त्र के एक गम्भीर चिंतक, विचारक और रचनाकार थे।

मान सम्मान

राजा छत्रपति सिंह जी को उनके सांगीतिक जीवन में अनेक मान-सम्मान मिले थे, जो इस प्रकार से है–

सन् 1951 में संगीत मार्तण्ड पं० ओंम्कार नाथ ठाकुर द्वारा '*प्रोफेसर ऑफ पखावज*' की उपाधि से विभूषित किया गया।

1954 आल इंडिया म्यूजिक कान्फ्रेन्स ट्रस्ट कलकत्ता की परीक्षा में आपने प्रथम स्थान प्राप्त किया।

1951 में आपको केन्द्रीय संगीत नाटक अकादमी अवार्ड दिल्ली एवं उत्तर प्रदेश संगीत नाटक अकादमी द्वारा 'रत्न सदस्यता' एवं सुर सिंगार संसद मुम्बई द्वारा 'ताल विलास' सम्मान से सम्मानित किया गया।

आप सन् 1975 में विदेश के दौरे पर गये और तब से आपने अनेक देशों का भ्रमण कर, भारतीय संगीत का मान सम्मान बढ़ाया।

शिष्य परम्परा

आपके शिष्यों में चित्रांगना पंत आगले, प्रवीण आर्य, अखिलेश गुदेंचा, सुन्दर लाल, अनीश कुमार, तथा अनेक विदेशी छात्रों के नाम आते हैं, जिन्होंने आपसे पखावज की शिक्षा ग्रहण की है।[5]

पं० अमरनाथ मिश्र

काशी के सुप्रसिद्ध संकट मोचन मंदिर के पूर्व महंत पं० अमरनाथ मिश्र पखावज वादन के क्षेत्र में अपना विशिष्ट स्थान रखते हैं। आपका जन्म 1915 में देवरिया जनपद के राहनिया पिपरा नामक ग्राम में हुआ था। पखावज सीखने की प्रेरणा एक फिल्म देखने के बाद हुई, जिसमें 'बाजे डमरू हर कर' गीत के साथ पखावज की सुमधुर संगति हो रही थी।

आपके पखावज के प्रारम्भिक गुरु काशी के ध्रुपद गायक पं० शिवप्रसाद तिवारी थे। इसके पश्चात् काशी के लब्ध प्रतिष्ठित मृदंगाचार्य पं० मन्नू जी एवं इलाहाबाद के पं० रामदेव जी से हुई थी। इन्होंने अपनी निष्ठा, लगन और साधना से पखावज वादन को अत्यन्त प्रभावशाली तथा हृदयग्राही बनाया। आपके वादन में ओज, माधुर्य, गाम्भीर्य के गुण तथा अपने गुरु की विशिष्ट वादनशैली की स्पष्ट झलक विद्यमान थी। आपके वादन में चाँट, थाप, हथेली आदि का उचित प्रयोग सुनने को मिलता था। आप स्वतंत्र वादन तथा संगति दोनों में ही दक्ष थे।

आकाशवाणी के प्रथम श्रेणी के पखावज वादक कलाकार पं० अमरनाथ मिश्र ने काशी एवं देश के विभिन्न प्रतिष्ठित संगीत समारोह में देश के मूर्धन्य ध्रुपद धमार गायकों, तंत्र वादकों के साथ उत्कृष्ट संगति कर, देशव्यापी प्रसिद्धि प्राप्त की। थाईलैंड में आयोजित विश्व रामायण मेला में आपने भारतीय संस्कृति परिषद् की ओर से मृदंग वादक के रूप में प्रतिनिधित्व किया। आप एक अत्यन्त निराभिमानी, हँसमुख, सहज सादगी के प्रतिमूर्ति, विद्वान पखावज वादक थे। आप कुश्ती कला में भी निपुण थे।

आपका संगीत के प्रति आत्मीय लगाव बचपन से ही था। इन्हीं आत्मीय लगाव के कारण आपने संकट मोचन मंदिर के प्रांगण में सन् 1940 ई० में भव्य संगीत समारोह की नींव रखी। इस समारोह में काशी तथा देश के अन्य भागों से देश के प्रसिद्ध गायक, वादक तथा नर्तक कलाकार निःशुल्क रूप से उपस्थित होकर, इस सावर्जनिक संगीत समारोह को विशिष्ट गरिमा प्रदान करते आ रहे हैं। अच्छे संगीतज्ञ होने के कारण पं० अमरनाथ मिश्र का देश के सभी

कलाकारों के साथ अच्छे संबंध थे। इन सभी कलाकारों का समय- समय पर परामर्श एवं योगदान मिलता रहा, जिसके फलस्वरूप काशी तथा उसके आस-पास के संगीत प्रेमियों को पं० कंठे महाराज, पं० अनोखे लाल मिश्र पं० सामता प्रसाद मिश्र, पं० किशन महाराज, पं० शारदा सहाय, पं० छोटे लाल मिश्र, पं० बड़े रामदास मिश्र, पं० छोटे रामदास मिश्र, पं० महादेव मिश्र, पं० श्रीचंद मिश्र, पं० हरिशंकर मिश्र, पं० सियाराम तिवारी, पं० राजन-साजन मिश्र, पं० लाल मणि मिश्र, पं० वी०जी० जोग, पं० ज्योतिन भट्टाचार्य, पं० हनुमान मिश्र, पं० बैजनाथ मिश्र, पं० गोपाल मिश्र आदि सुप्रसिद्ध कलाकारों के अतिरिक्त भी अनेक प्रतिभा सम्पन्न एवं उदयीमान युवा कलाकारों को अपनी कला प्रदर्शन का मौका मिलता था तथा आज भी उत्तर प्रदेश के लोगों को पाँच दिन तक सारी रात संगीत का कार्यक्रम सुनने का अवसर मिलता है। काशी के संगीत प्रेमियों के बीच में मर्यादित ढंग से संगीत प्रस्तुत करने का विशिष्ट योगदान पं० अमरनाथ मिश्र को जाता है। इस समारोह में महिला एवं मुस्लिम कलाकारों का कार्यक्रम विशेष रूप से वर्जित था। जिसका अत्यन्त निष्ठा से पं० अमरनाथ मिश्र ने अपने जीवन काल तक निभाया।

वर्तमान महंत श्री वीरभद्र मिश्र की उदारता एवं सद्प्रयासों के फलस्वरूप संकट मोचन संगीत समारोह जो आज काशी के अतिरिक्त अखिल भारतीय स्तर पर पहुँच गया है।

प्रमुख शिष्य

आपने कुश्ती एवं पखावज इन दोनों ही क्षेत्र में अनेक युवा प्रतिभामान शिष्यों को तैयार किया। जिसमें पखावज के शिष्य श्रीकांत मिश्र, त्रिभुवन उपाध्याय, विभूति मिश्र आदि प्रमुख है।

बनारस घराने के अन्तर्राष्ट्रीय ख्याति प्राप्त लब्ध प्रतिष्ठित तबला वादक पं० छोटे लाल मिश्र जी के अनुसार पं० अमरनाथ मिश्र हनुमान जी के परम भक्त थे। जब वह 'धेटे धेटे' का प्रयोग करते थे, तब ऐसा प्रतीत होता था कि हनुमान जी ही पखावज बजा रहें हो। उनके वादन में इतना ओज और धमक होता था, कि लोगों का दिल दहल जाता था। पखावज पर उनका हाथ बहुत ही सुन्दर पड़ता था, साथ ही वे इतने विनम्र थे, कि एक बार की चर्चा है–मेरे परम पूज्य गुरुजी पं० अनोखे लाल मिश्र संकट मोचन मंदिर में हनुमान जी का दर्शन कर परिदक्षिणा कर रहे थे, तब पंडित अमरनाथ मिश्र जी मंदिर के ही एक कमरे में पखावज पर 'धेर धेर' का प्रकार बजा रहे थे। जब गुरुजी सुने तब उनसे रहा

नहीं गया और वह दरवाजे पर दस्तक दे डालें, अन्दर से पंडित जी ने पूछा कौन? तब गुरुजी ने अपना नाम बताया तो नाम सुनकर पंडित जी ने अपना पखावज इस तरह से कमरे में छिपा दिया कि मानो कमरे में पखावज हो ही नहीं। उसके बाद दरवाजा खोल के बोले अरे पंडित जी आप, तब गुरु जी बोले अरे भईया आप वो 'धेर धेर' बजा रहे थे, मुझे भी सुनाईए तब अमरनाथ मिश्र जी बोले अरे मेरे सामने जब साक्षात् 'धेर धेर' खड़े हो, तो मैं क्या बजा सकता हूँ। बहुत कहने पर भी वह पंडित जी के सामने नहीं बजायें।

पं० अमरनाथ मिश्र के जीवन के अन्तिम साल के संकट मोचन कार्यक्रम में, मैं राजन-साजन के साथ बजाने बैठा। यह कार्यक्रम प्रातःकाल में आरती के बाद करीब 6 बजे के आस-पास शुरू हुआ था। संयोग से पं० रविशंकर जी भी उस कार्यक्रम के समय पहुँच गये और बैठकर हम लोगों का पुरा कार्यक्रम सुने। प्रोग्राम सुनने के बाद उन्होंने रिम्पा के लिये बुक कर लिया। जब पं० अमरनाथ मिश्र जी अस्पताल में भर्ती थे, तब उन्होंने इसी प्रोग्राम की रिकार्डिंग सुनने की इच्छा प्रकट की और यही रिकार्डिंग सुनते-सुनते 28 नवम्बर 1980 को अपने प्राण त्याग दिये।

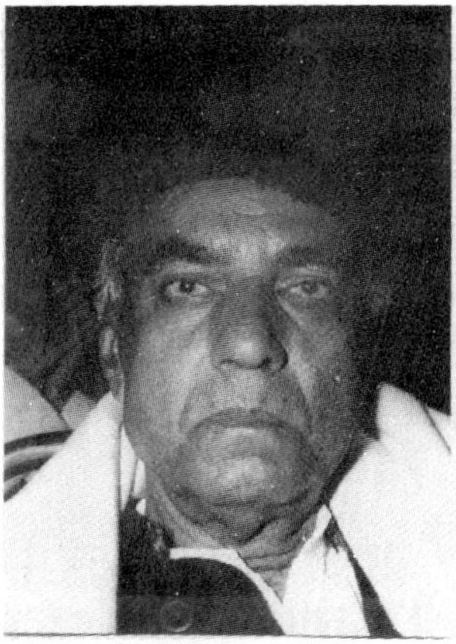

पदम्श्री पं० पुरूषोतम दास

नाथद्वारा घराने के सिद्धहस्त पखावज वादक पं० पुरूषोतम दास जी का नाम विशेष रूप से उल्लेखनीय है। पुष्टमार्गीय संगीत के प्रमुख ध्वजवाहक गुरु पुरूषोतम दास जी का जन्म आध्यात्मिक नगरी नाथद्वारा में 7 जुलाई 1907 में हुआ था। आपके पिता श्री घनश्याम दास पखावजी ने जहाँ इसे भारतवर्ष में विख्यात किया, वहीं आपने अपनी प्रतिभा से इसे राष्ट्रीय ही नहीं अन्तर्राष्ट्रीय संगीत जगत में अपनी अपूर्व वादन कला से श्रोताओं को चमत्कृत कर पखावज का नाम ऊँचा किया। इस प्रसिद्धि से राजस्थान की पखावज परम्परा सम्पूर्ण देश में अग्रण्य हो गया। आपका जन्म पखावज के समर्पित परिवार में होने के कारण पखावज विरासत में मिला। लगभग पाँच वर्ष की आयु से ही आपने पखावज पर थाप लगाना प्रारम्भ कर दिया था। पंडित जी जब जीवित थे तब अपने आरम्भिक दिनों के विषय में बड़े चाव से चर्चा करते थे, कहते थें कि जब मैं पाँच साल का हुआ तब से अपने पिता जी के पास बैठकर पखावज सीखने लगा, उनके साथ मंदिर जाता और वहीं वो जो पखावज पर बोल बजाते थे, उसके साथ मैं ताल लगाता रहता और शाम को वह याद करवाते थे। उस समय बच्चा ही था और जब कुछ भूल जाता तब पिता की तड़ाक से चपत मिलती, जिसे बहुत देर तक सहलाता रहता और जब कभी कोई सबक भूल जाता तो बहुत सजा मिलती थी।

आपकी शिक्षा चल ही रही थी कि 9 वर्ष की अल्पआयु में आपके पिता का साया सर से उठ गया। पुरूषोतम दास जी एकदम अकेले रह गये। एक और जहाँ इन्हें अपने परिवार के निर्वहन की चिंता थी, तो वहीं दुसरी और अपनी परम्परा को भी बचाये रखना था। इस समय गोस्वामी गोवर्द्धनलाल जी ने आपकी सहायता की और पारिवारिक भरण-पोषण के लिये एवं शिक्षा संबंधी सहायता प्रदान करने हेतु मंदिर में रख लिया। आपका पखावज सीखना जारी रहा। पिता के बताये एक-एक सबक को दुहराते रहे। यह सुनकर आश्चर्य होता है कि अपने पिता के मृत्यु के पश्चात् बिना गुरु के ही अपनी संगीत साधना को जारी रखा। अपने पिता द्वारा रचित पुस्तक 'मृदंग सागर" से ही वे सीखा करते थे।

पिता के मृत्यु के पश्चात् इन्हें कई छोटी-मोटी मुसीबतों का सामना भी करना पड़ा किन्तु उन्होंने उसका डटकर मुकाबला किया। दिन में वे केशव भवन की धर्मशाला में चौकीदार की नौकरी करते और रात को दस बजे के बाद गायक गोविन्दराम आदि तीन-चार साथियों के साथ बस्ती के समीप स्थित दयाराम समाधानी की बाड़ी में अभ्यास के लिये जाते थे। प्रारम्भ में पखावज भी उपलब्ध नहीं था तब उस स्थिति में लकड़ी के खोखे पर ही अभ्यास करते थे, गोविन्दराम जी गाते तथा पुरूषोतम दास जी संगत करते थे। फिर आगे चलकर पखावज तथा कुछ अन्य वाद्य भी हो गये।

डागर बंधुओं के ध्रुपद गायन के साथ आपने संगति की। जो कि आकाशवाणी दिल्ली से प्रसारित हुई। डागर बंधुओं के साथ आपकी संगति इतनी सुन्दर हुई थी कि डागर बंधु ने अपने साथ रहने का प्रस्ताव रखा। उन दिनों डागर बंधु भारतीय कला केन्द्र दिल्ली में संगीत शिक्षण का कार्य किया करते थे। पं० पुरूषोतम दास जी के समक्ष विकट स्थिति उत्पन्न हो गई एक और पीढ़ियों से चली आ रही कीर्तन सेवा तथा दूसरी ओर अपना भविष्य। उन्होंने गोस्वामी जी से बात की तब गोस्वामी जी बड़े प्रसन्न हुये तथा बोले-आप आराम से जाईये आपकी गद्दी सुरक्षित रहेगी। जब भी आप आयेंगे आपकी गद्दी आपको वापस मिल जायेगी और तब पं० पुरूषोतम दास जी दिल्ली की ओर रूख कर गयें।

दिल्ली पंडित जी का कार्य क्षेत्र बन गया, जहाँ से उन्होंने अपनी तथा पखावज की अन्तर्राष्ट्रीय पहचान बनाई। सन् 1956-57 में भारतीय कला केन्द्र में पखावज वादक के रूप में नियुक्त किये गये। यहाँ आपने 1964 तक अपनी सेवा प्रदान की। इसी दौरान उस्ताद नसीर मोइनुद्दीन डागर तथा उस्ताद नसीर अमीनुद्दीन डागर के साथ विदेश में आयोजित कार्यक्रमों में पखावज वादन से संगीत रसिकों को अवगत कराया। आपने कई देशों का भ्रमण किया जिसमें नेपाल, पाकिस्तान, जापान, रूस, श्रीलंका आदि प्रमुख है।

सन् 1964 में आप कत्थक केन्द्र में पखावज गुरु के पद पर थे। जहाँ आपने नृत्य जगत के कई प्रतिभाओं को लय की बारीकियों से साक्षात् करवाया। आज भी कथक नृत्यकार आपका नाम बड़े आदर के साथ लेते हैं। आपके प्रमुख शिष्य कथक नृत्याचार्य पं० लक्ष्मणदास वैष्णव, पं० दुर्गा लाल, पं० तेज प्रकाश तुलसी, पं० राजेन्द्र गंगानी, पखावज वादक राजा छत्रपति सिंह, श्री भगवत उप्रेती, श्री रामलखन यादव, श्री गौरांग चौधरी, पं० तोताराम शर्मा, पं० डालचन्द्र शर्मा, श्री प्रकाश कुमावत तथा कथक नृत्यांगना पदम्भूषण उमा शर्मा, सुश्री आभा

भटनागर। इन शिष्यों ने पखावज की श्रेष्ठता में अभिवृद्धि की है। विदेश में तीन शिष्याएँ एनमेरी गेस्टन कनाडा, वेन्दी पेट्रीक न्यूयार्क और जीना लाली फ्रांस है। इनमें पखावज के प्रचार-प्रसार में अग्रसर रानमेरी गेस्टन पखावज पर निरन्तर शोध एवं प्रकाशन का कार्य कर रही हैं।

पंडित जी की विशेष रचनाओं में चौमुखी परण, इसमें चार पखावज एक साथ बंटवारा करके बजाई जाती है। श्रोदा परण, बारिश की परण उल्लेखनीय है।

पं० रामशंकर दास (स्वामी पागल दास)

देश के सुप्रसिद्ध पखावज वादक एवं अपने उपनाम से प्रसिद्ध स्वामी पागल दास जी का जन्म 15 अगस्त 1920 को उत्तर प्रदेश के देवरिया जिले के मझौली गाँव में हुआ था। बचपन से ही बहुमुखी प्रतिभा, हँसमुख स्वभाव, मिलनसार तथा सभा-चातुरी गुण से सम्पन्न थे।

प्रारम्भ में आप अनेक वर्षों तक मंचीय अभिनय से जुड़े रहे तथा साथ ही साथ पखावज एवं गायन की शिक्षा भी प्राप्त करते रहें। प्रारम्भिक शिक्षा आपने पटना के श्री नेपाल सिंह जी से प्राप्त की थी, जो कि गायन वादन तथा अभिनय के प्रकाण्ड विद्वान थे। आप सफल नाटकाभिनेता भी थे। एक समय आपने वीर 'अभिमन्यु' नाटक में राजा बहादुर का अभिनय किया था जिसे देखकर सभी लोग आश्चर्य चकित रह गयें। इस नाटक में हास्याभिनेता के पात्र में आपका कार्य अत्यन्त सफल रहा था।

नेपाल सिंह जी की मृत्यु के पश्चात् आप सन् 1936 में आयोध्या चले आयें और वहां आपने पखावज की शिक्षा जिन गुरुओं से प्राप्त की उनके नाम इस प्रकार से है—सर्वश्री रामकृष्ण दास, स्वामी भगवान दास, बाबा ठाकुर दास, श्री राममोहिनीशरण मृदंगाचार्य, बाबू नेपाल सिंह तथा पं० संतशरण 'मस्त' का नाम उल्लेखनीय है।

पखावज वादन में आप कुदऊ सिंह घराना एवं अवधी घराने का प्रतिनिधित्व करते थे। प्रारम्भ में आपने तबले की शिक्षा ग्रहण की थी, परन्तु सन् 1962 में आपने तबले को त्यागकर पखावज को उच्च्य स्थान पर प्रतिष्ठित कराने में अपना जीवन अर्पित कर दिया।

आपकी वादन की सराहना करते हुये, बाबा अलाउद्दीन खाँ साहब ने आपके पास एक पत्र लिखा था, जिसका विवरण पृष्ठ 192 पर है—

पंडित जी का मानना था, कि जब ईश्वर ने स्वस्थय एवं सुन्दर शरीर की रचना करके कलात्मक ज्ञान प्रदान किया है, तब इस स्थिति में जीवन का सम्पूर्ण क्षण कला के अध्ययन अध्यापन में लगाना चाहिए। कला की

साधना के द्वारा ही अर्थ, धर्म, काम और मोक्ष की प्राप्ति का लक्ष्य होना चाहिए।

मान सम्मान

स्वामी पागल दास जी को पखावज वादन के क्षेत्र में उल्लेखनीय योगदान के लिये अनेक सम्मान से सम्मानित किया गया था, जिनमें से कुछ के नाम इस प्रकार है–उत्तर प्रदेश संगीत नाटक अकादमी सम्मान, ताल विलास सम्मान, मृदंग मार्त्तण्ड, मृदंग मणि, मृदंग केसरी, पखावज विज़र्ड, संगत सम्राट, पखावज दास, तबला शास्त्री, नेशनल अकादमी सम्मान, संगीत महामहोपाध्याय, श्रेष्ठ कला आचार्य, नाना पानसे अवार्ड, तुलसी सम्मान, पखावज रत्न तथा अवध विश्वविद्यालय द्वारा डी०लिट० की मानद उपाधि आदि विशेषरूप से उल्लेखनीय है।

आयोध्या उत्तर प्रदेश में आपने हनुमत् संगीताश्रम की स्थापना कर आपने पखावज सीखने वाले छात्रों का मार्ग प्रशस्त कर दिया। शिक्षा दीक्षा में जीवन अर्पित कर देने वाले स्वामी जी के अनेक शिष्य देश तथा विदेश में पखावज का यश बढ़ा रहें है, जिनमें से कुछ प्रमुख शिष्यों के नाम इस प्रकार से है–डॉ० राज खुशीराम (लखनऊ), श्री रामकिशोर दास (दिल्ली), संतोष दास (हरिद्वार), के०के० द्विवेदी (भोपाल), संजय आगले (इन्दौर), मुरली महाराज (बम्बई), भक्तराज भोंसले, सर्वश्री राजकुमार दास, विजय राम दास (आयोध्या), टुनटुन दास, के० के० उपाध्याय बंधु एवं श्री मोहन पाण्डे आदि।

इन्हें शालीय शिक्षा बहुत ही कम मिली थी, परन्तु स्वाध्याय और प्रतिभा के फलस्वरूप इन्होंने मृदंग तबला प्रभाकर (दो भाग), और तबला कौमुदी नामक पुस्तकें लिखी हैं। इनके अनेकों शोधपरक लेख प्रतिष्ठित पत्रिकाओं में प्रकाशित हो चुके हैं।

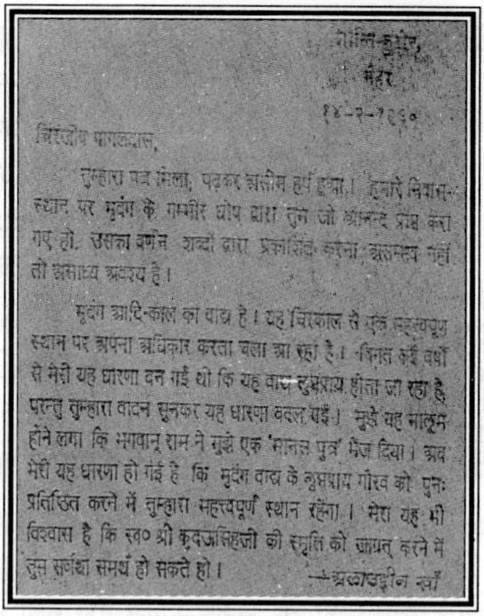

शांति-कुटीर,
मैहर
१४-२-१९६०

चिरंजीव पागलदास,

तुम्हारा पत्र मिला, पढ़कर असीम हर्ष हुआ। हमारे निवास-स्थान पर मृदंग के गम्भीर घोष द्वारा तुम जो आनन्द प्रदान करा गए हो, उसका वर्णन शब्दों द्वारा प्रकाशित करना असम्भव नहीं तो असाध्य अवश्य है।

मृदंग आदि-काल का वाद्य है। यह चिरकाल से एक महत्त्वपूर्ण स्थान पर अपना अधिकार करता चला आ रहा है। किन्तु कई वर्षों से मेरी यह धारणा बन गई थी कि यह वाद्य लुप्तप्राय होता जा रहा है परन्तु तुम्हारा वादन सुनकर यह धारणा बदल गई। मुझे यह मालूम होने लगा कि भगवान् राम ने मुझे एक 'मानस पुत्र' भेज दिया। अब मेरी यह धारणा हो गई है कि मृदंग वाद्य के लुप्तप्राय गौरव को पुनः प्रतिष्ठित करने में तुम्हारा महत्त्वपूर्ण स्थान रहेगा। मेरा यह भी विश्वास है कि स्व० श्री कुदऊसिंहजी की स्मृति को जाग्रत् करने में तुम सर्वथा समर्थ हो सकते हो।

—अलाउद्दीन खाँ

(संगीत पत्रिका, सन् 1966 के नवम्बर विशेषांक, पृष्ठ 44 से प्राप्त)

पं० रामजी उपाध्याय

पं० रामजी उपाध्याय का जन्म पखावज के ऐसे घराने में हुआ, जहाँ वर्षों से पखावज वादन की कला चली आ रही है। पंडित जी का जन्म 1933 में बिहार के गया जिले के ईश्वरपुर गाँव में हुआ था। पंडित जी के पिता 'मृदंग सम्राट' पं० वासुदेव उपाध्याय एवं बड़े भाई बलदेव उपाध्याय, ये दोनों ही पखावज वादन के दैदिप्यमान नक्षत्र थे।

पंडित रामजी उपाध्याय ने देश के प्रायः सभी संगीत समारोहों में पखावज वादन कर पखावज का मान सम्मान बढ़ाया। सन् 1983 में तत्कालीन प्रधानमंत्री श्रीमति इंदिरा गाँधी ने I.C.C.R. की और से भारतीय संगीत के प्रचार-प्रसार हेतु आपको यूरोपीय देशों के दौरे पर भेजा, जहाँ कि आपने अपने पखावज वादन से भारतीय संगीत का प्रचार-प्रसार किया। आप आकाशवाणी तथा दूरदर्शन के टॉप ग्रेड के कलाकार थे।

मान सम्मान

मानव संसाधन मंत्रालय भारत सरकार ने सन् 1954 में पखावज में आपके विशेष योगदान के लिये फैलोशिप दिया। सन् 1958 में आपने आकाशवाणी से पखावज वादन का अपना प्रथम कार्यक्रम प्रस्तुत किया। सन् 1975 में सुर सिंगार संसद् मुम्बई द्वारा 'ताल मणि' की उपाधि से विभूषित किये गये।

वादन शैली

आपके वादन में माधुर्य एवं ओजगुण की प्रधानता थी। आप अपने वादन का आरम्भ गणेश स्तुति से किया करते थे तत्पश्चात् उठान एवं ठेके के प्रकार का विस्तार करते हुये छोटे-छोटे मोहरे, परण, पड़ाल, चक्रदार, रेला, नामधारी परणों के अन्तर्गत बिजली परण, सिंहावलोकन परण, कवित्त आदि का वादन करते समय विशेष रूप से पढ़न्त किया करते थे। बोलों की शुद्धता, गणित के कार्य पर आपका विशेष ध्यान होता था।

गायन संगति

आपने अपने समय के प्रायः गायन, वादन तथा नृत्य के प्रख्यात कलाकारों के साथ संगति की थी। जिसमें गायन के कलाकारों के नाम इस प्रकार से है—पं०

राम चतुर मल्लिक, पं० सियाराम तिवारी, डागर बंधु, पं० हरिशंकर मिश्रा आदि।

तंत्र वाद्य

आपने भारत रत्न पं० रविशंकर, उस्ताद अली अकबर खाँ एवं वी०जी० जोग जी के साथ तथा नृत्य में रौशन कुमारी के साथ पखावज संगति की।

जुगलबंदी

आपने पं० किशन महाराज एवं सामता प्रसाद मिश्र जी के साथ जुगलबंदी के कार्यक्रम किये।

शिष्य परम्परा

आपके प्रमुख शिष्यों में पुत्र श्री रविशंकर उपाध्याय तथा गौरीशंकर उपाध्याय, प्रवीण कुमार शुक्ल एवं मदन मोहन उपाध्याय प्रमुख हैं।

पं० रामाशीष पाठक

मृदंगाचार्य पं० रामाशीष पाठक अमता घराना (दरभंगा) एवं कुदऊ सिंह महाराज के शैली को, भारतीय संगीत जगत में स्थायीत्व प्रदान करने वाले वैसे कला रत्न हैं, जिन्होंने भारतीय संगीत के वाद्य के क्षेत्र में दो धाराओं को एक दिशा प्रदान किया।

इनका जन्म संगीतकारों के परिवार में अमता घराने के वाद्य शिरोमणी पं० रामेश्वर पाठक के घर 16 जनवरी 1937 को हुआ। आपके पिता श्रीराम नारायण पाठक दरभंगा स्टेट में सितार वादक के रूप में नियुक्त थे। मृदंग वादन की विधिवत शिक्षा इन्होंने अपने नाना मृदंग सम्राट पं० विष्णुदेव पाठक जी से प्राप्त किया। इनके पितामह रामेश्वर पाठक देश के मूर्धन्य सितार वादक थे।

पंडित जी का जन्म जिस परिवार में हुआ, उसके मातृ एवं पितृ दोनों ही पक्ष में संगीत की समृद्धशाली परम्परा रही। इन दोनों ही परिवारों में ध्रुपद धमार की समृद्धशाली परम्परा के अन्तर्गत शिक्षा प्राप्त करने का अवसर मिला। इन्होंने अपने नाना से 15 वर्षों तक विधिवत पखावज की शिक्षा प्राप्त की।

उपलब्धियाँ

1995 में संगीत नाटक अकादमी अवार्ड तथा राष्ट्रपति अवार्ड से सम्मानित।

1980 में रोम में हुये अन्तर्राष्ट्रीय संगीत समारोह में अपने पखावज वादन से श्रोताओं को मंत्रमुग्ध कर भारतवर्ष की प्रतिष्ठा स्थापित की।

फ्रांस एवं अन्य कई रिकार्डिंग कम्पनी ने आपके पखावज वादन का एल० पी० तथा कैसेट तैयार किया है।

1973 में सुर सिंगार संसद बम्बई द्वारा 'ताल मणि' की उपाधि प्रदान की गई।

1990 में 'मिथिला विभूति' तथा 1994 में बनारस के काशी नरेश के द्वारा 'स्वातित्रिरूनाल' सम्मान से सम्मानित किया गया।

1994 में त्रयोदशा राष्ट्रीय कलासाधक संगम द्वारा सितार शिरोमणि पं० रामेश्वर पाठक सम्मान से सम्मानित किया गया।

2004 में ओंम्कारनाथ ठाकुर संगीत विद्यालय पटना ने आपको 'मृदंग शिरोमणि' सम्मान से सम्मानित किया।

2005 में World School of Music ने आपको 'संगीत रत्न' सम्मान से सम्मानित किया।

आप उस्ताद अलाउद्दीन खाँ संगीत अकादमी के मानद पखावज गुरु हैं तथा आपकी देख रेख में देश-विदेश के अनेक छात्र शोध कार्य एवं संगीत साधना कर रहें है।

आपने देश के प्रायः सभी ध्रुपद गायकों तथा वीणा वादकों के साथ पखावज संगति की है। आप एक सफल एकल पखावज वादक है। आपके देश-विदेश में अनेक स्वतंत्र वादन के कार्यक्रम हुये हैं। जिन प्रमुख कलाकारों के साथ अपने संगति की है, उनमें पं० रामचतुर मल्लिक, पं० सियाराम तिवारी, उस्ताद रहीमुद्दीन खाँ डागर, उस्ताद नसीर मोउद्दीन खाँ डागर, उस्ताद जिया मोउद्दीन खाँ डागर, पं० महादेव प्रसाद मिश्रा, प्रसिद्ध वीणकार उस्ताद द्रविड़ खाँ आदि प्रमुख हैं।

जुगलबंदी

आपकी पं० सामता प्रसाद मिश्र और पं० पालघाट आर० रधु के साथ तबला, मृदंगम् एवं पखावज की जुगलबंदी हुई।

आप सम्प्रति आकाशवाणी के टॉप ग्रेड के कलाकार हैं तथा बिहार संगीत नाटक अकादमी के मानद सदस्य हैं। वाद्य संगीत की समृद्ध परम्परा को बनाये रखने के लिये केन्द्रीय संगीत नाटक अकादमी नई दिल्ली, ने आपकी आर्काइव रिकार्डिंग भी की है।

पं० शंकर राव बापू शिंदे आपेगाँवकर

पं० शंकर राव बापू शिंदे का जन्म संगीतज्ञों के परिवार में 9 जून 1913 को हुआ था। आप अपने परिवार में तीसरी पीढ़ी के कलाकार थे। आपने शालीय शिक्षा 9वीं कक्षा तक पाई और पखावज वादन की शिक्षा अपने परिवार के अतिरिक्त मथुरा के मक्खन जी भईया से प्राप्त की थी। आपने अनेक स्वतंत्र वादन तथा संगत के कार्यक्रम देश एवं विदेश में प्रस्तुत कर पखावज का नाम बढ़ाया था। आपने दूरदर्शन के Great Master कार्यक्रम में भी भाग लिया था।

मान सम्मान

सुर सिंगार संसद द्वारा 'ताल विलास' सम्मान, 'पखावज रत्न' एवं 'ताल रत्न' सम्मान, सन् 1990 में ध्रुपद समिति इन्दौर द्वारा 'नाना पानसे सम्मान' से सम्मानित, वाराणसी द्वारा 'स्वाति तिरूनाल पुरस्कार', सुर संगीत शिकोहाबाद मध्यप्रदेश द्वारा 'पंडित' के सम्मान से सम्मानित, आकाशवाणी द्वारा A Grade के सम्मान से सम्मानित किये गयें।

आपकी उदारता एवं विद्वता को देखते हुये अनेक संस्थाओं का सदस्य भी बनाया गया था, जिनके नाम इस प्रकार से है—श्री क्षेत्र आलंदी दिहू परिसर एवं पंढरपुर विकास समिति, विस्वस्थ व्यंकट स्वामी ट्रस्ट, कालिदास सम्मान चयन समिति (भोपाल), कार्यकारी निदेशक संत पीठ पैयथान आदि।

आप अनेक शैक्षणिक एवं सांस्कृतिक संस्थाओं के संस्थापक एवं संचालक भी रहें। जिनमें कुछ के नाम इस प्रकार से है—पदम्श्री शंकरराव बापू प्रतिष्ठान (नान्देड़), पदम्श्री शंकरराव बापू हाई स्कूल (सासेगांव), पदम्श्री शंकरराव बापू संगीत अकादमी (औरंगाबाद) आदि प्रमुख हैं।

पं० अम्बादास पंत आगले

आपका जन्म सन् 1901 ई० में इन्दौर मध्यप्रदेश में हुआ था। आपने पखावज की शिक्षा अपने पिता पं० सखाराम पंत आगले से प्राप्त की, जो कि अपने समय के प्रख्यात पखावज वादक थे।

इनकी प्रतिभा, लगन, शिक्षा और अभ्यास ने ऐसा रंग दिखलाया कि मात्र 20 वर्ष की अवस्था में ही आप इन्दौर दरबार के दरबारी कलाकार नियुक्त हो गये थे। आप 'विनोदी पंडित' के नाम से भी प्रसिद्ध थे। आपने कुछ समय तक 'मेरिस म्यूजिक कालेज लखनऊ' में अध्यापन का कार्य किया था।

वादन शैली

पंडित जी नाना साहब पानसे घराने की वादन शैली के अनुसार सुन्दर वादन करते थे। आपके वादन में उत्कृष्ट लयकारी, बोलों की स्पष्टता एवं लचीलापन का सुन्दर समन्वय सुनने को मिलता था। आपने कई बार आकाशवाणी के राष्ट्रीय कार्यक्रम के अन्तर्गत अपना पखावज वादन प्रस्तुत किया।

मान सम्मान

आपकी योग्यता से प्रभावित होकर इन्दिरा कला संगीत विश्वविद्यालय खैरागढ़ ने आपको डॉक्टर ऑफ म्युजिक की उपाधि से सम्मानित किया था, किन्तु राष्ट्रभाषा हिन्दी के अनन्य अनुरागी होने के कारण, आपने उसे लेने से इन्कार कर दिया, तब विश्वविद्यालय ने आपको *'संगीताचार्य'* की उपाधि से विभूषित किया।

कोलम्बियाँ की एक रिकार्डिंग कम्पनी ने आपके चौताल का एक रिकार्ड तैयार किया है।

आपके शिष्यों में आपके पुत्र पं० कालिदास पंत आगले, पौत्र संजय पंत आगले, पौत्री चित्रांगना पंत आगले एवं लक्ष्मीनारायण पवार आपकी पखावज की परम्परा को जीवित रखे हुये हैं।

एक लम्बे अन्तराल तक रोग से संघर्ष करते हुये, 31 जनवरी सन् 1972 में आपका स्वर्गवास हो गया।

पं० रमाकांत पाठक

पं० रमाकांत पाठक का जन्म 1 नवम्बर 1942 में आजमगढ़ के गोवर्धनपुर गाँव में हुआ। इनके पूर्वज मूल रूप से आजमगढ़ के निवासी थे, जो कि बाद में लखनऊ आकर रहने लगे आपके पूर्वज अमीनाबाद (लखनऊ) स्थित हनुमान जी के मंदिर की देखभाल करीब 200 वर्षों से करते आ रहे है। इनके पिता जी पं० रामदेव पाठक मूल रूप से कर्मकाण्डी ब्राह्मण थे। इनके पिताजी 1910 से लखनऊ में ही रहें। जिनकी मृत्यु 107 वर्ष की अवस्था में हुई। इनकी माता जी का नाम धनराजी देवी था।

आपकी शिक्षा दीक्षा लखनऊ में हुई। 4 वर्ष की अवस्था से ही आप स्वतः ढोलक बजाने लगे थे। तबला एवं पखावज की ध्वनि को बहुत ही गम्भीरता से सुनकर आप उसे ढोलक पर निकालने का प्रयास करते थे। 13 वर्ष की आयु में उस्ताद बफाती खाँ ने एक संगीत जलसे में आपसे पूछा मेरे साथ बजाओगे? आपने बोला जैसी आपकी आज्ञा। बफाती खाँ भारतवर्ष के महान ढोलक वादक थे, जो कि पुरी तरह से तबले का बाज ढोलक पर बजाया करते थे। बफाती मियाँ के साथ 1 घंटे तक की आपकी जुगलबंदी हुई। जुगलबंदी के पश्चात् उस्ताद बफाती मियाँ ने कहा मुझसे तुम ढोलक सीख लो।

बाल्यकाल से ही आपको पखावज की ध्वनि आकर्षित करता था। जब भी कहीं पखावज बजता चाहे वह रेडियो हो या समारोह आप स्वतः ही आकर्षित होते थे। आप जब बफाती मियाँ से सीखने के सन्दर्भ में उनसे मिलने आकाशवाणी गये, तब वहाँ आपकी मुलाकात रमई काका से हुई जो कि उस समय के लखनऊ के अच्छे कवि थे। उन्होंने ही आपको बताया कि आप ढोलक की अपेक्षा पखावज सीखें। यहीं से आपकी सोंच बदल गई तथा आपने ढोलक की अपेक्षा पखावज को चुना।

दीपावली के दिन 14 वर्ष की अवस्था में आपने पखावज की प्रारम्भिक शिक्षा नाना पानसे घराने के सुप्रसिद्ध पखावज वादक पदम्श्री पं० सखाराम जी से निरन्तर 16 वर्षों तक शिक्षा प्राप्त की। इस अवधि में गहन शिक्षा के अन्तर्गत

आपने अपने गुरु से लगभग 3000 शुद्ध परणों को प्राप्त किया। इसी अवधि में सन् 1960-61 में आकाशवाणी दिल्ली द्वारा आयोजित अखिल भारतीय संगीत प्रतियोगिता में प्रथम स्थान प्राप्त कर तत्कालीन राष्ट्रपति डॉ० सर्वपल्ली राधाकृष्ण द्वारा स्वर्ण पदक से सम्मानित किये गये।

पं० सखाराम जी के निधन के पश्चात् इन्हें भारत सरकार द्वारा प्रदत फेलोशिप के अन्तर्गत, सन् 1973 में कुदऊ सिंह घराने के प्रसिद्ध पखावज वादक पं० आयोध्या प्रसाद जी से इस घराने की लगभग 2000 दुर्लभ बंदिशें प्राप्त हुई। यही कारण है कि नाना पानसे और कुदऊ सिंह घराने की वादन शैली में आप सिद्धहस्त हैं। आप हवेली घराना, कोरिया घराना, एवं विष्णुपुर परम्परा की बंदिशों को भी समान दक्षता के साथ बजाते हैं।

आपने देश के प्रख्यात कलाकारों जैसे—पं० हरिशंकर मिश्र, पं० कंठे महाराज, गुरु शम्भू महाराज, उस्ताद अहमद जान थिरकवा, पं० बिरजू महाराज आदि से भी कई दुर्लभ बंदिशें प्राप्त की है।

विगत् 40 वर्षो से आपने एकल वादन के अतिरिक्त लगभग सभी प्रसिद्ध कलाकारों जैसे—उस्ताद रहीमुद्दीन खाँ डागर, सुश्री असगरी बाई, पं० हरिशंकर मिश्र, पं० महादेव मिश्र, पं० सियाराम तिवारी, पं० राम चतुर मल्लिक, विदुर मल्लिक, डागर बंधु, पं० बिरजू महाराज, उस्ताद असद अली खाँ, उस्ताद अमजद अली खाँ आदि के साथ पखावज वादन कर, भारतवर्ष में होने वाले सभी संगीत समारोह में विशेष ख्याति अर्जित की।

देश के प्रसिद्ध तबला वादकों पं० किशन महाराज, पं० गोदंई महाराज, उस्ताद जाकिर हुसैन के साथ तबला पखावज की जुगलबंदी तथा दक्षिण के प्रसिद्ध मृदंगम् वादक पं० शिवा रमण के साथ पखावज, मृदंगम की जुगलबंदी की सर्वत्र सराहना की गई।

सन् 1975 में उत्तर प्रदेश संगीत नाटक अकादमी के विदेश कार्यक्रमों के अन्तर्गत अनेक देशों की यात्रा की। सन् 1998 में आकाशवाणी संगीत सम्मेलन गुवहाटी में आपका स्वतंत्र पखावज वादन हुआ। इसी वर्ष ऋषिकेश में ताल वाद्य कचहरी का आपने संपादन किया। 10 जनवरी 1998 को मधुवन संस्था प्रयाग में, कुम्भ मेले में, औरंगाबाद महाराष्ट्र में तथा 1999 में स्वामी हरिदास संगीत सम्मेलन मुम्बई में एकल पखावज वादन प्रस्तुत किया। वर्ष 1975 से प्रति वर्ष ध्रुपद मेला वाराणसी में आप अपना स्वतंत्र पखावज वादन करते आ रहें है।

आप देश के कई लब्ध प्रतिष्ठित संस्थानों से सम्मानित किये जा चुके हैं, जिसमें उत्तर प्रदेश संगीत नाटक अकादमी का अवार्ड मुख्य है। आप आकाशवाणी तथा दूरदर्शन के 'टॉपग्रेड' के कलाकार हैं।

आपके शिष्य परम्परा के अन्तर्गत राज खुशी राम, कुमारी पूर्वा नरेश, कुमारी अनुपमा राय, जनता पाण्डेय, इमरान खाँ, अनुराग श्रीवास्तव, अनिल कुमार, आशीष मिश्रा, अरविन्द, संयोगिता सिंह, पटेल, शैल दूबे, शुभांग जैन, श्रीकांत जोशी, तापस दास, प्रांशु मिश्रा, पूनम ठाकुर, अनूप कुमार बज़मी, शकील ज्ञानी आदि के नाम प्रमुख है।

वशं परम्परा के अन्तर्गत पं० राम पाठक, राधाकांत पाठक, शशिकांत पाठक एवं शिवाकांत पाठक पखावज के कुशल वादक हैं।

पं० डालचंद शर्मा

भारत के सुप्रसिद्ध पखावज वादक पं० डालचंद शर्मा जी का जन्म 11 अप्रैल 1965 को राजस्थान के भरतपुर जिले में हुआ। आपके पिता जी का नाम श्री छिद्दीलाल शर्मा एवं माता जी का नाम श्रीमती अंगूरी देवी शर्मा था।

आपने पखावज वादन की शिक्षा प्रख्यात पखावज गुरु पं० तोता राम शर्मा जी से प्राप्त की। समय-समय पर पं० मुरलीधर शर्मा जी से भी मार्गदर्शन मिलता रहा। इसके पश्चात् नाथद्वारा परम्परा के प्रतिष्ठित पखावज वादक पदम्श्री पं० पुरूषोतम दास जी से भी आपको पखावज वादन की शिक्षा प्राप्त करने का सौभाग्य प्राप्त हुआ।

पखावज वादन के साथ आप गायन, तबला एवं हवेली संगीत का भी ज्ञान रखते हैं। आपने हवेली संगीत की शिक्षा वृन्दावन के स्व० बाबा जीवन दास से प्राप्त की।

गुरु आशीर्वाद कठिन साधना धैर्य एवं समपर्ण ने इन्हें कम समय में ही देश के प्रमुख पखावज वादकों की श्रेणी में ला दिया। नाथद्वारा परम्परा के पखावज वादक बहुमुखी प्रतिभा के धनी, पंडित जी में अनेक मौलिक विशेषताएँ समाहित है। आपकी मौलिक चिंतन ही अन्य पखावज वादकों से आपके बाज को अलग करती है।

पं० डालचंद शर्मा के वादन में तैयारी, सफाई, बोलों की छंदात्मक काट तराश, लयकारी, सम, अतीत, अनागत ग्रहों का कलात्मक प्रयोग, वजन के साथ आकर्षक सौन्दर्यात्मक प्रस्तुति, पढन्त एवं बजन्त का समन्वय, ध्वनि विविधता, पारम्परिक रचनाओं में यति, जाति का सुगम प्रस्तुतिकरण आपके वादन की सर्वाधिक विशेषताएँ हैं।

पंडित जी ने अनेक सृजनात्मक प्रयोग कर कार्यक्रमों को सफल बनाया है। इनका मानना है कि आप जो भी प्रयोग करें उसमें आपकी पारम्परिक शैली यानि मर्यादा का होना बहुत जरूरी है। प्रयोग सिद्धांत सहित एवं शास्त्रानुकूल होने चाहिए तभी आप सफल होंगे। प्रयोग पहले भी हुये हैं और आगे भी होते रहेंगे। लेकिन आप सफल तभी हो सकते हैं, जब आप अनुशासित रहेंगे।

परम्परा में रहते हुये आपने अनेक प्रयोग किये हैं जो कि काफी सराहे गए। उनमें स्वर लय संवाद काफी चर्चित एवं प्रशंसनीय रहा। आपने नाथद्वारा परम्परा की विशेष बन्दिशों में 'धिननक का बाज' 'थपिया का बाज' जिसे झाला भी कहते हैं एवं 'धुमकिट' आदि बोलों के वादन में लोकप्रियता अर्जित की। साथ ही इस परम्परा की विशेष परणें जैसे बाज बहेरी परण, समर्पण परण, पुष्पांजली परण, नोक झोंक परण, अनुलोम विलोम की परण, गज परण, बढ़ैया परण, फरमाईसी तथा चक्रदार परणों की रसात्मक प्रस्तुति आपके वादन की विशेष प्रतिभा का द्योतक है।

मंच प्रदर्शन

आपने देश एवं विदेश के सभी प्रतिष्ठित संगीत समारोहों में एवं शिक्षण संस्थाओं में स्वतंत्र वादन एवं व्याख्यान-सह-प्रदर्शन का सफलतापूर्वक निर्वहन किया है, जो कि इस प्रकार से है–स्वर्ण जयन्ती समारोह, संस्कृति विभाग एवं संगीत नाटक अकादमी दिल्ली, रागिणी देवी संगीत समारोह, साहित्य कला परिषद् दिल्ली, बिहार सांस्कृतिक महोत्सव, संस्कृति विभाग मध्यप्रदेश सरकार द्वारा आयोजित संगीत के विशेष कार्यक्रमों में अपनी कला का प्रदर्शन स्पीक मैके द्वारा आयोजित संगीत के विशेष कार्यक्रमों में पखावज वादन। आकाशवाणी द्वारा आयोजित संगीत के अखिल भारतीय कार्यक्रमों में अपनी कला का प्रदर्शन, ध्रुपद मेला बनारस, विष्णु दिगम्बर जयन्ती समारोह दिल्ली, वृन्दावन, हरिवल्लभ संगीत महासभा जालंधर, सप्तक संगीत सम्मेलन अहमदाबाद, संकट मोचन संगीत समारोह बनारस आदि प्रमुख है।

आपने अभी तक जिन सुप्रसिद्ध कलाकारों के साथ संगत की है, उनमें ध्रुपद के उस्ताद रहीम फहीमुद्दीन डागर, उस्ताद नसीर जहीरूद्दीन डागर, उस्ताद नसीर फैयाजुद्दीन डागर, उस्ताद फरीदुद्दीन डागर, उस्ताद सैयदुद्दीन डागर, उस्ताद वासिफुद्दीन डागर, पं० राम चतुर मल्लिक, पं० सियाराम तिवारी, विदुषी सुमति मुट्टाटकर, पं० अभय नारायण मल्लिक, गुंदेचा बंधु, डॉ० ऋत्विक सान्याल आदि प्रमुख हैं।

तंत्र वाद्य में उस्ताद असद अली खाँ (वीणा), उस्ताद बहाउद्दीन डागर, उस्ताद अमजद अली खाँ, उस्ताद आशीष खाँ, पं० गोपाल कृष्ण, पं० उमाशंकर मिश्र, पं० देबु चौधरी, पं० भजन सोपोरी आदि प्रमुख हैं।

सम्मान

आपको अनेक प्रतिष्ठित संस्थाओं से सम्मानित किया जा चुका है। जिनमें युवा

सम्मान साहित्य कला परिषद्, टॉप ग्रेड अवार्ड आकाशवाणी दिल्ली, गांधी साहित्य सभा द्वारा 'ताल शिरोमणी' राष्ट्रपति भवन में आयोजित सांगीतिक कार्यक्रम में सराहनीय प्रदर्शन के लिये राष्ट्रपति ए०पी०जे० अब्दुल कलाम द्वारा आप सम्मानित किये जा चुके हैं।

विदेश यात्रा

जर्मनी में पखावज वादक के रूप प्रतिनिधित्व कर चुके पंडित जी ने विदेशों में भारतीय सांस्कृतिक संबंध परिषद द्वारा आयोजित संगीत समारोह में समय-समय पर कार्यक्रम प्रस्तुत करते रहें है, जिनमें इटली, बेल्जियम, फ्रांस, जर्मनी, यू०के०, यूक्रेन आदि देश प्रमुख है।

शिष्य परम्परा

आपके अनेक शिष्य हैं, जो कि पखावज वादन के क्षेत्र में अच्छा यश प्राप्त करके आपकी पखावज की नाथद्वारा परम्परा को आगे बढ़ा रहें है। इस परम्परा में सर्वश्री हरीशचन्द्रपति, मनमोहन नायक, कुमारी प्रीति सिन्हा, गोपाल जाधव, महावीर गंगानी, कृष्ण वल्लभ शुक्ल, अपूर्वा लाल मन्ना, शुभाषीश घोष, तेजराम लोगन (वेस्टइन्डीज), सलमान खान वारसी, वीरभद्र भारद्वाज एवं आपके सुपुत्र रोहित शर्मा प्रमुख हैं।

वर्तमान में आप संगीत एवं ललित कला संकाय, दिल्ली विश्वविद्यालय में पखावज वादक के पद पर कार्यरत हैं।

पं० बालकृष्ण शर्मा

पं० बालकृष्ण शर्मा जी का जन्म पखावज वादकों के घर में 20 अप्रैल सन् 1944 ई० को मुम्बई में बालकृष्ण दास जी के मंदिर में हुआ था। इसी कारण आपकी माता जी ने आपका नाम बालकृष्ण रखा।

आपके दादा पं० पर्वत सिंह जी ग्वालियर परम्परा के महान पखावज वादक थे। आपके पिता पं० गोपाल शर्मा जी पखावज के अच्छे वादक थे। आपकी माता जी का नाम लक्ष्मी देवी था। आपकी पखावज वादन की शिक्षा में आपकी माता जी का विशेष योगदान रहा है। हालांकि वह स्वयं तो कोई वाद्य नहीं बजाती थीं किन्तु घर में संगीत का माहौल होने के कारण, उन्हें संगीत की अच्छी जानकारी थी। अभ्यास के लिये वह सर्वदा आपको प्रेरित करती रहती थीं।

मात्र 4 वर्ष की आयु से ही आप पखावज पर थाप लगाने लगे थे। आपकी पखावज की शिक्षा आपके दादा पं० पर्वत सिंह जी से हुई। पखावज वादन की परम्परा आपके परिवार में 7 पीढ़ी से चली आ रही है और आप अपनी परम्परा के 8वीं पीढ़ी के कलाकार हैं तथा पखावज वादन के क्षेत्र में ग्वालियर परम्परा को प्रतिनिधित्व करने वाले एकमात्र कलाकार हैं।

आपने प्रायः देश के सभी संगीत समारोहों में पखावज वादन कर श्रोताओं को मंत्रमुग्ध किया है, उनमें कुछ संगीत समारोहों के नाम इस प्रकार से है–तानसेन संगीत समारोह ग्वालियर, ध्रुपद मेला बनारस, डोवर लैंड संगीत समारोह कलकत्ता, ध्रुपद समारोह जयपुर तथा स्पीक मैके के विभिन्न कार्यक्रम, दुर्लभ वाद्य संगीत समारोह भोपाल, हरिवल्लभ संगीत समारोह जालंधर आदि।

आपने मात्र 10 वर्ष की अवस्था से ही संगीत समारोहों में भाग लेना आरम्भ कर दिया था। सन् 1957 में आपने पहली बार पं० ओंमकार नाथ ठाकुर के साथ पखावज की संगति की थी। आपने देश के अन्य मूर्धन्य कलाकारों के साथ भी संगति की है, जिनके नाम इस प्रकार से है–उस्ताद जियामोईउद्दीन डागर (वीणकार), उस्ताद अमजद अली खाँ (सरोद), उस्ताद असद अली खाँ (विचित्र वीणा), उस्ताद रहीमफईमुद्दीन डागर (ध्रुपद धमार), विदुषी सुमति

मुट्टाटकर (ध्रुपद धमार), पं० राम चतुर मल्लिक, पं० विदुर मल्लिक, पं० सियाराम तिवारी, डॉ० अभय नारायण मल्लिक, सभी ध्रुपद धमार आदि प्रमुख है।

मान सम्मान

संगीत कला केन्द्र आगरा की ओर से आपको '*संगीत रत्न*' के सम्मान से सम्मानित किया गया।

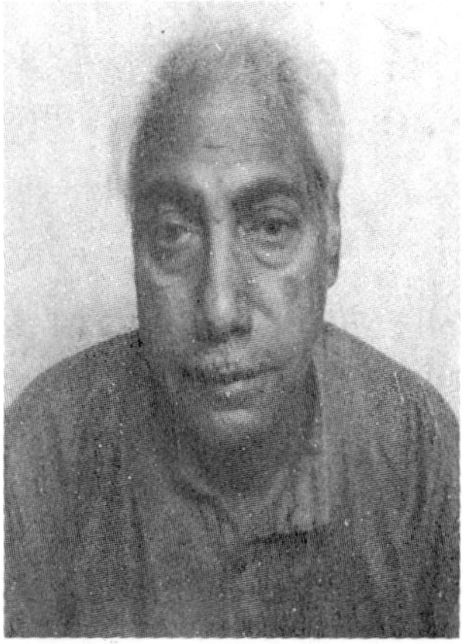

पं० पन्नालाल उपाध्याय

पंडित पन्नालाल उपाध्याय का जन्म बिहार के गया जिले के ग्राम-ईश्वरपुर पो० लोदीपुर, भाया-परैया में सन् 1942 को हुआ। आप का संबंध बिहार के एक समृद्ध संगीतज्ञ परिवार से हैं। आपके पिता का नाम पं० बलदेव उपाध्याय तथा माता जी का नाम श्रीमती कमला देवी था।

आप अपने पूर्वजों के विषय में बताते हैं, कि आपके पूर्वजों को बिहार में अमहारा के मदन राय ने लाया था। जिनका नाम क्रमशः उगन्न एवं बुद्धन्न जी था। इसमें उगन्न जी गाते थे, तथा बुद्धन्न जी वाद्य बजाते थे। आपके पूर्वजों के संगीत से प्रभावित होकर मदन राय ने अमहारा में इन दोनों को जागीर दी थी। मदन राय स्वामी हरिदास जी के शिष्य थे।

आपके पिता अपने समय के प्रख्यात पखावज वादक थे। बचपन में आपको गाने का शौक था, गाने की शिक्षा आपको अपने नाना से प्राप्त हुई, जो कि बिहार के आरा जिले के निवासी थे तथा इन्होंने गाने की शिक्षा गायक उस्ताद तस्दुक खाँ से प्राप्त की थी।

जब आपकी आयु 14 वर्षों की हुई, तब आपके सर से पिता की छाया उठ गई, तब लोगों ने कहा कि इनके घर से पखावज उठ गया। यह बात सुनकर आप बहुत विचलित हुये तथा आपने निश्चय किया कि अब आप केवल पखावज ही बजायेंगे और आपने अपने चाचा पंडित रामजी उपाध्याय की मदद से उत्कृष्ट पखावज वादक के रूप में प्रसिद्धि प्राप्त की।

आपने देश के अनेक लब्ध प्रतिष्ठित संगीत समारोहों में भाग लेकर बिहार का नाम रौशन किया है। गायन के साथ आपने पं० सियाराम तिवारी, पं० राम चतुर मल्लिक तथा डागर बंधु के साथ पखावज की सफल संगति की है।

आपने सितार वादक पं० बलराम पाठक जी के साथ भी संगति की है। साथ ही अनेक मंचों से आपने स्वतंत्र वादन भी प्रस्तुत किया है।

पं० भवानी शंकर 'कत्थक'

पं० भवानी शंकर 'कत्थक' का जन्म सन् 1956 में एक व्यवसायिक संगीतज्ञ परिवार में हुआ था। आपके पिता पं० बाबू लालजी जयपुर घराने के एक कुशल कत्थक नृत्यकार थे। पं० बाबू लालजी कत्थक के साथ ही तबला एवं पखावज के भी अच्छे जानकार थे। पं० भवानी शंकर जी मात्र 5 वर्ष की अल्प आयु से ही अपने पिता से पखावज की शिक्षा प्राप्त करने लगे थे। इसके पश्चात् आप अजराड़ा घराने के तबले के जानकार पं० शिवलाल कत्थक की छत्र छाया में अपनी कला कौशल को बढ़ाया। आपने पं० मक्खन लाल जी से भी संगीत की शिक्षा ग्रहण की है।

पं० भवानी शंकर एक कुशल पखावज वादक हैं। इन्होंने पारम्परिक ढंग से ध्रुपद धमार के संगत के अलावा इस वाद्य को आज शास्त्रीय संगीत तथा फिल्म संगीत में इसका सफलतापूर्वक सामंजस्य स्थापित किया है। उस्ताद जाकिर हुसैन द्वारा रचित ताल वाद्य समूह तथा शक्ति Remember Fusion में आपने अपनी कला कौशल दिखाई है। गायकी अंग के तंत्रकार पं० शिव कुमार शर्मा एवं पं० हरिप्रसाद चौरसिया जी के साथ भी पखावज की कुशल संगति की है।

एक कुशल मंच प्रदर्शक के साथ ही आप एक अच्छे संगीत संयोजक तथा गुरु भी हैं। भवानी शंकर नाम से आप एक संगीत विद्यालय भी चला रहें हैं जहाँ आप प्रतिभावान छात्रों को तबला तथा पखावज की शिक्षा देते हैं। आपके बहुत से कैसेट तथा सी०डी० बाजार में उपलब्ध है, जिसमें सम्पूर्ण रामायण, श्रीमद्भागवत गीता, देवी भागवत, ओम् वैद्यय नमः ड्रम आफ इण्डिया और पावर आदि प्रमुख हैं। आपका नाम गिनीज बुक एवं लिम्का बुक ऑफ वर्ल्ड रिकार्ड में भी दर्ज किया गया है। आपने देश के प्रायः सभी चोटी के कलाकारों के साथ विश्व भ्रमण किया है।

देश के प्रायः सभी महोत्सवों में आपने सफलतापूर्वक अपना वादन प्रस्तुत किया है। जिसमें मुख्य हैं गुणीदास संगीत महोत्सव, खजुराहों संगीत महोत्सव, डोवर लैन महोत्सव, हरिदास संगीत समारोह आदि। इसके साथ ही आपको कई

संस्थाओं द्वारा सम्मानित भी किया गया है, जिसमें मुख्य हैं–पं० जसराज गौरव पुरस्कार 2002 तथा राजस्थान संगीत नाटक अकादमी 2003 तथा संगीत नाटक अकादमी, दिल्ली 2004।

फिल्मों में भी आपने पखावज को उचित स्थान दिलाया तथा कुशल निर्देशकों के साथ आपने पखावज के Piece दिये हैं।

आपके प्रमुख शिष्यों में पंचम वर्मा, प्रताप पाटील, मनोज भांडलवरकर, असित चटर्जी तथा गणेश सांवत के नाम उल्लेखनीय है।

माणिक राव मुंडे

माणिक मुंडे भारत के प्रमुख पखावज वादक हैं। इनकी प्रारम्भिक शिक्षा भक्त गणेश अन्ना चौधरी एवं सतीशचन्द्र चौधरी से हुई। इसके पश्चात् आप बनारस के मृदंगाचार्य पं० अमरनाथ मिश्र तथा गोविन्द राव देशमुख से शिक्षा प्राप्त की।

आपने देश के प्राय: सभी प्रमुख ध्रुपद धमार गायकों के साथ पखावज संगति की है। जिसमें मुख्य हैं उस्ताद जियामोइउदीन डागर, जिया फरीउदीन डागर, गुन्देचा बंधु एवं उदय भवलकर आदि।

पं० रामजी लाल शर्मा

पंडित रामजी लाल शर्मा का जन्म संगीतज्ञों के ऐसे परिवार में हुआ, जहाँ इन्हें बचपन से ही पखावज की थाप सुनने को मिला। आपका जन्म 15 दिसम्बर 1951 को उत्तर प्रदेश के रामपुर नगर में हुआ था।

आपने मात्र 5 वर्ष की अल्पायु से ही पखावज की शिक्षा अपने पिता पं० आयोध्या प्रसाद जी से प्राप्त करने लगे थे। अपने पिता के संरक्षण में वर्षों अभ्यास करने के पश्चात् आप उत्कृष्ट पखावज वादक के रूप में जाने जाते हैं। आपने अपने हाथ की मिठास, बोलों की स्पष्टता, क्लिष्टि तालों में भी सरलता से वादन की क्षमता के कारण आपने संगीत जगत में अपनी एक अलग पहचान बनाई।

मान सम्मान

पंडित रामजी लाल शर्मा को समय-समय पर अनेक मानसम्मान मिले है, जिनमें से मुख्य इस प्रकार से हैं–

1975 में सुर सिंगार संसद द्वारा 'ताल मणि' एवं राष्ट्रपति सम्मान।

1978 में सर्वश्रेष्ठ पखावज वादक का सम्मान।

1978-79 में ध्रुपद मेला वाराणसी में तुलसी सम्मान एवं सर्वश्रेष्ठ पखावज वादक का सम्मान।

1981 में उपराष्ट्रपति द्वारा सम्मानित।

पंडित रामजी लाल शर्मा कुछ वर्षों तक कुरुक्षेत्र विश्वविद्यालय के संगीत विभाग में कार्यरत रहें तथा 1992 से आप लखनऊ आकाशवाणी में विभागीय कलाकार के रूप में कार्यरत हैं। आप कुदऊ सिंह परम्परा के प्रतिनिधि वंशज कलाकार है।

डॉ० राजखुशी राम मृदंगाचार्य

डॉ० राजखुशी राम जी का जन्म 3 अक्टुबर 1954 को लखनऊ में संगीत के एक समर्पित परिवार में हुआ था। आपके पिता जी का नाम पं० खुशीराम जी था।

पखावज से आपका लगाव 5-6 वर्ष की अवस्था से हुआ, जब आपकी बहन को नृत्य की शिक्षा दी जाती थी, तब उनके नृत्य के साथ पखावज एवं तबले की संगत होती थी। संगति के दौरान पखावज की ध्वनि आपको आकर्षित करती थी तथा इसी आकर्षण से आपको पखावज सीखने की प्रेरणा प्राप्त हुई। बाल्यकाल से ही इन्हें श्रेष्ठ गुरुओं का सान्धिय मिलता रहा।

7 वर्ष की आयु से आप पं० सखाराम मृदंगाचार्य तथा इनके पौत्र पं० विनायक राव से पखावज की शिक्षा लेनी प्रारम्भ कर दी थी। पं० सखाराम जी के मृत्यु के पश्चात् आपने पखावज की आगे की शिक्षा पं० रमाकांत पाठक जी से प्राप्त की।

आपकी विद्यार्जन की प्रवृत्ति ने आपको स्वामी पागल दास जी से पखावज सीखने की प्रेरणा दी। आपके अनुसार 1980 के आसपास स्वामी पागल दास जी लखनऊ महोत्सव में बजाने लखनऊ आये हुये थे। आप पंडित जी के वादन कृति यश से ऐसे प्रभावित हुये, कि सन् 1981 से आप पंडित पागल दास जी से विधिवत पखावज सीखने लगे। पखावज वादन की कला में निपुण बनाने का श्रेय पंडित पागल दास जी को जाता है।

सम्मान

इन्दिरा कला संगीत महाविद्यालय खैरागढ़ के द्वारा 'पखावज का अवधी घराना एवं उसमें पागलदास जी योगदान' विषयक शोध प्रबन्ध के लिये पीएच०डी० उपाधि दी गयी।

हिन्दी साहित्य सम्मेलन इलाहाबाद द्वारा 'साहित्य रत्न' की उपाधि एवं भातखंडे संगीत विद्यापीठ लखनऊ द्वारा वाद्य निपुण की उपाधि प्रदान की गई। सन् 1999 में संगीत नाटक अकादमी लखनऊ द्वारा अकादमी अवार्ड से सम्मानित किये गये। सुर सिंगार संसद द्वारा 'ताल मणि' और 'सरस्वती सम्मान'

से सम्मानित। ध्रुपद कला केन्द्र इन्दौर द्वारा 'पखावज श्री' एवं 'पखावज विभूषण' वृन्दावन संगीत समिति मथुरा द्वारा 'मृदंग पंडित' लखनऊ नगर परिषद् द्वारा 'मृदंगाचार्य' अखिल भारतीय लघु एवं मध्यम समाचार पत्र महासंघ कानपुर द्वारा 'पखावज मार्तण्ड' मधुवन उत्सव महाकालेश्वर उज्जैन द्वारा 'महाकाल सम्मान' एवं 'महाकालेश्वर संगीत रत्न' मधुबन भोपाल द्वारा 'श्रेष्ठ कला आचार्य' मुनाल लखनऊ द्वारा मुनाल सम्मान, कला संस्कृति मुम्बई द्वारा 'कला शिरोमणि' कथकपीठ जबलपुर द्वारा 'वर रंग' सम्मान संस्कार भारती दतिया मध्यप्रदेश द्वारा 'कुदऊ सिंह सम्मान' रस मंजरी संगीतोपासना केन्द्र जयपुर द्वारा पं० गोपाल जी एवं पं० गोकुल चन्द्र जी भट्ट सम्मान से आप सम्मानित किये जा चुके हैं।

साथ संगति

सन् 1977 में आपने प्रथम बार पं० लच्छु महाराज जी के साथ पखावज की संगति की। यह कार्यक्रम दशहरे के समय पटना के लंगरटोली क्षेत्र में हुआ था। प्रत्येक वर्ष दशहरे में अष्टमी एवं नवमी के दिन आपका पखावज वादन नृत्य के साथ पटना के विभिन्न मंचो से होता था। इसी दशहरे के प्रोग्राम में आप गोपी कृष्ण, कपिला राज, सितारा देवी आदि के साथ पखावज की संगति की।

कटिहार में आपकी जुगलबंदी गुदई महाराज जी के साथ हुई थी। ध्रुपद धमार के गायक पं० सियाराम तिवारी, पं० विदुर मल्लिक, पं० अभय नारायण मल्लिक, केशव तामनकर (महाराष्ट्र), गुँदेचा बंधु एवं डागर बंधु के साथ आपने संगति की।

आप अपने अविस्मरणीय कार्यक्रम की चर्चा करते हुये बताते हैं–कि एक बार बम्बई के महालक्ष्मी मंदिर फाउन्डेशन के प्राँगण में विश्व हिन्दु परिषद् के द्वारा आयोजित कार्यक्रम में आप बजाने गये थे। इस कार्यक्रम में सर्वप्रथम अनूप जलोटा का भजन था तथा इसके बाद ही आपको सोलो बजाना था। अनूप जलोटा के भजन के बाद श्रोता जाने लगे। जब आपका पखावज वादन प्रारम्भ हुआ तब उसके 5–7 मिनट के बाद न जाने कहाँ से लोग मधुमक्खी से छत्ते की तरह जुट गये। आपका वादन इतना प्रभावशाली था कि पूरा मंदिर प्रॉगण श्रोताओं से भर गया।

आपने पखावज की अनेक बंदिशों की रचनाएँ भी की है, जिनमें श्री भद्रकाली परण तथा द्वादश गणेश परण प्रमुख है, जो कि विभिन्न संगीत मंचों से सराही गई है।

आपने लक्ष्मीकांत प्यारेलाल द्वारा निर्देशित फिल्म "नाचे मयुरी" में भी पखावज वादन किया है।

आप देश के शीर्षस्थ संगीत संस्थाओं जैसे–इन्दिरा कला संगीत महाविद्यालय खैरागढ़, भातखंडे संगीत संस्थान डीम्ड विश्वविद्यालय लखनऊ, प्रयाग संगीत समिति इलाहाबाद, बृज संगीत विद्यापीठ तथा लखनऊ विश्वविद्यालय आदि से शिक्षक, प्रशिक्षक, परीक्षक के रूप में जुड़े हैं। सम्प्रति आप भातखंडे संगीत संस्थान लखनऊ में पखावज का प्रशिक्षण प्रदान करते हुये, इसके प्रचार-प्रसार के लिये समर्पित हैं।

पं० श्रीकांत मिश्र

पं० श्रीकांत मिश्र का जन्म 1952 में बनारस में हुआ। आपके पिता आयुर्वेद का काम किया करते थे तथा उनका नाम वरूचि मिश्र एवं आपकी माता जी का नाम सुनयना देवी था। आपके पखावज के गुरु संकट मोचन मंदिर के महंत पं० अमरनाथ मिश्र थे, जिनसे आपने 15 वर्षों तक विधिवत पखावज की शिक्षा प्राप्त की। आपके गुरु कुदऊ सिंह घराने से संबंधित थे, किन्तु नाना पानसे घराने का 'बाज' भी बजाते थे।

आपकी अवस्था जब 10-12 वर्ष की थी, तब उस समय तुलसी घाट बनारस में रामलीला होता था। उस रामलीला में पखावज की ध्वनि आपको आकर्षित करती थी। रामलीला से ही आपको पखावज बजाने की प्रेरणा प्राप्त हुई। आपके पखावज सीखने में आपकी माता जी का अमूल्य योगदान रहा है। वह आपको प्रातः 4 बजे उठाकर गुरु के घर सीखने भेज दिया करती थी। माता जी ने जब आपसे पढ़ाई की बात कही, तब आपने बोला–मैं स्कूल कालेज नहीं जाऊँगा बल्कि पखावज की साधना करूँगा, तब आपकी माता जी ने बोला–यह तो काफी प्राचीन वाद्य है तथा इसमें ख्याति भी ज्यादा नही है। किन्तु फिर भी आप इसे करते रहें तथा आगे चलकर आपने बनारस घराने में पखावज वादक के रूप में अपनी पहचान बनाई।

बनारस के तुलसी घाट पर आयोजित ध्रुपद मेला में सन् 1975 से आपने अपना मंचीय प्रदर्शन प्रारम्भ किया। उसके पश्चात् सन् 1981 में ऋत्विक सन्याल एवं कावेरी कर के साथ आपने संगत किया। इस प्रोग्राम में अशोक वाजपेयी, ओमप्रकाश चौरसिया भी मौजूद थे। आपके वादन को सुनने के पश्चात् अशोक वाजपेयी ने आपसे पूछा आप क्या करते हैं? तब आपने बताया कि पखावज के साथ परिवार के भरण-पोषण के लिए कपड़े का व्यवसाय करता हूँ, तब भोपाल में ही अशोक वाजपेयी ने आपको नौकरी दिया।

भोपाल में आपकी मुलाकात जियामुद्दीन डागर बीनकार से हुई। उन्होंने आपसे पूछा कि आपकी फीस क्या है? तब आपने बताया कि मुझे तो पता ही नहीं कि फीस क्या होता है? बस मेरी तो यही इच्छा है कि मैं आपके साथ 20 प्रोग्राम बजाऊँ। 1982 में तानसेन संगीत समारोह में आपने उनके साथ बजाया जो,

कि आगे चलकर यही प्रोग्राम आकाशवाणी से प्रसारित हुआ और यहीं से आपकी ख्याति पूरे देश में फैल गई। सन् 1985 में I.C.C.R. की और से यूरोपीय देश का दौरा लगा जिसके अर्न्तगत आपने लंदन, पेरिस, जर्मनी आदि देशों में प्रस्तुतियाँ दी। इसी दौरे के दौरान B.B.C. ने उस्ताद जिया फरीउद्दीन डागर एवं ऋत्विक सन्याल का प्रोग्राम रिकार्ड किया जिसमें आप पखावज पर संगत कर रहें थे। यह प्रोग्राम सम्पूर्ण विश्व में प्रसारित किया गया, जो कि आपके जीवन का अविस्मरणीय प्रोग्राम था।

आपके कई C.D. तथा ऑडियो कैसेट निकले हैं। जिसमें H.M.V. तथा Rethym House ने गुन्देचा बंधु ने साथ 2 कैसेट निकाले हैं, जिसमें कि आपने पखावज संगति की है। France, Koreya से आपके सोलो की सी०डी० निकली है। सम्प्रति आप संगीत एवं मंच कला संकाय, बनारस हिन्दु विश्वविद्यालय में कार्यरत हैं।

चित्रांगना पंत आगले

चित्रांगना आगले का जन्म संगीतज्ञों के परिवार में सन् 1972 को इन्दौर में हुआ। आपके पितृ पक्ष से पखावज की एक व्यवस्थित परम्परा चली आ रही और इसी परम्परा के अन्तर्गत आप चौथी पीढ़ी की कलाकारा हैं।

सखाराम पंत आगले की वशंज, पं० अम्बादास पन्त आगले की पौत्री एवं पं० कालिदास पंत आगले की सुपुत्री चित्रांगना पखावज वादिका के रूप में विशेष ख्यातिलब्ध कलाकारा है। आपके पिता पं० कालीदास पंत आगले एवं बड़े भाई संजय पंत आगले भी पखावज के अच्छे कलाकार हैं।

आपकी पखावज की शिक्षा में आपकी माता श्रीमती चन्द्रला आगले का विशेष योगदान है। उन्होंने ही आपके पिताजी से कहकर आपको संगीत की शिक्षा दिलवाई। प्रारम्भ में आप 6 वर्ष की आयु में आपके पिता आपको नृत्य सीखवाना शुरू किया तथा आपने 6 वर्षों तक इसकी शिक्षा ग्रहण की, आप अपने भाई के पखावज के साथ नृत्य के कार्यक्रम भी किया करती थीं। एक बार कि बात है कि जब आपके पिता जी अपने काम से वापस घर आयें, तब उस समय आप पखावज बजा रहीं थी, तब उन्होंने सोंचा कि आपके भाई संजय बजा रहें है किन्तु जब उन्होंने देखा कि आप बजा रही हैं, तो उन्हें बड़ा आश्चर्य हुआ तथा आपके पिता जी ने आपको 12 वर्ष की अवस्था से पखावज की शिक्षा देनी प्रारम्भ कर दी।

पखावज शिक्षा

आपने अपने पिता से 6 महीने पखावज सीखने के बाद आपको दुलर्भ वाद्यों के अन्तर्गत बाबा अलाउद्दीन खाँ अकादमी की और से पखावज सीखने के लिये छात्रवृति मिली, जिसके अन्तर्गत आपने कुदऊ सिंह घराने के प्रख्यात पखावज वादक राजा छत्रपति सिंह जी से शिक्षा प्राप्त की।

उस समय के अकादमी के निदेशक डॉ० अशोक वाजपेयी जी ने आपके पखावज वादन को सुनकर 2 वर्षों की छात्रवृति की अवधि को बढ़ाकर 5 वर्ष कर दिया। इस प्रकार से आपने कुदऊ सिंह घराने की विद्या को राजा छत्रपति सिंह जी के द्वारा आत्मसात् किया। जब भी आप पखावज वादन प्रस्तुत करती

हैं, तब आपके वादन में दोनों ही घरानों (नाना पानसे एवं कुदऊ सिंह) का सम्मिलित प्रभाव सुनने को मिलता है।

कार्यक्रम

आपने देश एवं विदेश के अनेक संगीत समारोहों में पखावज वादन प्रस्तुत कर संगीत समारोहों की शोभा बढ़ाई है। आपने देश के जिन प्रमुख संगीत समारोहों में भाग लिया है उसके नाम इस प्रकार से है—ध्रुपद समारोह वाराणसी, गुरूपूर्णिमा संगीत समारोह पटना, तानसेन संगीत समारोह ग्वालियर, ध्रुपद समारोह औरंगाबाद, सप्तक संगीत समारोह अहमदाबाद, कुमार गन्धर्व स्मृति संगीत समारोह विजयनगरम्, चक्रधर समारोह रायगढ़ मध्यप्रदेश आदि प्रमुख हैं।

अविस्मरणीय कार्यक्रम

सप्तक संगीत समारोह अहमदाबाद में जब आप पखावज वादन प्रस्तुत कर रही थीं, वहाँ उस कार्यक्रम में पदम्विभूषण पंडित किशन महाराज एवं शोभा मुद्गल उपस्थित थी। आपके कार्यक्रम समाप्त होने के बाद पंडित किशन महाराज ने गले से लगा लिया और माईक लेकर बोले कि आज सदियों से चली आ रही पखावज की परम्परा, जिस पर कि पुरूषों का अधिकार था, वह चित्रांगना के पखावज वादन सुनने के बाद लगता है कि वह टुट गया है।

एक अन्य घटना की चर्चा करते हुये चित्रांगना बताती हैं कि एक बार ये बचपन में अपना कार्यक्रम दे रहीं थी, तब उस कार्यक्रम में कुमार गन्धर्व जी भी उपस्थित थे। इनके कार्यक्रम देखकर कुमार जी के आंख से आंसू निकल पड़े और उन्होंने इनके पिता से कहा कि अगर शादी के पश्चात् इसका संगीत छुटा, तो मैं तुम्हें श्राप दे दुँगा, इसलिए इसका विवाह ऐसे जगह करना जहाँ कि इसका संगीत खत्म न हो।

सम्मान

सन् 1993 में सुर सिंगार संसद द्वारा आपको 'तालमणि' की उपाधि से सम्मानित किया गया। इसी वर्ष भातखंडे शिक्षा समिति द्वारा आपको 'अभिनव कला सम्मान' तथा 'महाकाल सम्मान' (उज्जैन) से भी सम्मानित किया गया।

सन्दर्भ

1. कला वसुधा पत्रिका संयुक्तांक, अक्टुबर मार्च 2002-03, पृ० 73।
2. संगीत पत्रिका: रामभरोसे पाठक, 1984 जुलाई अंक।
3. कला वसुधा पत्रिका संयुक्तांक अक्टुबर मार्च 2002-03, पृ० 73-73।
4. संगीत पत्रिका, जून 1971, पृष्ठ 37-38, प्रकाशक संगीत कार्यालय, हाथरस।
5. विभिन्न कलाकारों के साक्षात्कार Internet एवं Bio-Data पर आधारित।

8

वर्तमान समय में पखावज की स्थिति

पखावज वादन की स्थिति

संचार एवं परिवहन के माध्यमों में अभूतपूर्व सुधार, परिष्कार एवं आविष्कार ने मानव के बहुत से रहस्यों, मिथकों को दूर किया है। विश्व में आज असंख्य भारतीय मूल के व्यक्ति भारत के संस्कृति एवं मूल्यों के परिचायक हैं। भारत के संगीतज्ञ ने अपने संगीत के माध्यम से विश्व में अपनी श्रेष्ठता सिद्ध की है तथा अपनी विशिष्टता से सम्पूर्ण विश्व को मोहित किया है। यह आकर्षण एकतरफा नहीं रहा है। भारत के जन प्रचलित फिल्मी संगीत में पाश्चात्य प्रभाव स्पष्ट रूप से दृष्टिगोचर होता है। फिल्म संगीत में इन विदेशी वाद्यों का बखुबी प्रयोग किया जाता रहा है। आज हमारे भारतीय संगीत में पश्चिमी वाद्यों में आवश्यकतानुसार परिवर्तन कर, उन्हें भारतीय शास्त्रीय संगीत के योग्य बनाया गया है। वायलिन, गिटार आदि पाश्चात्य वाद्यों का आज हमारे संगीत में सफल प्रयोग किया जा रहा है। त्वरित परिवर्तनीय, सिकुड़ते सिमटे विश्व में जहाँ समस्त मान्यताएँ, विश्वास और व्यवहार एक-दुसरे में समाहित हो अपनी मूल अवधारणा खोते जा रहे हैं, वहीं भारतीय शास्त्रीय संगीत पुष्ट होता जा रहा है, यह गौरव का विषय है।[1]

अवनद्ध वाद्यों की परम्परा में पखावज का अपना एक विशिष्ट स्थान है। वैदिक काल में जिस प्रकार त्रिपुष्कर सर्व उन्नत वाद्य था, उसी प्रकार मध्यकाल से वर्तमान समय तक के अवनद्ध वाद्यों में पखावज का नाम उल्लेखनीय है। मध्यकाल में भारतीय सभ्यता संस्कृति पर मुगलों का प्रभाव स्पष्ट रूप से परिलक्षित होता है। मुगल संस्कृति से हमारा प्राचीन संगीत भी अलग न रह सका और उस समय के प्रचलित गायन शैलियाँ तथा वाद्यों में आश्चर्यजनक परिवर्तन

देखने को मिलते हैं। ऐसा प्रतीत होता है कि प्राचीन मृदंग में थोड़ा बदलाव लाकर इसका नाम पखावज रख दिया गया एवं उसी समय से उत्तर भारत में मृदंग के स्थान पर पखावज नाम प्रचलित होता चला गया। ऐसा माना जा सकता है कि पखावज के मूल में मृदंग ही रहा हो, क्योंकि आज भी जब किसी पखावज वादक को सम्मान दिया जाता है, तब उन्हें मृदंगाचार्य कहकर सम्बोधित किया जाता है, न कि पखावजाचार्य।

भारतीय संगीत के इतिहास का अध्ययन करने पर ज्ञात होता है, कि वैदिक काल से ही प्रत्येक युग में संगीत का न केवल महात्मय ही रहा है, बल्कि महान संतों कवियों एवं ऋषि-मुनियों ने संगीत को ही अपनाकर आध्यात्मिक एवं मानसिक विकास रूप लक्ष्य को प्राप्त किया हैं। संगीत परमात्मा के समान कण-कण में व्याप्त है। इसका प्रभाव जड़ एवं चेतन दोनों पर समान रूप से पड़ता है। अतएव भारतीय जीवन में संगीत की अहम भूमिका है।

वाद्य संगीत कला की एक ऐसी अनिवार्यता है, जिसके अभाव में न गायन पूर्णरूपेण प्रभावोत्पादक हो सकता है न नृत्य। संगीत की मूल तत्वों की दृष्टि से वाद्य कला पूर्ण संगीत की एक प्रतिनिधि कला है। वाद्य का उपयोग गायन, वादन और नृत्य की भाँति अधिक सूक्ष्म और अप्रतिम आनन्द प्रदान करने वाली होती है।

पखावज वादन का प्रचलन मध्यकाल से माना जा सकता है, क्योंकि उसके पहले कहीं भी पखावज की चर्चा नहीं मिलती है। प्राचीन ग्रंथों में मृदंग के प्रकारों की चर्चा अवश्य प्राप्त होती है। अगर यह कहा जाये कि 'पखावज वादन की कला को मुगल युग में विशेष रूप से आश्रय मिला' तो शायद यह अतिशयोक्ति नहीं होगी।

बनारस घराने के अन्तर्राष्ट्रीय ख्याति प्राप्त लब्ध प्रतिष्ठित विद्वान तबला वादक एवं *Banaras Hindu University, Faculty of Music and Performing Art*, तबला विभाग के प्रमुख रह चुके, पं० छोटे लाल मिश्र जी के अनुसार वर्तमान समय में पखावज की जो स्थिति है, वह कुछ इस प्रकार से है–

मुगल युग में पखावज वादन अपने उत्कर्ष पर था। किन्तु 18वीं शताब्दी के उत्तरार्ध एवं 19वीं शताब्दी के पूर्वाद्ध में इस वाद्य की उपयोगिता कुछ कम होती चली जा रही थी और जोड़ी वाद्य तबला के विकसित हो जाने के फलस्वरूप, 19वीं शताब्दी के मध्य में इस वाद्य का प्रचलन न के बराबर होने लगा था। तत्कालीन स्थिति को देखते हुये स्व० डॉ० लालमणि मिश्र, (भूतपूर्व अध्यक्ष एवं संगीत एवं मंच कला संकाय, बनारस हिन्दु विश्वविद्यालय के अधिष्ठाता),

संकट मोचन मंदिर के महंत एवं कुशल पखावज वादक स्व० पं० अमरनाथ मिश्र एवं काशी नरेश के सहयोग से ध्रुपद मेला का आयोजन प्रारम्भ किया गया। जिसमें देश के सभी ध्रुपद एवं पखावज के कलाकारों को अपनी कला की प्रस्तुति देने का अवसर मिलने लगा। इन कला मर्मज्ञों के सद्प्रयासों के फलस्वरूप ही इस विधा का विकास होता जा रहा है।

पखावज वादन की परम्परा को बनाये रखने का यह प्रथम प्रयास था, उसके पश्चात् भारत सरकार एवं बाबा अलाउद्दीन खाँ अकादमी, भोपाल ने भी इस ओर ध्यान दिया तथा आज संस्थाओं द्वारा कलाकारों को आर्थिक सहयोग दिये जा रहे हैं, जिससे कि यह परम्परा उतरोत्तर विकास की ओर अग्रसरित हो रही है।

पं० डालचंद शर्मा जी (दिल्ली) नाथद्वारा घराने के वरिष्ठ पखावज कलाकार के अनुसार वर्तमान समय में पखावज की स्थिति ठीक-ठाक ही कही जा सकती है, क्योंकि आज से 20-30 वर्ष पूर्व यह लुप्त होने के कागार पर पहुँच चुका था। उस समय के जो अच्छे कलाकार थे, वह कम होते जा रहे थे। आज वैसी स्थिति तो नहीं है, क्योंकि पखावज वादन व्यक्ति विशेष लोगों के द्वारा ही आज अच्छा बज रहा है, जिसके कारण इसकी प्रसिद्धि बढ़ी है।

आज युवा वर्ग तथा पखावज के कलाकारों को विशेष रूप से सरकारी सहायता दी जा रही है। स्पीक मैके में ध्रुपद के कार्यक्रम होने से, ध्रुपद के साथ-साथ पखावज की भी पहचान बन रही है। संगीत नाटक अकादमी, दिल्ली द्वारा चलाये जा रहे Training Programme के तहत युवा पखावज वादक को विशेष रूप से आर्थिक सहायता दी जा रही है। इस कार्यक्रम के तहत ही अनेक पखावज वादक को श्रेष्ठ गुरु की उपाधि दी गई है।

आज विश्वविद्यालय स्तर पर भी पखावज काफी प्रचारित-प्रसारित हुआ है, आपके द्वारा कई व्याख्यान माला प्रस्तुत की गई है। संगीत में उच्च शिक्षा प्राप्त करने वाले अनेक ऐसे छात्र हैं, जिन्हें कि पखावज के विषय में अच्छी जानकारी प्राप्त नहीं है। इन्हीं सब बातों को देखते हुये विगत् 3 वर्षों से U.G.C. द्वारा आयोजित Refresher Course में पखावज के ऊपर आप सारगर्भित जानकारियाँ युवा शिक्षाविदों को देते आ रहें है। इस प्रकार कहा जा सकता है, कि वर्तमान में पखावज अपने पूर्व की अवस्था से अच्छी स्थिति में है।

पं० भवानी शंकर 'कत्थक' (मुम्बई) जयपुर एवं कुदऊ सिंह परम्परा के अग्रणी कलाकार इनके अनुसार वर्तमान में पखावज की स्थिति

अच्छी है। आज से कुछ वर्षों पूर्व यह लुप्त हो गया था, जिसे हम लोगों के द्वारा फिर से प्रसिद्धि दिलाई जा रही है।

पखावज का किस प्रकार से अच्छा वादन किया जाये, इस विषय पर बहुत ही कम पखावज कलाकार सोंचते हैं, और जो कुछ थोड़ा बहुत अच्छा कर भी रहें, तब इस क्षेत्र के कलाकार उनके पैर खिंचने या शिकायत करने में पीछे नहीं रहते। मुझे ही लिजिए जहाँ भी मुझे कोई चीज अच्छी लगती तो, मैं उसे सिखने की कोशिश करता हूँ तथा मैं अपने को आज भी विद्यार्थी ही मानता हूँ। जो लोग एक दुसरे की शिकायत करते हैं, उनके लिये दो पंक्तियाँ–

"खुद में खामिया है औरों से जलते हो
चेहरा धो सकते नहीं आईने बदलते रहते हो।"

पहले पखावज केवल मंदिरों, ध्रुपद धमार, भजन आदि इन विधाओं के साथ बजाई जाती थी परन्तु आज पखावज को इन विधाओं के अलावा फिल्म संगीत, फ्युजन, विभिन्न प्रकार के संगीत एलबमों के साथ विश्वस्तर पर लाने के लिये बहुत कुछ किया गया है। आज मेरे बहुत से विद्यार्थी अच्छा बजा रहें है, इस प्रकार से कहा जा सकता है कि पखावज की स्थिति बहुत ही अच्छी हैं।

पं० रमाकांत पाठक (लखनऊ) नाना पानसे एवं कुदऊ सिंह घराने के आचार्य इनके अनुसार आज से 50 वर्ष पूर्व यह वाद्य लुप्त होने के कागार पर पहुँच गया था। पखावज वादक की स्थिति बहुत ही दैयनीय हो गई थी। इन परिस्थितियों को देखते हुये संकट मोचन जी के महंत एवं पखावज वादक पं० अमरनाथ मिश्र, ठाकुर जयदेव सिंह, डॉ० लाल मणि मिश्र, प्रो० प्रदीप दीश्रित तथा काशी नरेश के सहयोग से बनारस में 'ध्रुपद मेले' का आयोजन किया गया।

आज पखावज को अच्छी स्थिति में लाने का श्रेय बहुत हद तक ध्रुपद मेले को जाता है। जिस वर्ष यह प्रारम्भ हुआ था, उस वर्ष आपने 17 आइटम बजाया था। चूंकि अमरनाथ जी खुद एक अच्छे कलाकार थे, इसीलिए उन्होंने प्रोग्राम का रूपरेखा इस प्रकार का रखा कि, अगर एक कलाकार बिहार का है, तो दुसरा किसी और प्रदेश का होता था। वह स्वयं कुश्ती के अच्छे जानकार थे, इसलिए उन्हें लड़न्त भिड़न्त का प्रोग्राम विशेष प्रिय था। इस प्रकार उनके समय में कोई सेटिंग का प्रोग्राम नहीं होता था। इसी कारण कार्यक्रम में अलग-अलग क्षेत्रों के कलाकार को बैठाया जाता था। 'ध्रुपद मेले' के प्रोग्राम को सुनने देश -विदेश से श्रोता लोग आते है। इस प्रकार से यह कहा जा सकता है, कि पखावज को सम्मान दिलाने में तथा इस विद्या को जीवित रखने में ध्रुपद मेले का विशेष योगदान है।

आज पखावज का प्रचार-प्रसार अच्छा हो रहा है सभी जगह पखावज वादन हो रहा है। फिल्मों में, टी०वी० धारवाहिकों में पखावज की ध्वनि सुनने को मिल रही है। इस प्रकार से अगर हम देखें, तो पाते हैं कि पखावज पहले से ज्यादा उन्नति कर रहा है। आज यह वाद्य युवक, युक्तियों में विशेष रूप से पापुलर हो रहा है। आप विश्वास नहीं करेंगे मुझसे अभी 12 लड़कियाँ पखावज सीख रहीं है, जिनमें से मेरी दो शिष्या पूर्वा नरेश एवं अनुपमा राय को नेशनल स्कॉलरशिप मिल रहें है। इस प्रकार कहा जा सकता है, कि पखावज की स्थिति इस समय अच्छी चल रही है।

चित्रांगना आगले (इन्दौर) नाना पानसे घराने की युवा पखावज वादिका इन्होंने अपने साक्षात्कार के दौरान बताया कि पखावज की स्थिति पहले से अच्छी हुई है। इनके द्वारा तथा बाबा अलाउद्दीन खाँ अकादमी के आर्थिक सहयोग से इन्दौर में एक पखावज का कार्यशाला आयोजित किया गया था, जिसमें छात्रों की संख्या 100 के आसपास थी। सबसे बड़ी आश्चर्य की बात यह थी कि आस-पास के क्षेत्रों से करीब 40 लड़कियों ने इस कार्यशाला में भाग लिया, जो कि पखावज वादन के लिये शुभ संकेत है।

इसके साथ ही सरकार ने भी ध्यान दिया। परन्तु जितनी सरकार को इस क्षेत्र के लिये कार्य करना चाहिए, उतना नहीं कर पा रही है। बहुत से युवा इसे कैरियर के रूप में अपनाना चाहते हैं, परन्तु आप देख लीजिए न तो इसके पोस्ट स्कूल में है, और न ही विश्वविद्यालय स्तर पर। इस स्थिति से कोई भी युवा इस विद्या को अपनाने में डरते हैं। अगर सरकार इस और ध्यान दे और सभी स्कूल कॉलेजों में इसके पोस्ट हो जायें, तो सभी इसे सीखेगें तथा यह विद्या आगे बढ़ेगी तभी पखावज का सही रूप से विकास हो सकता है, तथा हमारी यह प्राचीन विद्या धरोहर के रूप में संचित रह सकती है।

हांलाकि मध्यप्रदेश राज्य सरकार एवं भारत सरकार की ओर से प्रतिभावान छात्रों के लिये छात्रवृत्ति का प्रावधान है, परन्तु यह केवल दो वर्षों तक ही दिया जाता है, इसके बाद ये विद्यार्थी क्या करेंगे? किसी के पास कोई जवाब नहीं है।

बनारस के तबला कलाकार, संगीत चिन्तक, समीक्षक, डॉ० प्रेम नारायण सिंह जी के अनुसार पखावज की स्थिति कुछ इस प्रकार से है—भारतीय संगीत गीत, वाद्य एवं नृत्य पर आधारित है। आचार्य भरत के समय ताल वाद्य के रूप में घन वाद्य का प्रयोग किया जाता था, जो कि कांसे का बना होता था। तथा मृदंग उस ताल वाद्य का उपरंजक हुआ करता था।

आचार्य भरत ने नाट्यशास्त्र में मृदंग को त्रिपुष्कर, पुष्करत्रय (आंकिक, उर्ध्वक, आलिंग्य) कहकर सम्बोधित किया है। कालांतर में ताल वाद्य लुप्त हो गया तथा केवल मृदंग से ही लय प्रदर्शित किया जाने लगा। मृदंग की महिमा बढ़ी और उसका आश्चर्यजनक रूप से विकास हुआ। मृदंग पर बजने योग्य निश्चित ताल बने, इस ताल के द्वारा ही ध्रुपद धमार गायन सम्भव हो सका, तत्पश्चात् मृदंग के दो नाम 'पखावज' एवं 'पखाउज' प्रचलन में आयें। पखावज पक्षातोध का अपभ्रंस है अर्थात् पक्ष का अपभ्रंस पख एवं आतोद्य का अपभ्रंस आवज है। पख एवं आवज से मिलकर पखावज शब्द की व्युत्पत्ति हुई, जिसका अर्थ है–दोनों हाथों से बजाया जाने वाल वाद्य।

15वीं शताब्दी में उत्तर भारतीय संगीत की गायन विधा ध्रुपद तथा इसके प्रमुख संगत वाद्य पखावज में विशेष क्रांति आयी। 15वीं से 19वीं शताब्दी का समय पखावज का उत्कर्ष काल था। एक से एक पखावज विद्वान अवतरित हुये, जिन्होंने अपनी-अपनी साधना से पखावज का सर्वांगीण विकास किया। पखावज की बनावट के साथ-साथ उसके विद्या के विस्तार में विशेष कार्य किया। तत्कालीन पखावज वादकों को राजाश्रय प्राप्त था, जिसके कारण वह साधना एवं रचना करने के लिये स्वतंत्र होते थे। इनका जीवन पूर्ण रूप से संगीत के लिये समर्पित था, जिसके फलस्वरूप ही पखावज वादन की सामग्री में उत्तरोत्तर वृद्धि होती गई। प्रत्येक कर्मठ विद्वानों ने अपनी साधना से गुरुओं द्वारा प्राप्त इस विधा को ग्रहण कर, इसे समृद्ध किया।

15वीं शताब्दी से ख्याल गायकी का प्रचार होने लगा था किन्तु उस समय ध्रुपद धमार गायन शैली के साथ पखावज का ही अधिक प्रचार था। मुहम्मद शाह रंगीले सन् (1719 से 1740) के कार्यकाल में ख्याल गायकी के साथ प्रयुक्त होने वाला वाद्य तबला प्रचार में आया। जिसमें पखावज, नाल, ढोलक, नक्कारा आदि सभी अवनद्ध वाद्यों के गुण विद्यमान था, जो कि सभी प्रकार के गायन, तंत्र, नृत्य के साथ संगति के लिये उपयुक्त माना गया।

मुहम्मद शाह रंगीले का समय ख्याल गायकी का उत्कर्ष काल माना जाता है। इस युग में ख्याल, ठुमरी, दादरा, टप्पा, कव्वाली आदि गायन शैलियाँ सभी के लिये विशेष आकर्षण का केन्द्र बन गया। इनके दरबारी कलाकार उस्ताद नेमत खाँ 'सदारंग' एवं इनके भतीजे (शिष्य) फिरोज खाँ 'अदारंग' ने विभिन्न, ख्याल बंदिशों की रचना की।

सदारंग अदारंग के समकालीन पखावज कलाकर उस्ताद सिद्धार खाँ दाढ़ी ने तबले की वादन सामग्री का विकास किया। विभिन्न घरानों की अपनी वादन शैली तथा उत्कृष्ट तबला वादकों एवं रचनाकारों के योगदान से तबला उत्तरोत्तर समृद्ध एवं प्रसिद्ध होने लगा। तबले के इस क्रांतकारी उत्कर्ष से पखावज पिछड़ने लगा।

20वीं शताब्दी तक तबला को चर्मोत्कर्ष तक पहुँचाने में हमारे संगीत मनीषियों पं० अनोखे लाल मिश्र, उस्ताद अहमद जान थिरकवा, उस्ताद हबीबउद्दीन खाँ, पं० सामता प्रसाद मिश्र, पं० किशन महाराज, उस्ताद अल्लारखा खाँ साहब का अद्वितीय योगदान है।

बनारस घराने के तबला में पखावज के बोलों का अधिक प्रयोग होता है, जिससे बनारस बाज सभी प्रकार के गायन, वादन एवं नृत्य की संगति के लिये उपयुक्त है। इस घराने के अद्वितीय तबला वादक पं० अनोखे लाल मिश्र जी स्वतंत्र वादन एवं संगीत की सभी विधाओं के साथ असाधारण संगत कर संगीत जगत को चमत्कृत कर दिया था।

तबला के इस चमत्कृत वादन से पखावज वादन न के बराबर होने लगा था। प्रत्येक संगीत सम्मेलन तबला पर आधारित हो गया था। ध्रुपद धमार गायकी कुछ स्थान विशेष तक सीमित होने के कारण पखावज वादन नग्नय हो गया। संगीतकारों का राजाश्रय समाप्त होने से पखावज वादक विपन्नता की स्थिति में आ गये थे।

सन् 1975 में Banaras Hindu University के संगीत संकाय के प्रमुख डॉ० लाल मणि मिश्र ने तत्कालीन काशी नरेश डॉ० विभूति नारायण सिंह एवं संकट मोचन निधि के महंत पं० अमर नाथ जी के सहयोग से बनारस के तुलसी घाट पर अखिल भारतीय 'ध्रुपद मेले' का आयोजन किया गया। जहाँ कि प्रत्येक वर्ष विद्वान ध्रुपद गायक एवं पखावज वादकों को जनमानस के सम्मुख अपनी कला प्रदर्शन का अवसर मिलने लगा। इसके साथ ही भारत सरकार की ओर से भी इस क्षेत्र के कलाकारों को सुविधा दी जा रही है, जिसके परिणाम स्वरूप यह फिर से उन्नति की ओर अग्रसर हो रहा है। आज तबला सर्व उन्नत वाद्य अवश्य है किन्तु आज पखावज की सार्थकता भी संगीत जगत में महत्वपूर्ण स्थान पर स्थापित है।

सन्दर्भ

1. भारतीय संगीत वाद्य: डॉ० लालमणि मिश्र, पृष्ठ 417।

उपसंहार

वाद्यों की उत्पत्ति कैसे हुई? तथा किस वर्ग का वाद्य पहले बना, यद्यपि इस विषय में प्रमाणों के अभाव में कुछ भी निश्चित रूप से नहीं कहा जा सकता, तथापि मानव समाज के विकास की मूल प्रवृत्तियों के सूक्ष्म अध्ययन के आधार पर भिन्न-भिन्न शास्त्रों द्वारा भिन्न-भिन्न विचार प्रकट किये गये हैं।

संगीत के अनेक इतिहास लेखक संगीत का प्रारम्भ धार्मिक रूप से किसी धार्मिक व्यक्ति अथवा किसी देवी-देवता से बतलाते है। जिस प्रकार भारत में आदि देव शंकर के द्वारा अवनद्ध वाद्य डमरू, सरस्वती के द्वारा वीणा आदि की उत्पत्ति मानी गई है, ठीक उसी प्रकार विदेशी संगीत शास्त्रकारों ने धार्मिक रूप से बेंत के उत्तराधिकारी जूबल को हार्प तथा आर्गन का पूर्वज माना है। पैन को पैन पाइप का अन्वेषक माना है।

उक्त धार्मिक मान्यताओं को बाद के इतिहासकारों ने अस्वीकार कर दिया। किन्तु संगीत के जिज्ञासु आज भी यह जानना चाहते हैं, कि कौन सा वाद्य पहले बना तथा किसने बनाया। इतिहासज्ञ कभी अवनद्ध वाद्य को, तो कभी बाँसुरी को, तथा कभी शिकारी के धनुषरूपी तत् वाद्य को, किन्तु विद्वान जिज्ञासुओं को फिर भी वे सन्तुष्ट नहीं कर पाते, क्योंकि वास्तव में प्रारम्भ में किस वाद्य का किसने निर्माण किया होगा, इसमें संदेह है।

ऐसा कहा जा सकता है कि मानव प्रारम्भ से ही अन्य प्राणियों से कुछ अधिक समझदार था। उसमें सोचने एवं समझने की शक्ति थी जिससे की वह असभ्य से सभ्य बना। ऐसा प्रतीत होता है कि अपनी इस विशेषता के कारण ही उसने सर्वप्रथम कुछ ऐसी ध्वनियाँ सुनी होंगी, जिसे अनजाने में वही उत्पन्न

करता रहता होगा। उदाहरणार्थ पृथ्वी पर चलते समय पैर की ध्वनि, अपने नंगे शरीर को हाथ की हथेली अथवा पंजों के मारने की ध्वनि, विशेषरूप से पेट पर जाँघ पर आदि। लेकिन चलते समय प्रसन्नता की अभिव्यक्ति में स्वभावजन्य जिस समान गति का प्रयोग होता था, उसकी ओर भी उसका ध्यान बहुत समय के बाद गया होगा।

ऐसी कल्पना की जा सकती है, कि मानव को सर्वप्रथम लय का ज्ञान हुआ होगा। आदिम युग में भाषा निर्माण के पूर्व मनुष्य की जो अवस्था थी, उसमें भी उसे लय का ज्ञान अवश्य रहा होगा, जो उसके चलने दौड़ने आदि के फलस्वरूप ही मालूम हुआ होगा। इसी लय ज्ञान के आधार पर प्रकृति प्रदत वस्तुओं को लेकर आदिम मानव ने घन वाद्य बनाये तथा नृत्यादि के साथ उनका उपयोग किया। पाश्चात्य विद्वान श्री कुर्ट सेक ने भी अपने प्रसिद्ध ग्रंथ History of the Musical Instrument में घन वाद्यों को प्रथम उत्पत्ति माना है।[1]

नाद ब्रह्म से संगीत की उत्पत्ति होने के कारण सम्पूर्ण सृष्टि ही अदृश्य रूप से संगीतमय है तथा सम्पूर्ण वायुमंडल संगीत की स्वर लहरियों से तरंगित है। संगीत की यह अविरल धारा प्रकृति तथा चराचर जगत् में सदियों से वर्तमान तक समाहित और प्रवाहित है। सभ्यता के सभी चरणों में संगीत की स्वर लहरी किसी न किसी रूप में विद्यमान रही है, जिससे इसकी प्राचीनता स्पष्ट हो जाती है। संगीत कला के सूर्य का उदय इस वसुन्धरा पर सृष्टि के प्रारम्भ से ही हो चुका था। अतः संगीत का इतिहास उतना ही पुराना है, जितना मानव मनोभावों का है। मानव प्रयत्नों द्वारा ही संगीत कला विभिन्न युगों में उतरोत्तर विकसित होती गई।

कला के विकास की प्रारम्भिक रूपरेखा सुदुर अतीत के धुँध में छिपी है। कला के ढँके इस स्वरूप का प्रथम अवगुंठन गुहा मानव द्वारा तब हुआ, जब उसने प्रथम बार जाने अनजाने गुहा भित्तियों पर प्रतीकों के रूप में आड़े टेढ़े आकार खींचे तथा इसके साथ ही मृद्‌भांड, प्रस्तर भांड व गजदंत को रेखाओं के माध्यम से अंकित किया। कला के विकास की यह प्रथम सोपान थीं। इसका द्वितीय सोपान ईसा से लगभग 4000 वर्ष पूर्व प्रारम्भ हुआ था। जब उत्तर या नवप्रस्तरयुगीन मानव ने पाषाणास्त्रों का कालमान लांघ कांस्य युग में पदार्पण किया। कला की इस दूसरी मंजिल से प्रारम्भ होकर मनुष्य की कलात्मक प्रगति का प्रभाव निरन्तर जारी रहा है, जिससे तुलिका, छेनी और करनी के अनन्त, अद्‌भुत मुर्तन उभरते और अमर होते चले गये हैं।

वाद्यों का जो रूप आज दृष्टिगोचर होता है, वहाँ तक पहुँचने में वाद्यों का

एक श्रृंखलाबद्ध इतिहास है। प्राचीन, मध्यकालीन तथा आधुनिक काल के वाद्यों का यदि विश्लेषणात्मक अध्ययन करें, तो ज्ञात होता है कि प्राचीन युग के वाद्य पहले बहुत साधारण थे। धीरे-धीरे उनमें क्लिष्टता तथा बजाने में कुशलता आती गई, और क्रमशः संगीत का विकास होता गया। प्रारम्भ में वाद्यों के रूप में सौन्दर्यात्मकता का अभाव था। उनकी महत्वपूर्ण ध्वनियाँ तेज नादयुक्त एवं तीखी थी। उनके बाह्य रूप गोलाकार एवं नुकीले थे परन्तु धीरे-धीरे मानव ने अपनी बुद्धि के विकास के साथ वाद्यों की सामग्री बनाने के ढंग व बजाने के प्रयोग में बदलाव लाया। प्रारम्भ में मानव के भाव भी अपरिपक्व थे। धीरे-धीरे उनमें परिष्कार हुआ और अभिव्यक्ति के प्रयोग में भी भिन्नता आने लगी। संगीतशास्त्र में वाद्यों को जो उच्य स्थान प्राप्त हुआ है, वह कई वर्षों के परिश्रम एवं संशोधन का फल है।

आदिम सभ्यता के समय मानव के द्वारा प्रारम्भ में प्रयुक्त वाद्य भी अविकसित अवस्था में था। वाद्य की स्वतंत्र पहचान के लिए वादकों ने लगभग डेढ़ शताब्दी पूर्व बड़ा परिश्रम किया, फलतः स्वतंत्र वाद्य शैली का जन्म हुआ। मंच पर सर्वप्रथम वीणा का स्वतंत्र वादन प्रारम्भ हुआ, इसके पश्चात् अन्य सभी वाद्यों की भी अपनी स्वतंत्र पहचान बनती चली गयी।

आदिकाल से लेकर आज तक विभिन्न ताल वाद्यों का उद्‌भव, विकास एवं उपयोग आवश्यकतानुसार होता रहा है। यदि हम ध्यानपूर्वक सुनें, तो वाद्यों में हमें स्वरों तथा उससे उत्पन्न शब्दों का उच्चारण भी सुनाई देता है और यही वाद्य यंत्रों की सफलता की कसौटी भी है। अन्तर केवल इतना है कि गायन में स्वरों में पिरे हुये शब्द स्पष्ट सुनाई देते हैं, परन्तु वाद्य यंत्रों की ध्वनि में शब्दों का अन्तर्विभास रहता है। इन गीतों का व्यवहार दो प्रकार से बताया गया है। 'गात्र' अर्थात् मानव कंठ द्वारा और 'यंत्र' अर्थात् वाद्यादि उपकरणों द्वारा। इसे इस श्लोक के माध्यम से इस प्रकार से व्यक्त किया गया है–

गीतं च द्विविधं प्रोक्तं यन्त्रगात्रविभागतः।
यन्त्रं स्याद्वेणुवीणादि गात्रन्तु मुखजं मतम्।।

मानव सदा से ही प्रकृति के निकट रहा है तथा अपने चारों और के प्राकृतिक वातावरण में समाविष्ट अनेक प्रकार की ध्वनियों को सुनता रहा है, जैसे–बादलों की गरज, बिजली की कड़क, नदी व झरनों की कलकल, बाँस के जंगलों में वायु की सरसराहट, पत्तों की खड़खड़ाहट आदि। ऐसा प्रतीत होता है कि इस प्रकार की संगीतमय प्राकृतिक ध्वनियाँ ही मानव मन में वाद्यों की उत्पत्ति में प्रेरणा स्त्रोत रही होगी।

प्राचीन समय में जिस प्रकार त्रिपुष्कर एक उन्नत अवनद्ध वाद्य था, ठीक उसी प्रकार आज पखावज उन्नत अवनद्ध वाद्य है। प्राचीन समय में त्रिपुष्कर के तीन रूप आंकिक, उर्ध्वक और आलिंग्य होते थे। आंकिक को लिटा कर रखा जाता था, तथा उर्ध्वक और आलिंग्य ऊर्ध्वमूखी अर्थात् उनके मुख सामने की ओर होते थे। जिसमें आलिंग्य को शरीर से दबा कर बजाया जाता था। ऐसा प्रतीत होता है कि आज भरतकालीन आंकिक परिष्कृत होकर पखावज के रूप में विद्यमान है। प्राचीन उर्ध्वक का परिष्कृत रूप तबला आधुनिक समय में सर्व उन्नत अवनद्ध वाद्य के रूप में प्रतिष्ठा प्राप्त कर चुका है तथा विभिन्न प्रकार के ढोल, ढोलक तथा नाल प्राचीन आलिंग्य के समान प्रतीत होते हैं।

प्रथम अध्याय में अवनद्ध वाद्यों की ऐतिहासिक पृष्ठभूमि की कल्पना करते हुये, अवनद्ध वाद्यों के इतिहास पर प्रकाश डाला गया है। इसके अन्तर्गत प्राचीन, मध्य तथा आधुनिक युग तक के अवनद्ध वाद्यों का सचित्र विवरण तथा अवनद्ध वाद्य का अर्थ, विभिन्न युगों में अवनद्ध वाद्यों की ऐतिहासिकता, विभिन्न ग्रंथों में अवनद्ध वाद्यों के स्वरूप, तथा प्राचीन प्रस्तर शिल्पों में अवनद्ध वाद्यों के चित्रों का विश्लेषणात्मक वर्णन है।

पखावज की उत्पत्ति एवं विकास यह अध्याय पखावज की उत्पत्ति एवं विकास पर आधारित है। जिसके अन्तर्गत नाट्यशास्त्र, संगीतरत्नाकर आदि ग्रंथों के आधार पर विभिन्न पुष्कर वाद्यों की चर्चा की गई है। प्राचीन युग में कहीं भी 'पखावज' शब्द की चर्चा नहीं मिलती है, बल्कि उस युग में अवनद्ध वाद्यों को पुष्कर वाद्य तथा मिट्टी के बने वाद्यों को मृदंग कहने का प्रचलन था। इस अध्याय में बताया गया है कि किस प्रकार प्राचीन मृदंग से आधुनिक पखावज वाद्य विकसित हुआ। इसके साथ ही वाद्य शब्द का अर्थ, पखावज शब्द की व्याख्या, मृदंग एवं पखावज संबंधी विद्वानों के विभिन्न विचार, विकास के विभिन्न चरणों के उपर विशेष विवरण है।

तृतीय अध्याय में पखावज के वर्णों का अध्ययन किया गया है, जिसके अन्तर्गत पखावज पर बजने वाले बोलों का विवरण दिया गया है, जिसके अन्तर्गत प्राचीन काल से लेकर वर्तमान समय तक प्रयुक्त होने वाले बोल सम्मिलित है। इसके अतिरिक्त पखावज के प्रमुख वर्ण, तथा प्रमुख संगीत ग्रंथों में वर्णित वर्णों की विशेष चर्चा है।

पखावज के प्रमुख ताल एवं उनकी वादन सामग्री के ऊपर विशेष रूप से अध्ययन किया गया है, जिसके अन्तर्गत पखावज के प्रचलित तालों की जानकारी एवं उनकी वादन सामग्री के विषय में लिखा गया है।

पखावज की वादन शैलियों के उपर विशेष उल्लेख किया गया है। इस अध्याय में पखावज के विभिन्न घरानों में बोलों को किस प्रकार से निकाला जाता है, उनके निकास विधि की विवेचणात्मक रूप से व्याख्या की गई है। इसके साथ पखावज के पारिभाषिक शब्द, पखावज एवं उसके अंग तथा पखावज मिलाने की विधि के विषय में भी जानकारी दी गई है।

पखावज के प्रचलित घरानों के विषय में विस्तृत चर्चा की गई है, जिसके अन्तर्गत वर्तमान में प्रचलित पखावज के घरानों एवं उनकी परम्परा के उपर विस्तृत अध्ययन किया गया है। ऐसे तो इस क्षेत्र के कलाकार केवल दो ही घरानों, नाना पानसे तथा कुदऊ सिंह घराना को ही मानते हैं, परन्तु फिर भी इसके अतिरिक्त अन्य घरानों की भी जानकारी दी गई है।

प्रमुख पखावज वादकों की जीवनी के ऊपर विशेष रूप से जानकारियाँ उपलब्ध की गई है, जिसके अन्तर्गत देश के प्रख्यात पखावज वादकों की जीवनी तथा उनके योगदान के विषय में विस्तृत रूप से विवरण दिया गया है।

अन्त में वर्तमान समय में पखावज वादन की स्थिति की चर्चा, देश के विख्यात कलाकारों के साक्षात्कार के आधार पर विवरण देते हुये, शोध प्रबन्ध का समापन किया गया है।

सन्दर्भ

1. भारतीय संगीत वाद्यः डॉ० लालमणि मिश्र, पृष्ठ 405।

सन्दर्भ ग्रंथ-सूची

ताल प्रसुनः पं० छोटे लाल मिश्र, कनिष्क पब्लिशर्स, डिस्ट्रीब्यूटर्स, 4697/5-21ए, अंसारी रोड़, दरियागंज, नई दिल्ली।

भारतीय संगीत का इतिहासः डॉ० शरच्चन्द्र श्रीधर परांजपे, चौखम्भा विद्याभवन, चौक, पो०बा०न०-106, वाराणसी।

भारतीय संगीत का इतिहास आध्यात्मिक एवं दार्शनिकः डॉ० सुनीता शर्मा, संजय प्रकाशन, 100/184 ब्लाक ए, सोम बाजार, साउथ गामरी एक्सटेंशन, दिल्ली।

वाद्य यंत्रः बी० चैतन्य देव, अनुवादक अलका पाठक, नेशनल बुक ट्रस्ट इंडिया, ए 5, ग्रीन पार्क, नई दिल्ली।

भारतीय संगीत में वाद्य यंत्रः डॉ० कविता चक्रवर्ती, राजस्थानी ग्रंथागर, जोधपुर, (राजस्थान)।

भारतीय सुषिर वाद्यों का इतिहासः डॉ० राधेश्याम जायसवाल वारणसेयसंस्कृतसंस्थानम्, जगतगंज, वाराणसी।

मृदंग तबला प्रभाकर भाग-2: भगवान दास मृदंगाचार्य एवं पागल दास, संगीत कार्यालय, हाथरस, उत्तर प्रदेश।

ताल मिमांसा भाग-1: भगवत शरण शर्मा, पाठक पब्लिकेशन इलाहाबाद।

मृदंग वादन नाथद्वारा परम्पराः गुरु श्री पुरूषोतम दास जी, प्रस्तुतकर्त्ता भगवत उप्रेती, संगीत नाटक अकादमी, नई दिल्ली।

प्राचीन भारत में संगीतः डॉ० पूनम मिश्रा, अर्जून पब्लिशिंग हाऊस, अंसारी रोड़, दरियागंज, दिल्ली।

युग युगीन भारतीय कलाः महेश चन्द्र जोशी, राजस्थानी ग्रन्थागर, जोधपुर, राजस्थान।

भारतीय संगीत का इतिहास: डॉ० ठाकुर जयदेव सिंह, संगीत रिसर्च एकेडमी, नेताजी सुभाष चन्द्र बोस मार्ग टालीगंज, कलकत्ता।

काशी की संगीत परम्परा (संगीत जगत में काशी का योगदान) कामेश्वर नाथ मिश्र, भारत बुक सेन्टर, 17 अशोक मार्ग, लखनऊ।

तबला ग्रंथ मंजूषा: वेणु वनिता, कनिष्क पब्लिशर्स, डिस्ट्रीब्यूटर्स, 4697/5-21ए, अंसारी रोड़ दरियागंज, नई दिल्ली।

संगीत में ताल वाद्यों की उपयोगिता: डॉ० चित्रा गुप्ता, राधा पब्लिकेशन्स, 4378/4बी, अंसारी मार्ग, दरियागंज, नई दिल्ली।

भारतीय संगीत शास्त्र का दर्शनपरक अनुशीलन: विमला मुसलगॉकर, संगीत रिसर्च एकेडमी, नेताजी सुभाष चन्द्र बोस रोड़, टालीगंज, कलकत्ता।

संगीत बोध: डॉ० शरच्चन्द्र श्रीधर परांजपे, मध्यप्रदेश हिन्दी ग्रन्थ अकादमी, भोपाल।

नर्तननिर्णय: 2 Critically edited and Translated with commentary by R. SATYANARAYANA, Indira Gandhi National Centre for the Arts Centre, Vista Mess, Janpath, New Delhi.

Mridangam An Indian Classical Percussion Drum: Shreejayanthi Gopal, B.R. Rhythms, 425 Nimari Colony, Ashok Vihar, Phase 5 Delhi.

तबला पुराण: पं० विजय शंकर मिश्र, कनिष्क पब्लिशर्स, डिस्ट्रीब्यूटर्स, 4697/5-21ए, अंसारी रोड़, दरियागंज, नई दिल्ली।

भारतीय कंठ संगीत और वाद्य संगीत गायन वादन सुमेल: डॉ० अरूण मिश्रा, कनिष्क पब्लिशर्स, डिस्ट्रीब्यूटर्स, 4697/5-21ए, अंसारी रोड़, दरियागंज, नई दिल्ली।

भारतीय संगीत एवं विज्ञान: वसुधा कुलकर्णी, राजस्थानी ग्रंथागर, सोजटी गेट के बाहर, जोधपुर (राजस्थान)।

शारंगदेवकृत संगीतरत्नाकर (सरस्वती व्याख्या और अनुवाद सहित) तृतीय खण्ड: व्याख्या और अनुवादकर्त्री सुभद्रा चौधरी, राधा पब्लिकेशन्स, 4231/1बी, अंसारी रोड़, दरियागंज, नई दिल्ली।

भारतीय संगीत वाद्य: डॉ० लालमणि मिश्र, भारतीय ज्ञानपीठ, 18 इन्स्टीट्यूशनल एरिया, लोदी रोड़, नई दिल्ली।

हिन्दी नाट्यशास्त्र: बाबूलाल शुक्ल शास्त्री, चौखम्भा विद्याभवन चौक, पो०बा० न०-106, वाराणसी।

भारतीय तालों का शास्त्रीय विवेचन: डॉ० अरूण कुमार सेन, मध्यप्रदेश हिन्दी ग्रन्थ अकादमी, भोपाल।

पखावज और तबला के घरानें एवं परम्परायें: डॉ० आबान ई० मिस्त्री, पं० केकी० एस० जिजिना, स्वर साधना समिति, ज़र एनेक्स जम्बूलबाड़ी, मुम्बई।

तबले का उद्‌गम विकास और वादन शैलियाँ: योगमाया शुक्ल, हिन्दी माध्यम कार्यान्वय निदेशालय, दिल्ली विश्वविद्यालय, बैरक न० 2, केवेलरी लाइन, दिल्ली।